物流营销与客户关系

主　编　张广敬　顾晶晶

副主编　任璐琪　张梦瑶　顾　璟

参　编　潘洪建　胡　冰　徐　璨

尹姝然　顾　婷　姚娟娟

机械工业出版社

本书依据最新专业教学标准编写而成，将现代物流理论、方法和管理技术与现代市场营销和客户关系理论相结合，并根据物流企业在实际运作中的特点，阐述了物流企业服务营销和客户关系的基本理论、方法和策略。全书共分9个单元，包括初识物流营销和客户关系、洞察物流市场、确定物流目标市场、开发与设计物流服务项目、制定物流服务营销策略、提升物流客户满意度、培育物流客户忠诚度、改进物流客户服务质量、评估物流营销绩效。

本书内容循序渐进、逐步深入，题材新颖，打破传统教材学科体系模式，突出技能培养，根据单元设置导入学习内容，实现理论与实践的一体化教学。为方便教学，本书配备了丰富的教学资源包，授课教师可登录机工教育服务网（www.cmpedu.com）注册后下载使用，书中还以二维码形式呈现了部分拓展阅读、辅助教学资料等，供师生扫码学习使用。

本书既可作为高职院校物流管理专业及其相关专业的教材，也可作为物流企业管理人员、营销人员的培训用书和参考用书。

图书在版编目（CIP）数据

物流营销与客户关系 / 张广敬，顾晶晶主编．—北京：机械工业出版社，2023.11（2025.1重印）

ISBN 978-7-111-74428-3

Ⅰ．①物…　Ⅱ．①张…　②顾…　Ⅲ．①物资市场—市场营销学②物资企业—企业管理—销售管理　Ⅳ．①F252.2

中国国家版本馆CIP数据核字（2023）第239439号

机械工业出版社（北京市百万庄大街22号　邮政编码100037）
策划编辑：宋　华　　　　责任编辑：宋　华　张美杰
责任校对：龚思文　刘雅娜　　封面设计：王　旭
责任印制：常天培
固安县铭成印刷有限公司印刷
2025年1月第1版第2次印刷
184mm×260mm・14.75印张・342千字
标准书号：ISBN 978-7-111-74428-3
定价：45.00元

电话服务　　　　　　　　　　网络服务
客服电话：010-88361066　　机　工　官　网：www.cmpbook.com
　　　　　010-88379833　　机　工　官　博：weibo.com/cmp1952
　　　　　010-68326294　　金　书　网：www.golden-book.com
封底无防伪标均为盗版　　　机工教育服务网：www.cmpedu.com

Preface 前言

党的二十大报告指出，要着力提升产业链供应链韧性和安全水平，着力推进城乡融合和区域协调发展，推动经济实现质的有效提升和量的合理增长。这一重要论述为新时代物流行业发展擘画了深远蓝图，坚定了大家深耕物流行业的信心。为贯彻党的二十大精神，加强教材建设，推进教育数字化，编者对本书内容进行了全面梳理。

本书依据新专业教学标准编写而成，根据高职院校人才培养定位和要求，从对物流营销人员的实际需要出发，将现代物流理论、方法、管理技术和职业素养与现代市场营销和客户关系理论相结合，充分体现“教学做一体化”的思想，注重对学生素养和实践技能的培养与训练。

本书的主要特点如下。

1. 强化素养，立德树人

本书积极践行“立德树人”的理念，以提高学生的职业技能和职业道德为宗旨，将职业道德与职业素养的培养有机地融入教材当中，将知识、技能的学习与核心素养教育融合在一起，实现课程与核心素养协同育人的教学理念。

2. 校企合作，职业引领

本书的编写在一线“双师型”教师和企业专职人员的指导与支持下进行，其体例和内容设计充分考虑了新教学标准与企业需求，着重提升了全书内容的职业属性，强调内容的实用性和针对性。

3. 全新理念，以人为本

本书积极践行“以学生为主体，以教师为主导，以能力为根本”的教育理念，坚持以应用为主，不仅传授理论知识，还着力突出技能和能力的培养、职业道德和职业意识的塑造，使学生能够在学习知识与技能的过程中形成正确的人生观和价值观。

4. 板块多样，易教易学

本书在每个单元中穿插了“案例导入”“课堂互动”“同步案例”“素养园地”“知识拓展”板块并配有二维码视频、教学课件、参考答案等，不仅方便一线教师教学，也会增强学生学习的兴趣。

本书由张广敬、顾晶晶担任主编，任璐琪、张梦瑶、顾璟担任副主编，潘洪建、顾婷、胡冰、姚娟娟、徐璨、尹姝然参与编写，张广敬统审全书。具体编写分工如下：单元一由顾璟、尹姝然负责编写，单元二由顾晶晶负责编写，单元三由任璐琪、尹姝然负责编写，单元四由潘洪建、尹姝然负责编写，单元五由张梦瑶、尹姝然负责编写，单元六由顾婷负责编写，单元七由胡冰负责编写，单元八由姚娟娟负责编写，单元九由徐璨负责编写。徐州库派同程物流有限公司的赵恒经理在全书的体例、案例等方面给予很多具体指导。在编写的过程中，编者参阅了大量文献和网络资料，在此向这些资料的作者表示衷心的感谢。

由于编者水平所限，书中难免存在错漏之处，敬请读者指正。

编　者

二维码索引

（续）

序号	名称	二维码	页码	序号	名称	二维码	页码
21	客户满意与客户忠诚之间的关系		168	26	PDCA 管理循环的实际运用		199
22	三种类型客户信息详解		174	27	目标管理与传统管理的区别		220
23	客户对企业的利润贡献分析指标		175	28	标杆管理体系框架		221
24	客户偿债能力指标		175	29	不同绩效评估方法的比较		222
25	物流客户服务质量分析		193				

目录 Contents

Contents 目录

初识物流营销和客户关系

知识目标

- 了解市场、营销、市场营销的含义及市场营销的重要性。
- 熟悉和理解物流营销的概念和作用；掌握物流营销活动的内容；了解现代物流营销的观念。
- 了解客户、客户关系、客户关系管理的含义以及客户关系管理的演变，理解物流客户关系管理的含义和内容、企业实施有效客户关系管理的成效，掌握企业运用 CRM 的步骤。

技能目标

- 能运用市场营销的基本概念、内容等知识分析企业的营销活动。
- 能利用所学物流营销知识分析问题、解决问题。
- 会设计客户关系管理工作步骤或流程。

素质目标

- 培养学生遵守公平、公正和诚实信用的市场规则和秩序。
- 培养学生的沟通能力、语言表达能力和解决问题的能力。
- 培养学生积极主动、团队合作和创新精神。
- 培养学生的爱国情怀、对物流行业的自信和职业认同感。
- 培养学生以人为本、不断创新、与时俱进的精神，做好让人民满意的物流营销。

思维导图

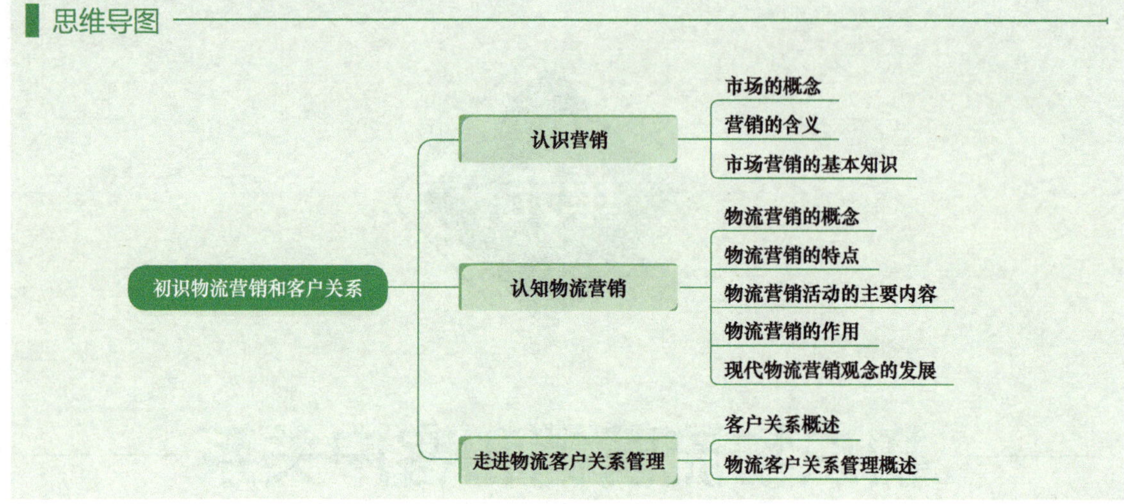

模块一　认 识 营 销

案例导入　瑞幸的“借势营销”

冬奥会是个难得的营销契机。2022 年 2 月 8 日，谷爱凌惊艳夺冠，有很多网友发现瑞幸在谷爱凌夺冠的第一时间就发布了与谷爱凌合作的海报，其推荐的咖啡也迅速成为爆款。瑞幸此次营销就是一个非常好的“借势营销”的例子。营销并没有表面上那么简单，其背后要进行长期、持续的准备。

1. 代言人选择年轻化，建设私域社群

瑞幸在品牌调整之后，更倾向于寻找受到年轻人喜爱的偶像当代言人。2021 年 9 月，瑞幸正式官宣了谷爱凌为品牌代言人。冬奥会前夕，年轻人对于谷爱凌知之甚少。瑞幸通过做代言人“粉丝”，建设私域社群使之成为情感连接场，等待冬奥夺冠，一举推出“定制新品 +TVC+ 周边 + 快闪店”与代言人深度绑定。

2. 代言人与新产品借势推广

自 2021 年 9 月宣布合作后，线上宣发 + 线下宣发，纸袋、杯套及加油签等周边陆续上线，为冬奥会期间的营销做铺设，分众广告带来的即时流量能快速转化为即时销量，从而实现了目标人群的精准触达。夺冠后，瑞幸迅速安排产品广告，利用梯媒及新闻推送，发布“瑞幸谷爱凌同款咖啡热卖”等同主题文章，随即瑞幸线下门店谷爱凌主题饮品卖断货。瑞幸的动作非常快，时刻关注比赛进程，无论是海报，还是实时直播，看似是当天临时起意，实际都已早早布局，真正实现“借势营销”。

【思考】如何理解营销和市场营销？结合本案例分析市场营销的重要性。

案例分析

在市场经济中，只有提供的产品符合市场的需要，企业才能生存与发展，企业也才有存在的价值。市场是企业实现其任务与目标的关键所在，是企业一切活动的外部基础。因此，企业只有认识市场、适应市场、驾驭市场，深刻地理解市场的需要，根据市场的需要有效地配置资源和培育企业的能力，才能更有效地开展市场营销活动。

知识准备

一、市场的概念

（一）市场的一般含义

市场是社会分工和商品生产的产物，是以商品供求和商品交换为基本经济内容的各主体经济联系的形式。从这一定义出发我们可以了解到以下三点。

（1）市场属于商品经济的范畴，哪里有社会分工和商品生产，哪里就有市场，社会分工、商品生产的发展程度决定着市场的发展水平。反过来说，市场的发展情况也制约着商品经济的发展状况，制约着企业的市场营销活动。

（2）由于市场的基本关系是商品供求关系，基本活动是商品交换活动，因此市场是商品经济条件下联结各市场主体的基本形式，是整个社会经济生活得以正常运行的基本条件。

（3）由于市场的基本经济内容是商品供求与商品交换，因此市场的形成就必须具备以下几个基本条件：

1）存在着具有购买动机与购买能力的买方；

2）存在着提供商品的卖方及可供交换的商品（包括有形商品和无形商品）；

3）商品的交易条件符合买卖双方的利益要求，能够同时被双方接受。

只有在上述的条件下，才能实现商品的让渡，形成有意义的现实市场。而这些形成现实市场的条件，就成了制约企业市场营销活动的基本因素。

（二）市场的几个具体含义

在现实生活中，人们不仅从一般意义上来理解市场，而且从更具体的角度上来认识和把握市场。以下几种市场含义对于更好地把握企业的市场营销活动具有重要意义。

1. 市场是买方和卖方进行商品交换的场所、地点或地区

在此，市场是一个地理性概念，它是同时从买卖双方的角度提出来的。对任何地区的每个购买者来说，都会考虑在何处购得自己所需要的商品；对于每个商品生产者来说，也必须考虑将本企业的产品销往哪些地区，在何种场所或地点销售给购买者。

2. 市场是某类或某种商品所有具有购买动机与购买能力的现实和潜在购买者的集合

在此，市场是一个群体性的概念，它是从商品卖方的角度提出来的。企业明确自己的产品市场是由哪些购买者组成的、有哪些特定的需要、规模有多大、发展趋势如何等，是企业制定适当的营销战略与策略，有效地开展市场营销活动的前提条件。所谓企业面向市场，通常指的就是面向自己的客户，即面向客户的需求。

3. 市场是由买方和卖方组成的，是商品供求双方的力量相互作用的总和

这一概念是从商品供求关系的角度提出来的。买方市场和卖方市场这对概念，反映了供求关系的基本状况、供求力的相对强度及供求双方谁在交易过程中处于主导地位。切实了解市场供求的数量及结构状况，正确判断市场供求力的相对强度和变化趋势等，对企业进行营销决策，有效地开展市场营销活动也是十分重要的。

4. 市场是指流通领域，反映的是商品流通的全局，是交换关系的总和

这一概念是从企业赖以运行的整体市场环境的角度来看问题，是作为社会整体的市场。所谓商品流通，就是以货币为媒介的商品交换过程。在以货币为媒介的商品交换过程中，一切商品都经历着商品—货币和货币—商品这两个互相对立、互为补充的阶段和形态变化。而一种商品的形态变化又和其他种类商品的形态变化交织在一起，社会上许许多多商品的形态变化所组成的循环不可分割地交织着连接在一起，就形成了许多并行发生和彼此联结着的商品交换过程，即商品流通的全局。由此，各种商品的市场也不可分割地联结在一起，形成了有机的整体市场。

以上分析表明：任何一个商品生产经营者的买卖活动必须与其他市场主体的买卖活动发生着直接或间接的联系，因而任何一个企业都实际上而且只能在整体市场上开展营销活动，并受到整体市场环境状况的影响；为了实现自身运转，企业要时刻注意整体市场的运行情况，并与整体市场保持合理的输入与输出的交换关系。

市场的上述四种含义对企业的市场营销都具有实际意义，其中的前三种含义对企业的市场营销具有微观意义，第四种含义对企业的市场营销则具有较为宏观的意义。企业不仅要研究其每一种产品的目标客户、销售地区、供求状况，而且要面对整体市场，综观流通全局。企业不仅要关注和满足现实需求，而且要去发现和挖掘潜在需求；既要看到现实的购买者是市场，又要认识到潜在的购买者也是市场。厘清企业的营销活动与潜在市场、整体市场以及整个社会经济运行的内在联系，只有这样才能搞好企业的市场营销活动。

素养园地

市场交易原则是市场交易活动中必须遵循的规则和秩序，主要包括自愿原则、平等原则、公平原则、诚实信用原则。它们从不同的方面，规范着市场上买卖双方的交易方式和交易行为。

（1）自愿原则是市场交易的基本原则。强买强卖、“搭配”营销，这些行为违反了“自愿”的交易原则。

（2）平等原则是市场交易的重要原则。平等是市场经济的一般特征，是指在商品服务市场上，买卖双方地位平等、机会均等，在市场中平等竞争、平等交换。

（3）公平原则是市场交易的灵魂，是衡量市场交易活动是否有序、是否规范的试金石。公平是指在市场交易中遵守明码标价、等价有偿的交易规则。

（4）诚实信用原则是现代市场交易活动的基本精神。诚实守信是指在市场活动中，买卖双方必须以诚待人、信守诺言，行使权利、履行义务，杜绝坑蒙拐骗、假冒伪劣。

二、营销的含义

营销（Marketing）的任务是辨别和满足人类和社会的需要。关于营销的最简明的定义是：满足需求的同时而获利。美国营销协会（AMA）从管理角度所下的定义是：营销既是一种组织职能，也是为了组织自身及利益相关者的利益而创造、传播、传递客户价值，管理客户关系的一系列过程。我们从社会和管理角度对营销下定义。从这一角度看，营销是个人和集体通过创造，提供出售，并同别人交换产品和价值，以获得其所需所欲之物的一种社会和管理过程。营销的目的在于深刻地认识和了解客户，从而使产品或服务完全适合客户的需要并形成产品自我销售。

三、市场营销的基本知识

（一）市场营销的定义

市场营销的定义

市场营销是指企业在变化的营销环境中，旨在通过变潜在交换为现实交换，满足市场需要，从而实现企业任务与目标所进行的与市场有关的一系列管理活动与业务活动。企业市场营销活动的具体内容，包括市场调查、市场分析、目标市场选择、市场定位、产品决策、产品开发、产品定价、渠道选择、产品储运、产品销售、售后服务、公关工作、信息收集和反馈等。

知识拓展　营销是一个系统的管理过程

市场营销不等同于推销、广告等促销活动。

推销、广告等促销活动是市场营销活动的重要组成部分，但都不是完全意义上的营销，因为营销是一个系统的管理过程。

（二）市场营销的重要性

1. 解决生产与消费的矛盾，满足生活消费和生产消费的需要

在商品经济条件下，社会的生产和消费之间存在着空间和时间上的分离，以及产品、价格、双方信息不对称等多方面的矛盾。市场营销的任务就是使生产和消费的不同需要和欲望相适应，实现生产与消费的统一。

2. 实现商品的价值和增值

市场营销通过产品创新、分销、促销、定价、服务等加速相互满意的交换关系，使商品中的价值和附加值得到社会的承认。

3. 避免社会资源和企业资源的浪费

市场营销从客户需求的角度出发，根据需求条件安排生产，最大限度地减少商品无法销售的情况出现，避免社会资源和企业资源的浪费。

4. 满足客户需求，提高人们的生活水平和生存质量

市场营销活动的目标是通过各种手段最大限度地满足客户需求，最终提高社会总体生活水平和人们的生存质量。

（三）市场营销的核心概念

1. 需要、欲望和需求

以客户需求为导向，有针对性地提出产品解决方案

需要和欲望是市场营销活动的出发点。需要是指某些基本需要没有得到满足的心理状态。欲望是指想得到能够满足基本需要的具体产品的愿望。欲望受个人所处的不同文化及社会环境的影响。虽然营销者不能创造需要，但是他们可以影响消费者的欲望。需求是指人们有能力购买并且愿意购买某个具体产品的欲望。需求对市场营销最具现实意义，企业必须高度重视对市场需求的研究，研究需求的种类、规模、人群等现状，尤其是研究需求的发展趋势，准确把握市场需求的方向和水平。

2. 产品

产品是能够满足人的需要和欲望的任何事物。产品包括有形的商品、服务、体验、财产权和信息等。商品包括人们购买的食物、饮料、衣服、商品房、汽车等。随着经济的发展，服务业在经济中所占的比重越来越大。如果没有理发店、旅馆、保险公司、航空公司、管理咨询公司等提供的服务，我们的社会将会变得混乱不堪。体验可以被生产和销售，可以满足消费者的需要。

3. 效用、费用和满足

效用是客户对产品满足其需要的整体能力的评价。通常根据对产品价值的主观判断和需支付的费用做出评价。

4. 交换、交易

交换是向他人提供所需之物或价值，并获取相应价值的物或服务的行为。交易是交换的基本组成单位。交换是一种过程，在这个交换过程中，如果双方就价值或物及服务达成了一项协议，即发生了交易。

5. 市场营销者

在交换中，把更主动、更积极地寻求交易的一方称为市场营销者，把相对被动的一方称为潜在客户。换句话说，所谓市场营销者是指希望从他人那里获得资源并愿意以相应价值的货物和劳务作为交换的人。市场营销者可以是卖方，也可以是买方。买卖双方都表现积极时，可将双方都称为市场营销者。

6. 市场营销职能

企业的基本职能只有两个，即市场营销和创新。企业最基本、最独特的功能是市场营销。企业的生产、财务、人事等其他职能，只有在实现市场营销职能的情况下才有意义。市场营销是企业的首要核心职能。

课堂互动

1．市场营销主要就是促销。（ ）

2．市场营销可以实现商品的价值。（ ）

3．企业最基本、最独特的功能是市场营销。（ ）

4．（ ）在市场营销管理中，是指人们有能力购买并愿意购买某一具体产品的欲望。

A．需要 B．需求 C．效用 D．满足

5．市场营销的核心概念包括（ ）。

A．需要、欲望和需求 B．市场营销者

C．效用、费用和满足 D．市场营销职能

E．产品 F．交换、交易

模块二 认知物流营销

案例导入 如何派送一场大雪

2018年中秋节前夕，京东物流发挥自身优势做了一次大胆的尝试，用自有的冷链物流途经9个城市，历时28小时，跨越2 573km，将新疆乌鲁木齐的大雪运到了西安，并联合合作品牌商为西安市民上演了“大雪倾城”的奇特景观。这一场景迅速刷爆朋友圈，吸引大量市民纷纷前往。这么新潮的跨界新颖玩法也引起了不少网友关注，大家纷纷感叹：京东物流也太会玩儿了！

据了解，京东物流冷链B2B整车专线自开通以来，已将新疆的新鲜水果、羊肉等产品源源不断地送往北京、上海、广州、西安、郑州等城市，利用物流解决新疆农特产品“走出去”的难题，同时将南方的水果、进口冻海鲜、冻禽等产品供给新疆消费者，为新疆消费者提供更“鲜”更优的极致服务，也为商家全面降低了生鲜冷链物流成本，助推各大生鲜品牌实现跨越式发展。

为了保证现场体验和活动效果，京东物流将活动现场设置在益田假日世界购物中心5楼欧悦真冰场，不管是大朋友还是小朋友，都能在雪地里尽情疯狂玩耍，仿佛置身现实版的“冰雪世界”。在活动现场，京东还专门设置了“京东福利内购”微信群，不浪费任何一个来之不易的流量，在为广大市民带来福利的同时，也沉淀了一部分忠实网购客户。

这次京东物流的“以雪之名 献礼长安”活动让我们重新认识了“京东物流”这个品牌，同时“物流”的概念以全新的形象呈现在我们面前，让我们深刻感受到：物流不仅仅能够承载货物，更是承载着一份欢乐与希望。这样的线下体验互动不但能达到品效合一的效果，更能唤醒人们对当下物流行业新的认知。

【思考】什么是物流营销？京东物流开展此次营销活动，体现了物流营销的哪些观念？

案例分析

现代物流企业需要不断创新营销理念和优化营销活动，提高物流服务质量，预测客户的物流需求并为其设计物流服务，建立长期的、双赢的客户关系。良好的物流营销可以使物流企业获得长期的、稳定的客户，增强物流企业的市场竞争力。

知识准备 

一、物流营销的概念

物流营销即物流服务营销，指物流企业以市场需求为核心，通过采取整体营销行为，提供物流服务来满足客户的需求和欲望，从而实现物流企业利益目标的活动过程。

一个企业只有进行了成功的营销才能抓住客户拿到订单，进而开始采购、运输、仓储、包装、配送或服务等后续业务。可以说，物流营销是带动物流企业持续发展的火车头。

知识拓展　从纯产品到纯服务的过渡过程

在营销对象中纯产品和纯服务是两个极端认识。例如，交通运输、物流服务等营销对象实际上是实体产品与服务的结合，提供基础性服务。因此，我们需要从服务营销理念的角度对交通运输、物流服务业务有一个新的认识。显然，交通运输、物流服务都涉及专用车辆、设备与通用车辆的差别，硬件内容对服务系统都有深刻的影响，因此，物流服务属于纯产品和纯服务之间的过渡过程（见表 1-1），需要用唯物辩证的观点分析认识。

表 1-1　从纯产品到纯服务的过渡过程

过渡过程	纯产品	附带服务的有形产品	附带少部分产品的主要服务	纯服务
营销对象举例	香皂、牙膏、盐等	计算机、空调等	空中旅行、高速客运、汽车专运、集成物流等	心理咨询服务、教育培训等

二、物流营销的特点

（1）物流营销既属于无形服务产品营销的范畴，又属于有形产品营销的范畴。

（2）物流营销产品具有不可事前展示性。物流营销的产品是与物流活动过程相统一和紧密联系在一起的，也就是说，物流营销的对象（服务产品）不可能在服务活动开始前，就像其他的有形产品一样，提前放置在商场的货架上向客户展示，而只能随着物流服务活动的开始、进行和结束逐步向客户展示。所以，物流市场营销更具有不可预见和不可捉摸性，其难度更大，对营销者的要求更高。

（3）物流营销应是以“营销企业”为主的营销。物流营销产品的不可事前展示性，决定了物流企业在市场营销过程中更应积极主动和有计划地向各个客户和营销对象推介自己的整个企业、整个品牌，增强客户对企业的信心和吸引力，进而促使客户放心大胆地同自己签订业务合同，达到市场营销的目的。物流企业的服务营销应是以“营销企业”为主的营销，其最终目的在于实现物流优势资源的整合，实现物流企业长久化、经济化的发展。

（4）物流营销的对象更为广泛，既有团体客户，又有个体消费者；既有国内客户，又有国际客户；既有大客户，又有小客户；既有一次性客户，又有长久性客户；市场的差异性更大。

（5）物流营销的目的除了推广自己企业的服务项目外，还有寻求与其他物流企业的合作、合资和联合，以及寻求与国外客户建立战略性的合作关系等目的，这与一般产品营销具有明显的差别。

（6）物流营销的产品更应强调“一一对应”制和“量身订制”化，应根据不同的客户分别设计不同的物流服务项目组合和产品，来满足他们差别化的需求。

（7）“以需求为本，以人为本”是物流营销的关键。

（8）物流营销的市场价值和潜力更大、发展更迅速，企业面临的机会更多。

（9）销售活动具有超前性。在物流产品还没有提供和生产出来之前就需要营销，其不足是无形性，难以说服客户，有利因素是一般可以在客户订制完成后再生产，盲目性较小。

（10）生产活动具有流动性。在流动中生产产品或提供物流服务，难以控制，难以使客户满意。

（11）生产场所具有广域性和流动性。

（12）“物流营销”一词几乎可以与任何词语、概念、行为、术语、模式、文化、物质、地点、时间、人物、特征、感觉、行为等发生交互和反应，并与之相融合，生成新的营销思维、方法、行为、方式、方案，产生不同的营销效果。具体包括：服务、教育、科技、政策、功能、价格、广告、关系、公益、精神、传播、情感、实惠、气质、性格、感觉、设计、互动、参与、视觉、创新、听觉、安全、人性、行动、环保、讲课、健康、节日、自然、潮流、连锁、体育、资本、方便、文化等。总之，消费者钟情的、喜欢的、忠诚的、渴望的一切事物均可以拿来开发、加工成营销的手段并有效利用，助力企业营销。

素养园地

习近平总书记强调：“江山就是人民、人民就是江山。”“打江山、守江山，守的是人民的心。”各行各业必须坚持以人民为中心的发展思想。中国梦归根到底是人民的梦，必须紧紧依靠人民来实现，必须不断为人民造福。物流企业在物流营销过程中，要始终考虑营销对象的根本需求，以人为本，根据社会的进步和人民需求的变化及时调整营销产品、营销策略和营销方案等。同时，物流企业要具有前瞻性，洞察营销市场，不断创新，与时俱进，实现让人民满意的物流营销。

三、物流营销活动的主要内容

1. 物流环境分析与物流市场调研

物流营销环境是一个层次多样的环境，既包括宏观的政治环境、法律环境、社会文化环境以及科学技术环境，也包括企业内部各部门、金融服务机构以及其他各种营销中介等微观环境。物流营销总是受到各种各样环境因素的影响，环境的变化会直接影响物流营销格局和竞争优势的变化。研究物流环境就是为了使物流企业更好地适应环境的变化。

物流市场调研就是对物流市场调查研究，是物流企业为了提高决策质量以发现营销中的机遇和问题而系统、客观地识别、收集、分析和传播信息的工作，是物流企业营销活动的起点，贯穿于整个营销活动的始终。通过市场调研，物流企业可以掌握市场的现状和发展变化趋势，为市场预测提供科学依据。只有充分了解和把握自身、物流客户和竞争同行的市场现状及发展趋势，才可能选择和确定有效的营销策略。对任何营销活动而言，市场调研都是一项基础工作，从根本上决定着营销活动的质量和水平。因此，市场调研在企业的整个市场预测和经营决策中无疑起着基础性的作用。

2. 物流市场细分、目标市场营销与市场定位

无论实力多么雄厚的物流企业都不可能承揽所有的业务，不可能满足各个方面的有差异的市场需求。所以，物流企业必须进行市场细分，根据自身的条件确定为之服务的目标市场，做好准确的市场定位，提供有效的服务。这是物流营销战略的重要内容和基本出发点。例如，一个具体的物流企业可以将市场划分为家电类、日用化妆品类、纺织服装类、食品医药类等，选取其中某类作为目标市场，集中人力、财力、物力资源搞好物流市场营销服务。

3. 市场营销组合

物流市场是一个整体营销活动，物流企业要根据市场变化，使用营销组合，将产品策略、渠道策略、促销策略、服务策略等进行有机组合，顺利完成营销服务项目，为客户提供满意的服务。物流市场营销组合也处在不断完善和发展的过程中，与有形产品以及其他服务产品等营销不同，物流市场营销组合具有自身的特点，主要实行的是以“4C”营销理论为基础的物流企业营销组合策略，即市场营销的变量正在传统的“4P”基础上增加围绕顾客的“4C”。

4. 物流营销信息管理

物流营销信息管理不仅有助于改善物流运作，设计新颖独特的物流方案，而且能提高物流管理的营利能力，充分发挥物流营销的作用，科学地把物流营销信息用于物流经营管理活动中，使信息为提高企业的经济效益和社会效益服务。物流营销信息管理主要包括物流营销信息系统的设计与应用，如物流市场信息的收集、整理、分析，物流信息的加工运输与反馈等。

5. 物流客户服务与客户关系管理

物流市场营销是提供服务的营销。为客户提供产品和服务，是满足客户需求所进行的一项特殊、典型的服务。客户关系管理（CRM）是物流营销活动的核心工作，是衡量物流营销系统为客户服务的尺度，直接影响到企业的市场份额和物流总成本。因此，在物流企业的运作中，客户关系管理是至关重要的环节，主要内容有客户识别与管理、服务人员的管理、市场行为管理与伙伴关系管理。

课堂互动

1．物流企业营销的产品是__________。

2．__________是物流营销活动的核心工作，是衡量物流营销系统为客户服务的尺度，直接影响到企业的市场份额和物流总成本。

3．物流营销的特点包括（　　）。

A．物流企业营销的产品是服务

B．物流营销的服务能力强大

C．物流营销的对象广泛，市场差异度大

D．物流服务的质量由客户的感受决定

四、物流营销的作用

物流营销的理论、方法、工具指导物流企业营销业务的开展。物流营销对社会、物流企业自身发挥着不同的作用。

（一）物流营销对社会的作用

1. 联结工商企业和消费者，形成物流网络

随着现代经济网络化的发展，企业竞争是一种网络间的竞争，竞争优势也是一种网络优势。物流营销引导物流企业以物流服务的方式，有效地联结了供应商、厂商、批发商和零售商，打造了一个集成商流、物流、信息流和资金流的网络，有效地推动了商品从生产到消费全程的顺利流动及信息的传递和资金的流动，见图 1-1。

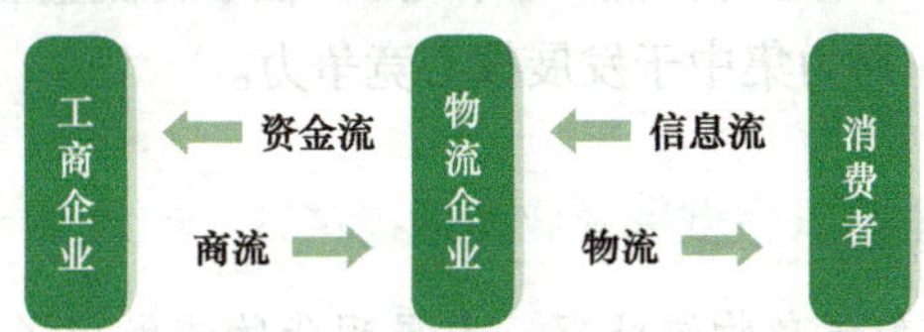

图 1-1　物流营销打造物流网络示意图

2. 降低交易成本，节约运行成本

物流营销能够从四个方面降低交易成本、节约运行成本：①通过形成伙伴间的信任关系，减少搜寻成本和履约风险；②通过物流营销和物流服务，使原来分散的物流节点和线路等要素间偶然的、随机的关系变成了网络成员之间紧密且经常的联系网络，减少了客户的交易成本、使用网络资源和要素的成本；③物流企业借助精心策划的物流计划和适时运送手段，可以减少库存，改善相关企业、社会的现金流量；④在物流营销和规模经营的影响下，工商企业业务外包能降低经营费用。

3. 改善资源配置，提高社会效益

物流营销获得的信息资源共享、优质的客户服务体系共享、资源共享条件下的准时化小批量配送系统和共同配送系统的建立，可在社会范围内合理配置制造、商贸、物流企业的人、财、物、信息、时间等资源，提高物流资源的利用效率，产生提升商业物流环境、缓解交通压力、保护环境、改善大众生活品质等社会效益。

（二）物流营销对物流企业的作用

1. 引导市场需求，提高营销能力

在现代竞争激烈的市场上，市场需求是推动物流企业发展的根本动力。没有市场需求，物流企业就失去了赖以生存的根基。当物流企业能够为客户提供灵活多样的服务进而为客户创造更多的价值且有良好的市场营销策略时，会吸引更多的客户。而且在物流营销的过程中，物流企业可以有效地收集客户需求、市场信息、产品状况等信息，既可以满足客户现有需求，也可以有针对性地设计、提供更适合市场需要的服务，引导市场需求。如天地华宇开发的“定日达”高端公路快运服务引导人们重视时效性和安全性，引导了市场需求。

2. 进行市场细分，实行差别经营

市场需求呈多样化和分散化，物流市场也呈差异化和个性化，物流营销可以通过收集的市场信息指导物流企业根据自身的资源优势，在市场细分中确定目标客户群，有针对性地实行差别化经营，求得生存和发展。如中远主攻远洋运输市场，中铁主攻中国铁路长途运输市场，DHL 在高尔夫快递细分市场上找到了“金矿”，新邦物流也在演出物流上发现了“新大陆”。

3. 集中资源优势，减少投资风险

现代物流领域的设施设备（包括物流技术平台、运输设备、集中仓储配送中心、货场等）、信息系统等的投入较大，加上物流需求的不确定性和复杂性，使得投资风险巨大。物流营销进行的市场调研、细分，可以减少盲目投资的风险，便于物流企业集中资源优势，实现资源优化配置，将有限的人力、财力集中于发展核心竞争力。

知识拓展　我国钢铁企业销售物流取得成效

我国钢铁企业为改善自身物流状况、发展现代物流做出了许多努力，在销售物流上也取得了很大的成效：中国钢铁交易网等平台的出现使我国钢铁企业在物流信息化上迈出了很大一步；各大钢铁企业先后建立建材配送中心，以产品差异化占领市场，赢得竞争；与下游产业客户企业构建战略联盟，建立长期稳定的供应链；寻求灵活多样的物流方式，降低物流成本。

4. 合理配置资源，提高物流能力

物流营销通过处理、分析获得的市场信息、客户信息，可以合理配置和管理物流企业内部资源，提高物流能力，及时、优质地将货物配送到客户手中。

5. 围绕客户服务，提升企业形象

物流营销以客户为中心，在业务往来中可以通过便捷的网站、完备的设施、训练有素的员工、科学的策划、合理的设计、充分的交流、细致的服务，使客户在同行中脱颖而出，为企业在竞争中取胜创造有利条件，树立自己的品牌形象。如国外四大快递巨头、中国邮政速递、顺丰速运都是围绕客户服务树立了自己的品牌。

课堂互动

1. 物流营销引导物流企业以物流服务的方式，有效地联结了______、______、______和______，打造了一个集成______、______、______和______的网络。
2. 物流营销可以降低交易成本。（　　）
3. 在现代竞争激烈的市场上，（　　）是推动物流企业发展的根本动力。
   A. 利润最大化　B. 市场需求　C. 市场占有率　D. 信息技术应用

五、现代物流营销观念的发展

物流营销观念是开展物流营销的基本指导。只有了解物流营销观念，才能更好地把握物流营销的方向。

1. 重视产品品牌营销

现代营销已日益超过产品的物质层面，人们面对不断涌现的新产品，大多是“慕名而买”。品牌是市场的保证，更是企业发展壮大的基石。品牌是物流企业最宝贵的资产，是物流企业竞争力的重要来源。对我国大多数物流企业而言，塑造品牌是首要的任务。

2. 从单纯的服务营销过渡到文化营销

销售服务是物流企业和中间商必须做的事情，消费者成了市场的主体，是物流企业的“上帝”。物流企业在提供产品的同时要配合良好的服务成为理所当然的事情。服务成为各物流企业竞争的重要手段，甚至发展到超值服务，即超出产品、服务本身的价值和超出客户的期望值，在诚心、耐心的基础上，与客户建立起密切的联系。然而，现代社会人们不仅仅需要物质享受，更需要精神享受，需要对服务和企业的认可和忠诚，而这些是文化营销的内容，是文化营销对现代物流企业的要求。培养一批认可企业、对企业忠诚的客户，是物流企业长盛不衰的关键，是企业克敌制胜的法宝。所以，现代物流企业不仅要提供优质服务，更要把企业的文化渗透到服务中。

3. 从过程营销到整合营销

传统营销是一个过程，包括前期的市场调查和预测，市场机会分析和目标市场选择，产品开发和市场定位，以及后期的定价、分销、促销和售后服务、信息反馈等内容。而整合营销是一种管理体制，就是把各个独立的营销活动综合成一个整体，以产生协同效应。这些独立的营销活动包括广告、直接营销、销售促进、人员推销、包装、事件、赞助和客户服务等。营销的最大目标是最大限度地激发客户的购买欲望。怎样才能激发客户的购买欲望呢？传统营销是做不到的，必须通过市场营销的一系列活动和有组织的整合过程来实现。因此，在物流管理过程中，整合营销观念势在必行。

4. 从渠道营销到网络营销

分销渠道是市场营销中不可缺少的一个环节。进入信息时代（又称作 e 时代）以后，互联网正在彻底改变着我们的生活和工作方式，也改变了传统的营销模式。作为物流企业，特别是以信息为主的第三方物流企业，怎样通过网络来有效地获取信息和传播自身？网络到底能提供哪些比传统媒体更经济的营销手段？这些已经成为众多物流企业管理者日益关注的问题。物流企业的网络营销模式，需要将网络与传统营销方式相整合，把客户的需求导向具体为以信息为中心的管理经营模式，在高新技术的基础上建立企业的信息化网络营销战略，在瞬息万变的市场竞争中牢牢把握潮流变换趋势，以赢得市场，立于不败之地。

知识拓展　市场营销的新形式

物流网络营销是现代物流企业以整合营销理论为基础，利用互联网技术手段和物流信息平台的功能，最大限度地满足客户需求，以开拓市场、增加盈利的经营过程。它是直接市场营销的新形式，由互联网替代了报刊、邮件、电话、电视等中介媒体，其实质是利用互联网对产品的售前、售中、售后各环节进行跟踪服务，它贯穿在物流企业经营的全过程，包括市场调查、客户分析、产品开发、销售策略、反馈信息等环节。

5. 从区域营销到全球营销

随着市场竞争的加剧、经济全球化进程的加快，以及信息化时代的到来，物流企业已经超越国界，进行全球化竞争。与之相适应，物流营销也已经淡化了区域、国别的界限，日益成为一种全球性的企业行为。近几年，国外大型知名物流企业纷纷到中国安家落户，看中的就是中国这个巨大的市场。全球营销为物流企业提供了更宽阔的战略视野和市场机会，同时，企业面临的营销风险也将同步增长。因此，对现代物流企业来说，营销区域国际化既是机遇也是挑战，既有高收益也有高风险。如何规避风险使利润最大化，是物流企业在全球营销中要重视的问题。

6. 从产品营销到关系营销

所谓关系营销，是把营销活动看成是一个企业与消费者、供应商、分销商、竞争者、政府机构及其他公众发生互动作用的过程，其核心是建立和发展与这些公众的良好关系。面对国内国际物流企业的竞争态势，正确处理企业与消费者、供应商、分销商、竞争者、政府等之间的关系是物流企业营销的核心，是物流企业成败的关键。关系营销要求企业把用户培养成自己的长期顾客，并共同谋求长远发展，其核心在于发展消费者与物流企业间的一种连续性关系，积极促进客户参与，发展相互信任的客户关系。当前物流企业的关系营销实践主要是：实行会员制，为客户专门设立关系经理以及实行信用卡制度等。随着信息网络的广泛应用，还可以运用互联网实行数据库关系营销，这些方式都为物流企业和消费者、用户之间提供了很好的沟通渠道。

课堂互动

1．物流营销观念的发展经历了____________________六个阶段。

2．________是一种管理体制，就是把各个独立的营销活动综合成一个整体，以产生协同效应。

3．现代的市场营销观念，特别是以________为核心的物流市场营销观念要求关注客户，全方位地为客户服务。

4．（　　）强调方向性、长期性、创造性、协同性和参与者的共赢性，思考问题的层次更高，考虑的问题更全面、更系统，21 世纪以来在物流界更流行。

A．社会营销观念　　B．战略营销观念

C．市场营销观念　　D．推销观念

模块三 走进物流客户关系管理

案例导入 佳盈物流公司客户关系管理

成都佳盈（中国）物流有限公司（简称“佳盈”）成立于2000年6月，是一家以第三方物流业务和航空货运业务为主的专业物流公司，并于2000年被授予“高新技术企业”荣誉称号。

佳盈拥有大型营运车辆数十辆，在全国建设有26个物流中心，已经形成了覆盖全国16个主要城市（包括北京、上海、成都、重庆、广州、南宁、福州、南昌、长沙、杭州等）的庞大运营网络，力求通过一体化与网络化的物流运作，为用户提供高品质的航空运输、仓储、包装、配送、快递等单项物流服务及一体化物流运作，合理而有效地控制客户的物流成本，提升客户的市场竞争力。

佳盈的发展目标是成长为全国性的、以航空快递为主营业务的物流企业集团。秉承着“客户至上，一切以客户为核心”的原则，以“全球定位，用心服务”为经营宗旨，佳盈采用了中圣公司的客户关系管理系统（CRM），以实现真正的以客户为中心的管理。

【思考】请你结合该案例思考：什么是客户关系管理？物流客户关系管理的内容是什么？如何实施客户关系管理？

案例分析

客户关系管理不仅仅是一种技术手段，而且是一种商业策略，通过有效的客户关系管理去提高客户满意度和忠诚度，从而留住客户，特别是有价值的客户，有利于物流企业的长期发展。

知识准备

客户是企业宝贵的财富，而良好的客户关系就是企业实现长期财富的“黏结剂”。因为一个忠诚的客户在其生命周期内不但可以直接为企业带来长期的效益，而且其良好的口碑还会成为企业最有说服力的推销员。然而，获取服务渠道的多样性使客户有了更多的选择，难以形成长期稳定的客户忠诚关系，也使企业的客户管理工作面临着新的挑战。对现代企业来说，通过采取有效的措施、科学的方法改善物流服务的客户管理，有助于企业巩固客户、提高竞争力。

一、客户关系概述

（一）客户、客户关系与客户关系管理

1. 客户的含义

客户的含义有外延和内涵之分。外延的客户是指市场中广泛存在的、对企业的产品或服务有不同需求的个体或消费群体；内涵的客户则是指企业的供应商、分销商、下属的不同职能部门、分公司、办事处、分支机构等。物流企业必须坚持以客户为中心，识别当今物流市场上客户的特征，以便为客户提供优质、高效、便捷的物流服务。

2. 客户关系的含义

客户关系是指企业为达到其经营目标，主动与客户建立起的某种联系。这种联系可能是单纯的交易关系，可能是通信联系，也可能是为客户提供一种特殊的接触机会，还可能是为双方利益而形成某种买卖合同或联盟关系。

3. 客户关系管理的含义

客户关系管理（Customer Relationship Management，CRM）是指企业为提高核心竞争力，达到竞争取胜、快速成长的目的，树立以客户为中心的发展战略，并在此基础上开展的包括判断、选择、争取、发展和保持客户关系所需实施的全部商业过程；是企业以客户关系为重点，通过开展系统化的客户研究，通过优化企业组织体系和业务流程，提高客户的满意度和忠诚度，提高企业效率和利润水平的工作实践；也是企业在不断改进与客户关系相关的全部业务流程，最终实现电子化、自动化运营的过程中，所创造并使用的先进的信息技术、软硬件和优化的管理方法、解决方法的总和。其内涵是企业利用 IT 技术和互联网技术实现对客户的整合营销，是以客户为核心的企业营销的技术实现。

（二）实施有效客户关系管理的成效

（1）提高客户满意度和忠诚度，增加客户保持率。

（2）识别利润贡献度高的客户并采取相应的策略，确保客户关系可持续性发展。

（3）通过有效的目标市场定位，更好地了解目标客户，从而避免无效的市场营销活动，降低营销成本。

（4）引导潜在的消费者进入期望的销售渠道。

（5）提供个性化的产品和服务来增加销售。

（6）通过增加每一次销售的利润来实现更高的投资收益。

（7）通过销售、市场营销和客户服务活动的集成，优化业务流程，避免因多个不协调的客户接触点而产生的差错，降低费用，提高信誉。

（8）利用客户喜欢的沟通渠道来加强对客户需求的了解并迅速做出反应。

（9）参照历史客户沟通的记录及经验教训，同目前的客户进行沟通，提高成功率。

（10）根据客户关系管理历史绩效分析，评估未来的销售、市场营销和客户服务活动，使之更加有效等。

知识拓展　客户满意度能直接转化为公司价值

美国客户满意度指数（American Customer Satisfaction Index，ACSI）显示，具有最高客户满意度的公司增长市值是具有最低客户满意度的公司增长市值的两倍多。换句话说，客户满意度能直接转化为公司价值。再看下面的数据：

客户满意度提高 5%，企业的利润将加倍；一个特别满意的客户的购买意愿将 6 倍于一个满意的客户；2/3 的客户离开是因为对客户关怀不够；93% 的 CEO（首席执行官）认为客户管理是企业成功和更富竞争力的最重要因素；50% 以上的企业利用互联网是为了整合企业的供应链和管理后勤。

素养园地

服务客户，成就客户，让客户满意，是企业能够长期保持良好客户黏性的根本。企业能够经营长久，在经济市场中站稳脚跟，就是靠着对客户需求的信仰和敬畏，坚持把对客户的诚信做到极致，秉持着“以客户为中心”的核心价值观。维护好客户关系，持续服务好高价值的客户，与客户形成共生的关系，与客户共同构建面向未来的共识，形成长期利益，合作才是可持续的，也是不会被轻易替代的，从而使企业与客户志同道合，即企业文化与价值观相契合。客户就像土壤一样，实施有效客户关系管理，土壤中才会孕育出茁壮旺盛的庄稼，机会才会遍地开花。

（三）客户关系管理理论的演进及发展

20世纪70年代末到80年代初，是客户关系管理理论的萌芽时期，其理论基础来源于西方的关系营销理论，以下为西方学者在这方面取得的研究成果。

伦纳德·L. 贝瑞（Leonard L. Berry）于1983年首先提出“关系营销”一词，并将关系营销定义为“培养、维护和强化客户关系”。之后，他进一步把关系营销定义为“通过满足客户的想法和需求，赢得客户的偏爱和忠诚”。美国著名学者、营销学专家巴巴拉·B. 杰克逊（Barbara B. Jackson）于1985年在生产领域提出了关系营销的概念，他认为“关系营销就是指获得、建立和维持与产业用户紧密的长期关系”。关系营销概念的提出使人们对市场营销理论的研究有了进一步的发展。著名营销学家菲利普·科特勒（Philip Kotler）在《营销管理》（*Marketing Management*）一书中总结了营销管理的五个阶段，即生产观念、产品观念、推销观念、市场营销观念和社会营销观念。生产观念、产品观念和推销观念的共同之处在于没有真正重视客户的需求，仅把交易视作营销的基础，一味追求交易的利润最大化，没有把与客户建立和保持广泛亲密的关系摆在重要位置。“大营销”（包括市场营销观念和社会营销观念）研究的是企业在全球市场进行营销的问题，较之前有所进步的地方在于，它强调了企业必须在与客户双方的共同利益下，为达到彼此间互助互利、和谐一致而采取合理的态度和行动。

20世纪80年代末到90年代中期，这一时期对CRM的探讨较第一阶段更为深刻。20世纪90年代初期，CRM体现为销售能力自动化（Sales Force Automation，SFA）系统、客户服务（Customer Service and Support，CSS）系统；1996年发展为集销售、服务于一体的呼叫中心（Call Center）。代表性的研究成果有约翰·J. 史维奥克拉（John J. Sviokla）和本森·P. 夏皮罗（Benson P. Shapiro）合著的《寻找客户》（*Seeking Customers*）和《保持客户》（*Keeping Customers*），其内容比较广泛，涉及客户忠诚、客户保持、客户价值和客户满意度等。

20世纪90年代中期到2002年，这一阶段CRM研究成果更为丰富，已经向实用化阶段迈进。1998年，随着电子商务的兴起，CRM开始向E-CRM方向发展。这一阶段，各组织、公司等相继推出他们的CRM理念。高德纳咨询公司（Gartner Group）、卡尔森营销集团（Carlson Marketing Group）等积极推出他们的CRM理念。国际商业机器公司（IBM）、甲骨文公司（Oracle）等也相继推出CRM系统。这一时期的CRM研究侧重实务研究，研究重点也变成CRM的企业实施策略以及CRM系统分析性功能研究。2002年至今，CRM的研究处于平稳阶段，各项研究继续向深入开展。客户价值与公司绩效、公司价值的相关性得到实证，人工智能技术被引入客户价值的评价应用（H.W.Shin & S.Y.Sohn，2003）；客户终生价值也有新的进展，并应用到重点客户的筛选和企业资源分配上。

二、物流客户关系管理概述

（一）物流客户关系管理的含义

物流客户关系管理就是把物流的各个环节作为一个整体，从整体的角度进行系统化客户管理，它包括对企业相关部门和外部客户——业务伙伴之间发生的从产品（或服务）设计、原料和零部件采购、生产制造、包装配送到交给终端客户全过程中的客户服务管理。

同步案例　顺丰重视客户关系管理

长期以来，顺丰不断投入资金加强公司的基础建设，积极研发和引进具有高科技含量的信息技术与设备，不断提升作业自动化水平，实现了对快件流转全过程、全环节的信息监控、跟踪、查询及资源调度工作；促进了快递网络的不断优化，确保了服务质量的稳步提升，奠定了客户服务满意度的领先地位。顺丰经常进行大客户满意度调查，了解大客户对企业各个方面的满意程度，防止大客户流失。

（二）物流客户关系管理的内容

物流客户关系管理的内容包括以下几个方面。

1. 客户需求分析

客户需求分析是客户关系管理的基础。企业需要了解客户的需求、喜好、购买习惯等信息，以便为客户提供更好的产品和服务。通过市场调研、客户反馈、数据分析等手段，企业可以深入了解客户的需求，从而制定更加精准的营销策略。

2. 客户服务

客户服务是客户关系管理的核心。企业需要提供高质量的客户服务，包括售前咨询、售后服务、投诉处理等环节。通过提供优质的客户服务，企业可以增强客户的满意度和忠诚度，促进客户口碑传播，提高企业的品牌形象和竞争力。

3. 客户沟通

客户沟通是客户关系管理的重要环节。企业需要与客户保持良好的沟通，及时了解客户的需求和反馈，以便及时调整产品和服务。同时，企业还需要通过各种渠道与客户进行沟通，包括电话、邮件、社交媒体等，以便更好地与客户互动。

4. 客户关怀

客户关怀是客户关系管理的重要组成部分。企业需要通过各种方式对客户进行关怀，包括生日祝福、节日问候、优惠活动等。通过客户关怀，企业可以增强客户的忠诚度和满意度，促进客户的复购和口碑传播。

5. 客户管理

客户管理是客户关系管理的重要手段。企业需要建立完善的客户管理系统，对客户进行分类、分析和管理，以便更好地了解客户的需求和行为，制定更加精准的营销策略。同时，企业还需要对客户进行跟踪和维护，及时处理客户问题和投诉，以保持良好的客户关系。

客户关系管理是企业提高客户满意度、增加客户忠诚度、促进销售增长的重要手段。企业需要通过客户需求分析、客户服务、客户沟通、客户关怀和客户管理等多种手段，建立和维护良好的客户关系，以提高企业的竞争力和市场占有率。

知识拓展　客户差异分析

一是不同的客户对于企业的价值不同，也就是人们常说的：企业80%的利润来自20%的客户，这20%的客户就是企业的“黄金客户”。因而，理所当然要对最有价值的客户给予最多的关注与投入。对于可以为企业带来一定利润的大多数客户来说，企业要做的就是将他们吸引到核心层客户中去。

二是不同客户对于产品和服务的需求不同，企业可以分别为他们提供不同的产品和服务。

物流企业对客户的差异分析可以立足于这样几个问题：

（1）企业本年度最想和哪些企业建立业务关系？选择几个这样的企业主动联系？

（2）上年度有哪些大宗客户对企业的产品或服务多次进行投诉？列出这些企业并跟踪调查。

（3）去年最大的客户是否今年也与本企业发生不少的业务来往？找出这个客户，如果今年没有业务往来或业务量减少，则要从企业内外两个方面分析深层次原因。

（三）企业运用CRM的步骤

开展物流服务客户关系管理的关键在于企业所采用的CRM系统是否真正足以实现企业所设想的CRM目标。要实现以客户为导向的CRM，必须经过如下几个步骤。

看DHL如何成功应用CRM

1. 考量实施CRM的必要性

经营企业并不是追求潮流，企业应该结合自身实际情况分析是否需要实施CRM。

对于产品单位价值较低、客户终身价值低、规模小、业务流程简单、供应商不多、下游客户明确的企业来说，应用CRM不但成本过高，而且收效可能并不显著。

2. 考察实施CRM的物质基础

CRM是一种工具，作为工具要发挥作用，必须有平台作为支撑。实施CRM之前应当对企业的管理水平、运作流程、员工的素质、客户数据库的管理、信息系统结构、客户信息的处理能力等基础条件进行全面的审查。

3. 制定实施目标

实施CRM是一项长期复杂的系统工程，企业应当在认真研究和反复论证的基础上，制定长期、中期和短期的阶段性目标。通过目标的制定企业可以明确操作的方向，也可以方便今后的考核工作。

4. 梳理业务流程

梳理业务流程是每一个准备实施 CRM 的企业必须要做的。企业应当着重从现有的营销、销售和客户服务体系进行业务流程的分析，找出存在的问题，以便更有针对性地选择需要的技术。

5. 结合自身实际设计操作体系

CRM 是一个复杂的操作系统且环环相扣，要使这样的系统能够很好地运转，在进行结构设计时，应当充分重视与企业原有的采购、库存、财务等管理系统相契合，实现各系统之间的无缝衔接。

6. 在企业内实施 CRM

对许多企业来说，实施 CRM 最困难的不是技术，而是来自企业内部方方面面的阻力。企业可以通过宣传沟通、技术培训等手段，统一全体员工的认识，激励员工投入变革。

7. 绩效评价

在实施 CRM 的过程中，企业还应当适当地对实施进程和实施效果做出准确的评价，并利用评价结果进行纠偏。为此，完善的信息反馈系统就显得尤为重要了。

课堂互动

1. 以下属于企业的客户的有（　　）。

A. 供应商　　B. 分销商

C. 分公司、办事处　　D. 个人消费者

2. 物流客户关系管理的内容包括（　　）。

A. 客户需求分析　　B. 客户服务

C. 客户关怀　　D. 客户管理

E. 客户沟通

3. 客户关系管理的内涵是企业利用 IT 技术和互联网技术实现对客户的整合营销，是以客户为核心的企业营销的技术实现。（　　）

4. 实施有效客户关系管理不可以降低营销成本。（　　）

单元小结

本单元涉及的知识点包括市场、营销和市场营销的含义，市场营销的重要性，市场营销的核心概念，物流营销的概念、特点、内容、作用和新观念，客户关系管理的内涵，物流客户关系管理的内容，以及物流客户关系管理实施的步骤。

单元评价

内容		评价		
学习目标	评价项目	自我评价	组间评价	教师评价
专业知识（35分）	市场营销和客户关系管理的含义	得分及备注：	得分及备注：	得分及备注：
	物流营销的作用			
	物流服务营销活动和物流客户关系管理的内容			
专业技能（30分）	物流企业运用 CRM 的步骤	得分及备注：	得分及备注：	得分及备注：
职业意识（20分）	团队合作、创新精神	得分及备注：	得分及备注：	得分及备注：
	积极主动			
	服务意识、质量意识			
	安全规范操作意识			
通用能力（15分）	沟通协调能力	得分及备注：	得分及备注：	得分及备注：
	语言表达能力			
	解决问题能力			
教师建议：		评价总汇： A. 优秀　B. 良好 C. 基本掌握　D. 没有掌握 （参考标准：得分＜60分为没有掌握，60分≤得分＜70分为基本掌握，70分≤得分＜80分为良好，得分≥80分为优秀）		
个人努力方向：				

巩固与提高

一、名词解释

1. 市场
2. 市场营销
3. 物流营销
4. 物流客户关系管理

二、简答题

1. 市场营销的重要性体现在哪些方面？
2. 物流营销的内容是什么？

3. 物流营销的作用是什么？
4. 物流客户关系管理的内容是什么？
5. 企业运用 CRM 的步骤有哪些？

三、实训练习

实训目标

通过实例，学生能够根据实际企业案例了解物流企业营销的相关知识。

实训内容

以我国某物流企业为例，通过实地调研和网上资料搜集进行调查研究，完成如下任务。

1. 了解该企业市场营销的现状。
2. 了解该企业客户关系管理的实施情况，并提出相应的对策。

实训步骤

（1）学生每 6 人一组，组长分工。

（2）以小组为单位，针对典型物流企业的市场营销情况进行调研分析，并撰写调研报告，内容涉及企业市场营销现状。

（3）各组根据调研报告制作 PPT。

（4）各组派一名代表利用 PPT 进行展示交流。

实训考核

形成调研报告，以 PPT 形式分组报告，教师对各组调研报告、PPT 制作和课堂展示做出综合评价。

洞察物流市场

知识目标

- 了解物流市场营销调研的含义和特征。
- 掌握物流市场营销调研的方法。
- 掌握物流市场营销调研的步骤。
- 掌握物流市场营销调研的内容。
- 掌握市场信息搜集与整理的方法。

技能目标

- 具备物流市场营销调研的基本能力。
- 具备开展问卷调查的基本能力。
- 能够编制数据图表和撰写市场调研报告。

素质目标

- 通过学习物流市场营销调研的方法与步骤，培养严谨、细致的工作态度。
- 通过对我国物流市场外部环境的了解和分析，深入体会国家政治经济环境稳定的重要性，感受我国物流行业飞速发展给人们生活带来的巨大变化。

思维导图

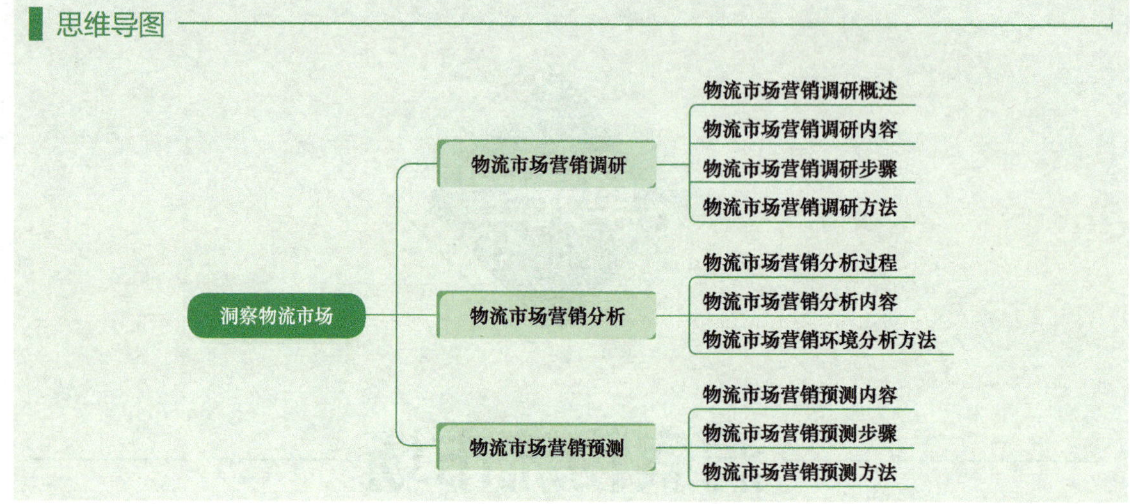

模块一　物流市场营销调研

案例导入　物流市场营销调研

速达物流原来从事大件货物运输业务，2019年市场冷链物流、快速消费品物流、配件物流、快递物流业务快速发展，速达物流打算开发新的物流业务，但是没有进行详细的市场调研，不敢轻易决定。速达物流营销部门决定对省内物流市场进行调研，董事会根据调研情况再决定进入何领域。

【思考】速达物流公司开发新的物流业务为何要进行市场调研？

案例分析

现代市场营销观念强调消费者导向，要求物流市场营销人员重视消费者的需要。要做到这一点，市场营销人员必须通过物流市场营销调研，了解物流市场需求，广泛收集信息，准确掌握市场需求的资料，从而给物流企业营销决策提供科学依据。

知识准备

营销信息是物流企业从事营销活动的前提和基础，是非常重要的资源，没有准确的信息，就没有预测、计划和决策，所以在物流企业经营过程中，必须做好市场调研活动，确保物流企业能够适应市场的变化。

一、物流市场营销调研概述

1. 物流市场营销调研的含义和作用

物流市场营销调研是物流企业运用科学的方法，有目的、有计划、系统地收集、整理和分析研究有关信息和资料，提出解决问题的建议，供物流企业营销管理人员了解物流市场营销环境，发现机会与威胁，作为市场发展趋势预测和营销决策依据的过程。

2. 物流市场营销调研的作用

物流市场营销调研是物流企业营销活动的起点，贯穿于整个营销活动的始终，是对物流市场营销活动全过程的分析和研究，其作用主要有以下几个方面：

（1）有助于物流企业经营者把握宏观的市场环境，加深对物流行业的了解。

（2）有助于确定客户需求，提供客户需要的物流服务，从而使企业获得可观的利润。

（3）有助于发现新的市场机会和需求，便于物流企业针对性开发新的物流服务。

（4）有助于物流企业了解自身的经营状况，发现不足及经营中的缺点，及时反馈并予以纠正，改进企业的经营决策。

（5）有助于物流企业掌握竞争者的动态，了解其经营状况与策略、市场份额的大小和所提供物流服务的优劣势，以便及时调整和改进经营策略，降低决策风险，提高成功的可能性。

二、物流市场营销调研内容

我们可以从宏观的角度和微观的角度来分析物流市场营销调研的内容。从宏观的角度看，物流市场营销调研主要有市场营销环境调研、物流需求情况调研、物流供给情况调研等；从微观的角度看，物流市场营销调研主要有客户资源调研、物流服务产品及其价格调研、物流流量和流向调研、竞争者情况调研。

1. 物流市场营销环境调研

物流市场营销环境调研主要是指对物流企业营销活动产生较大影响的宏观环境因素以及企业目标市场所在地的部分微观环境因素整体情况进行的调研。

同步案例 江浙沪包邮

江浙沪包邮是指网购的时候，江苏省、浙江省、上海市免邮费。江浙沪包邮的原因主要是地域特点明显、物流水平高、行业竞争激烈。

（1）地域特点明显。江浙沪总面积并不大，江苏、浙江两省面积均不到 11 万 km^2，上海市面积在 6 300km^2 左右，三地总面积不到 30 万 km^2，因此总面积较小是实现包邮的重要因素之一。

（2）物流水平高。物流水平高主要是因为长三角地区的公路网建设一直都领先全国水平，交通上的快捷带来物流成本的低廉。江浙沪地区物流配送中心众多，送货成本也就大大降低。

（3）行业竞争激烈。作为全国电子商务产业的核心区域，长三角地区的物流行业竞争非常激烈，这对各物流公司的经营模式提出了很大挑战。为了应对这种竞争，很多物流公司都会对成本较低的江浙沪地区采用包月、包季、包年等低价策略吸引网络卖家，这就出现了很多商家只给江浙沪包邮的情况。

江浙沪之所有能够包邮，和其所在的地理位置、基础设施建设、经济发展水平、行业竞争等都有着非常密切的关系。

物流市场营销环境调研可以帮助物流企业及时发现市场机会，以及有哪些威胁因素会对企业营销活动产生负面影响，并针对企业内部的优势和劣势，及时制定相应的营销策略。

2. 物流市场需求情况调研

物流市场需求是指消费者或组织对物流服务的购买意愿和购买能力。物流需求是物流发展的重要前提，作为消费者的个人、企业、组织或是国家都可能具有物流需求，物流需求已经涉及现代社会发展的各个方面。掌握当前物流市场需求和潜在需求及其变化趋势，是物流企业营销决策的前提。

物流市场需求的调研内容主要有市场需求总量调研，包括物流市场需求结构变化情况、需求量和分布情况；物流需求特点调研；物流市场需求变化趋势调研等。

3. 物流市场供给情况调研

物流市场供给是与物流市场需求相对应的概念，是指在一定时期内社会能够向市场提供有效物流服务的能力或资源，也就是在一定价格水平下企业愿意提供的各种物流服务的数量。

4. 客户资源调研

客户资源调研的内容主要包括：客户的数量、行业分布和地理分布，未来物流需求、物流发展计划等。

5. 物流服务产品及其价格调研

物流服务产品及其价格调研的内容主要包括：市场上同类物流服务的数量、质量和价格等；物流需求者对服务的认识和建议；企业服务成本及其变动情况；影响物流市场价格变化的因素、同类服务供求变化情况、替代服务价格的高低、不同服务方案的定价方法；物流企业促销情况，包括物流需求者常用的获取信息的渠道，竞争企业的促销费用、广告费、宣传费、推广的效果等。

6. 物流流量和流向调研

物流流量和流向调研的内容主要包括：库存商品的出入库数量、主要仓储方式；承运商品的运量、主要运输方式；商品资源的离散程度；商品的流向、商品流通过程覆盖的区域。

7. 竞争者情况调研

竞争者情况调研的内容主要包括竞争者现有物流资源和客户资源、竞争者物流营销计划等。

三、物流市场营销调研步骤

有效的物流市场营销调研包括 5 个步骤：确定问题和调研目的、制定营销调研方案、收集信息、分析信息和撰写与提交调研报告。

（一）确定问题和调研目的

每个问题都存在许多可以调研的方面，必须从中找出实质的问题，否则收集信息的成本可能会超过调研得出的结果价值。所以确定问题是物流市场营销调研活动的起点，也是最困难的一步，它要求营销调研人员对所研究的问题及涉及的领域必须十分熟悉。确定了问题，也就确定了调研目的。

（二）制定营销调研方案

确定调研目的后，第二步就是制定一个收集所需信息的最有效的方案。营销调研方案包括以下内容：调研目的（调研的原因、内容、用途等）、调研区域（地理区域和范围）、调研对象及样本（对象的选定、样本的规模、抽样的方法等）、调研时间及地点（开始时间、完成时间、地点的落实）、调研的方法（观察法、访谈法、问卷法等）、调研工具（调研问卷、仪器设备）、分析方法（定性分析法、定量分析法）、调研报告提交（形式、份数、中间报告、最终报告等）、调研费用和调研团队等。

（三）收集信息

营销信息资料分为一手资料和二手资料两类。

1. 一手资料

一手资料又称为原始资料，是指需要调研人员实地调研取得的资料。获取一手资料的方法有访谈法、观察法和实验法等。信息资料针对性强、适用性好，具有较高的参考价值，但成本较高。每种方法都有各自的优缺点和适用范围，物流企业可以根据自己的情况进行选择。

2. 二手资料

二手资料又称间接资料，是指已存在的、已加工整理好的资料，主要来源于内部资料和外部资料，具有获取成本低、时间短、适用性差的特点。内部资料主要来源于物流企业内部的数据库，如客户资料、统计资料、财务资料、销售资料等。随着互联网技术的发展，企业开始重视客户投诉与建议的网络平台的建设，以便企业从内部收集客户的投诉和建议。如淘宝、京东、美团等网络平台都设置有物流服务评价栏目，设置奖励政策鼓励客户评价与提建议，以便及时发现问题，为客户提供更好的服务体验。外部资料主要来源于公开发布的信息，如报刊、网络、媒体广告和公司内部或外部的专业报告、资料及书籍、杂志等。

随着数据收集技术、工具的不断创新，获取大量数据变得简单易行，且成本相对低廉，无处不在的“大数据”已经成为目前营销调研收集信息资料的基础。

素养园地

通过网络收集数据信息的行为要合法，符合政策，尊重社会公德，遵守商业道德，诚实信用。《中华人民共和国民法典》第一百一十一条规定：“自然人的个人信息受法律保护。任何组织和个人需要获取他人个人信息的，应当依法取得并确保信息安全，不得非法收集、使用、加工、传输他人个人信息，不得非法买卖、提供或者公开他人个人信息。”其他法规等也有相应规定。例如，《中华人民共和国网络安全法》第二十七条规定：“任何个人和组织不得从事非法侵入他人网络、干扰他人网络正常功能、窃取网络数据等危害网络安全的活动。”第四十四条规定：“任何个人和组织不得窃取或者以其他非法方式获取个人信息，不得非法出售或者向他人提供个人信息。”

（四）分析信息

物流市场营销调研的主要目的是从所收集信息或数据中提炼出有用的结果，这就要求把收集上来的信息进行整理、分析。首先，对信息进行甄别整理。检查调研信息是否齐全；检查信息的真实性，挑出错误的资料；对资料进行评定，以确保资料真实、准确。其次，把调研信息按照类别进行编码，以便查找、归档和使用。再次，将已分类的资料进行统计计算，系统地制成各种计算表、统计表、统计图（如柱状图、条形图、饼图、折线图等，如图 2–1 ～图 2–4 所示）。

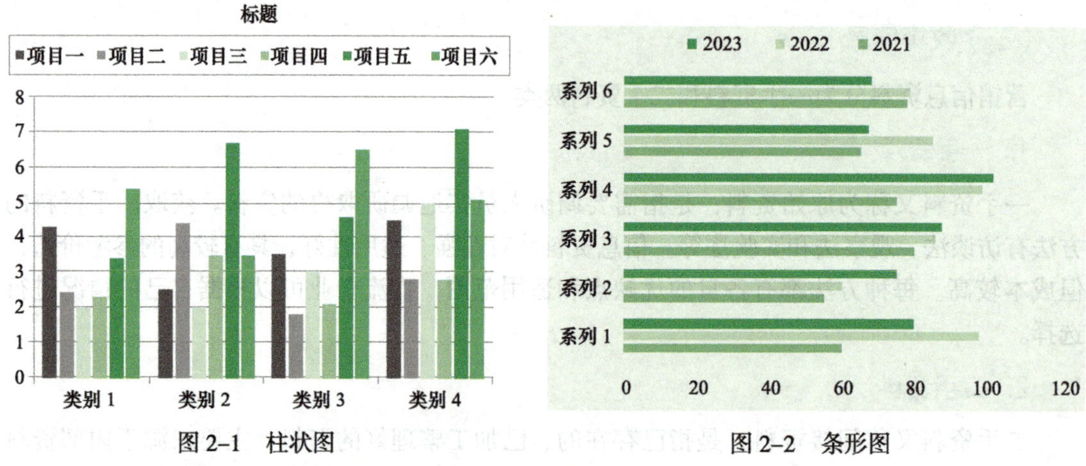

图 2–1　柱状图　　　　图 2–2　条形图

注：柱状图和条形图的区别是柱状图通常用来呈现变量的分布，而条形图经常用来比较变量。柱状图将数据按照一定的区间分组，而条形图将数据分类。

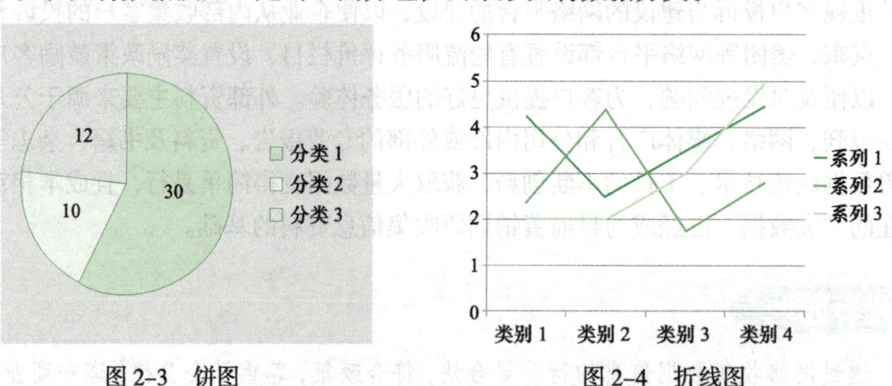

图 2–3　饼图　　　　图 2–4　折线图

最后，运用 Excel、SAS、SPSS 等统计分析软件，对各项资料中的数据和事实进行比较分析，得出相关统计数据，最后得出必要的结论。

（五）撰写与提交调研报告

撰写和提交调研报告是物流市场营销调研工作的最后环节，调研报告是物流市场营销调研成果的一种表现形式，主要通过文字、分析数据、图表等形式来表现。撰写调研报告，应对调研目标做清楚和简洁的说明，对采用的调研计划或方法进行全面而简洁的解释，概括性地介绍发现的主要问题，最后明确提出结论和决策者的建议。

四、物流市场营销调研方法

物流市场营销调研的方法很多，其中最主要的有访谈法、观察法、实验法、文案法、问卷法和网络调研法等。

（一）访谈法

访谈法是调研人员将要调研的事项，以当面、电话或书面的方法向被调研者进行询问，以获得所需资料的一种调研方法。访谈法是市场调研方法中最常用、最基本的方法。常见的访谈法有以下几种：面谈调研法、电话调研法、邮寄调研法、焦点小组调研法。

1. 面谈调研法

面谈调研法是调研者根据调研提纲直接访问被调研者，当面询问有关问题，既可以是个别面谈，也可以是群体面谈。面谈调研法的调研结果易受调研人员技术熟练与否的影响。

2. 电话调研法

电话调研法是由调研人员通过电话向被调研者询问了解有关问题的一种调研方法。其优点是资料收集快、成本低；缺点是调研对象比较局限，调研总体不够完整，不能询问较复杂的问题，时间不能太长。

3. 邮寄调研法

邮寄调研法又称信函调研，即将设计好的问题调查表、信函、订货单、征订单等邮寄给被调研者，请对方填好后寄回。其优点是调研区域广泛，调研成本低，缺点是回收率较低，时间较长。

4. 焦点小组调研法

焦点小组多由 8 ～ 12 人组成，在一名主持人的领导下对某一主题或观念进行深入的讨论，目的在于了解人们的想法及其原因，了解其对某一产品、观念、想法或组织的看法，了解所调研的事物与他们生活的契合程度，以及在感情上的融合程度。

（二）观察法

观察法是调研人员凭借自己的感官和各种记录工具，深入调研现场，在被调研者未察觉的情况下，直接观察和记录被调研者行为，以收集市场信息的一种方法。观察法具体可分为以下几种：

1. 直接观察法和间接观察法

直接观察法常用来研究产品外观、款式、包装的设计和效果。如调查人员观察客户选购商品，了解最吸引客户的是哪些事项，以便改进产品质量。间接观察法是指通过仪器设备、档案记录和事物追踪等方式进行观察。

2. 人工观察法和机械观察法

人工观察法主要依据调研人员的实地观察，而机械观察法是指依靠机器代替人进行观察，如道路计数器、条形码扫描器、阅读器等。

3. 非隐蔽观察法和隐蔽观察法

非隐蔽观察法和隐蔽观察法的主要区别是被观察者是否会觉察到。

（三）实验法

实验法是指市场调研者有目的、有意识地改变一个或几个影响因素，来观察市场现象在这些因素影响下的变动情况，以认识市场现象的本质特征和发展规律。

实验法按照实验的场所可分为实验室实验和现场实验。通过实验法取得的数据比较客观，具有一定的可信度，可有控制地分析、观察某些市场现象之间是否存在因果关系，以及相互影响的程度。其缺点是一般只适用于对当前市场现象的影响进行分析，无法对历史情况和未来变化进行研究。

（四）文案法

文案法是一种二手资料调研方法，又称为间接调研法或文献调研法，是指通过查找或阅读图书、统计资料或研究成果等资料，获得所需信息的过程。它的优点是成本低、耗费时间短等，缺点是针对性弱、时效性差、可信度低等。

（五）问卷法

问卷法是调研者运用统一设计的问卷向被选取的调查对象了解情况或征询意见的调查方法，它以精心设计的问题表格为主要表现形式，用以测量人们的消费特征、行为和态度，以及社会事物、社会现象的有关情况。

知识拓展　问卷星

问卷星（https://www.wjx.cn）是一个专业的在线问卷调查、考试、测评、投票平台，专注于为用户提供功能强大、人性化的在线设计问卷、采集数据、自定义报表、调查结果分析等系列服务。与传统调查方式和其他调查网站或调查系统相比，问卷星具有快捷、易用、低成本的明显优势，已经被大量企业和个人广泛使用，典型应用包括：

企业：客户满意度调查、市场调查、员工满意度调查、企业内训、需求登记、人才测评、培训管理、员工考试。

高校：学术调研、社会调查、在线报名、在线投票、信息采集、在线考试。

个人：讨论投票、公益调查、博客调查、趣味测试。

（六）网络调研法

随着互联网的普及和发展，很多企业和机构使用网络调研法进行市场营销调研。网络调研法是以网络为载体，收集、整理、分析特定对象统计资料的一种调研方法。

网络调研法的优点是不受时空与地域的限制、节约成本和时间、回收效率高、信息量大。其缺点是部分被调研者不具有典型性、针对性不强、无法深入调研、真实度不高等。微信调研目前也较为常见，可利用朋友圈转发、公众号推送等方式让用户直接进行问卷的填写。

课堂互动

1. 有效的物流市场营销调研包括（　　）。
   A. 确定问题和调研目的　　B. 制定营销调研方案
   C. 收集信息　　D. 分析信息
   E. 撰写与提交调研报告
2. 一手资料具有的优点有（　　）。
   A. 针对性强　　B. 适用性好
   C. 参考价值较高　　D. 成本低
   E. 时间短
3. 下列属于网络调研法优点的是（　　）。
   A. 不受时空和地域的限制　　B. 节约成本和时间
   C. 针对性强　　D. 深入调研
   E. 回收效率高
4. 从宏观的角度，物流市场营销调研主要有（　　）。
   A. 物流市场营销环境调研　　B. 物流市场需求情况调研
   C. 物流市场供给情况调研　　D. 竞争者情况调研
   E. 物流流量和流向调研
5. 从微观的角度看，物流市场营销调研主要有（　　）。
   A. 客户资源调研　　B. 物流服务产品及其价格调研
   C. 物流流量和流向调研　　D. 竞争者情况调研
   E. 物流市场需求情况调研

模块二　物流市场营销分析

案例导入　物流市场营销分析

速达物流营销部门接到董事会的工作指示，决定对省内物流市场进行分析，帮助董事会找到适合企业未来发展的方向。他们首先制定了市场调研方案，方案中决定对省内物流市场环境、物流市场需求、物流客户等内容进行调研，根据调研的信息对省内相关物流市场进行分析。

【思考】物流市场营销分析主要包含哪些内容？

案例分析

物流市场营销分析是一个具体而又动态的过程，分析的内容决定着调研的方向，而调研得出的信息是分析的基础。速达物流计划开发新的业务领域，所以他们要对整体的市场环境、物流市场需求和物流客户等进行全方位的调研。

知识准备

物流市场营销分析是物流企业开展营销活动的基础和前提，是物流企业制定和开展具体营销策略的依据，有助于物流企业发现营销机会并尽可能地避免威胁。

一、物流市场营销分析过程

物流市场营销分析是一个动态的过程，包括物流市场营销信息调研、物流市场营销信息评价和物流市场发展趋势预测三个阶段。

二、物流市场营销分析内容

物流市场营销分析的内容包括物流市场营销环境分析、物流需求分析、物流客户分析等。

（一）物流市场营销环境分析

任何物流企业都是在一定环境中从事营销活动的，环境的特点及其变化必然会影响物流企业活动的方向、内容等。环境分析主要是为了识别环境中影响物流市场营销的各种因素及其变化趋势，认识这些因素对物流营销活动的影响机理，发现环境带给企业的机会与威胁，同时对比物流企业与竞争者的优势与劣势，进而为制定营销战略服务。

物流市场营销环境是指与物流企业市场营销活动有关的各种内外部条件和因素的总和。任何物流企业从事营销活动，都会受到来自企业内部和企业外部各种因素的影响。这些因素归纳起来有两大类：宏观环境和微观环境。

1. 物流市场宏观环境因素

物流市场宏观环境也称间接环境，是指对物流企业营销活动造成市场机会和环境威胁的主要社会力量，包括政治和法律环境、经济环境、自然与基础设施环境、社会文化环境、科学技术环境及人口环境等因素。

（1）政治和法律环境因素。政治和法律环境泛指一个国家的社会制度、执政党的性质、政府的方针政策，以及国家制定的有关法令、法规等。国家对经济的干预主要通过法律手段和各种经济政策来进行，这些往往是物流企业从事市场营销必须遵循的准则。同时，国际惯例、行业惯例也对物流企业的营销活动有巨大的影响，因此物流企业的市场营销人员必须关注国家政策、法规和国际规则及其变化对市场营销活动的影响。

国家或地区的政治稳定性、社会治安、政府衔接、政府机构作风、政治透明度等也是政治和法律环境的内容。如果一国政局稳定性差，各类政治冲突、骚乱、内战和暴力事件等时有发生，就会对经济贸易活动的发展带来恶劣影响，进而对为贸易服务的物流业造成不利的影响。

素养园地

新中国成立70多年特别是改革开放40多年来，经济社会发生了翻天覆地的巨变。无论外部环境如何复杂多变，都难以动摇中国经济社会的稳定发展。中国的“两大奇迹”相辅相成、相得益彰：社会长期稳定保证了我们可以聚精会神搞建设，为经济健康可持续发展创造了重要条件；经济快速增长使广大人民群众共享改革发展红利，为社会和谐稳定奠定了坚实基础。

（2）经济环境因素。经济环境是指企业面临的外部社会经济条件，主要是经济发展状况。可以说经济环境是影响物流企业营销活动最直接，也是最主要的环境因素。国民经济持续稳定增长与繁荣，会为物流企业的生存和发展提供有利的机会；反之，就会带来苦难和威胁。同时，世界经济和国际贸易的发展变化也会对物流企业产生巨大的影响。

（3）自然与基础设施环境因素。自然环境包括国家或地区的自然地理位置、气候、资源分布、海岸带及其资源开发利用等。地理位置是制约物流企业营销活动的一个重要因素，如我国的长江三角洲、珠江三角洲等地区就是凭借优越的地理位置、广阔的经济腹地、良好的交通设施、便捷的海陆空联系，成为我国物流业最发达地区之一。气候条件及其变化也会影响物流企业的营销组合（如运输工具、运输线路等）。

基础设施是地区生存和发展所必须具备的工程性基础设施和社会性基础设施的总称，是为顺利进行各种经济活动和其他社会活动而建设的各类设备的总称。基础设施中的道路交通环境、邮电通信环境等都对物流企业影响巨大。

自然和基础设施环境及其发展变化会影响物流企业资源获取的难易和交通运输成本的大小，影响市场营销组合的设计等，所以物流企业从事市场营销活动千万不能忽视自然与基础设施环境。

（4）社会文化环境因素。社会文化环境由风俗习惯、价值观念、宗教信仰、受教育程度、审美观念等构成。物流企业不能忽视对社会文化环境因素的分析，这对开辟新的目标市场非常重要。如价值观念不仅影响社会成员对物流企业的认知，而且会影响客户的兴趣与爱好，导致需求差异的形成，使得特色物流服务的产生。宗教信仰和风俗习惯则会禁止或抵制某些行为和活动的进行，从而对物流营销活动产生影响。

社会文化环境因素贯穿物流企业营销活动的整个过程，物流企业在进入新的区域市场时要学会尊重不同文化，入乡随俗，学会理解尊重、适应顺从、规避禁忌、适时引导。

（5）科学技术环境因素。随着物流科学技术的发展，各种现代化的交通工具和高科技产品层出不穷，既为物流企业提高服务水平和质量提供了技术支撑，也为物流企业进行市场营销活动的创新提供了更为先进的物质技术基础。

新技术作为一种创造性的力量，形成了一种创造性推动力。比如自动化交通工具、人工智能、机器人、物联网等会对物流企业的发展产生非常大影响。新技术革命促进了企业经营管理的现代化。比如京东集团推出了无人仓，实现了货物从入库、存储、包装、分拣的全流程、全系统的智能化和无人化，这一发展将为物流行业带来了巨大的变化。新技术革命促进消费者改变消费方式。例如网络购物促使快递业迅速发展，快递业的快速发展又为网络购物奠定了基础。

同步案例　顺丰走出国门，书写新的故事

中国的快递物流行业经过40多年的成长与追赶，从学生逐渐成长为有实力、有资格走出去、与国际巨头同台竞技的选手。

顺丰的发展模式对标国际快递巨头，都是产品分层面向高端做差异化竞争，很早就开始探索一体化供应链管理，并且都建立了庞大的自有机队，再利用所投资的机场作为全球航空物流网络核心枢纽进行国际扩张。顺丰似乎一直都在以UPS为锚，加以对快递行业在本土环境发展的理解而做出的借鉴与创新，并最终学有所成。

顺丰在2010年就开始深入布局国际业务，截至2021年末，顺丰在海外自营及合作网点已超过2万个，海外仓库1 500座，并且与国际巨头和当地快递服务类企业以“互为代理，市场交换”等方式展开深度合作。借助嘉里物流的巨大区位优势，以及鄂州花湖机场这个全球航空物流核心枢纽，顺丰对进一步打开国际市场充满信心。

任何一个企业开拓海外市场的时候，都要了解和掌握海外市场的文化环境。顺丰在开拓国际市场的时候，进行本土环境发展的理解，做出借鉴与创新，才能获得成功。

（6）人口环境因素。人口是构成市场的第一要素，人口的多少直接决定市场的潜在容量；人口越多，市场规模就越大。物的流动源于人的需要而产生，所以人口的数量、结构（年龄结构、性别结构、家庭结构等）、地理分布和流动对物流市场格局影响巨大，时刻影响着物流企业的营销活动。

2. 物流市场微观环境因素

物流市场微观环境因素又称为直接环境，是指与企业紧密相连、直接影响物流企业营销效率和能力的各种力量和因素的总和。主要包括物流企业自身、供应者、营销中介、客户、竞争者和社会公众等因素。

（1）物流企业自身。物流企业的使命、目标和发展战略是由企业最高管理层根据企业自身所占有的资源（资金、设备和人力等）制定的。物流企业的营销部门在制定和实施营销计划时必须充分考虑最高管理层的意图，以企业使命、目标和发展战略为依据，同时还需考虑与其他业务部门进行密切配合，因为营销方案需要在各部门通力配合下才能付诸实施。

同步案例 J&T Express（极兔速递）

J&T Express（极兔速递）是一家全球综合物流服务运营商，快递业务在东南亚和中国市场处于领先地位。公司创立于2015年，快递网络覆盖印度尼西亚、越南、马来西亚、菲律宾、泰国、柬埔寨、新加坡、中国、沙特阿拉伯、阿联酋、墨西哥、巴西、埃及共13个国家。秉承“客户为本、效率为根”的宗旨，J&T Express（极兔速递）致力于通过智能化的基础设施、数字化的物流网络，为客户提供全场景化的物流解决方案，以高效连接世界，让物流惠及全球。

“J&T”象征着快速(Jet，喷气式飞机，借喻快速)、及时(Timely)和科技(Technology)。中文品牌名称“极兔”由极致的“极”和象征速度、敏捷的国民动物“兔”组成。“J&T Express（极兔速递）”完美诠释了企业客户为本、效率为根的使命。

物流企业要充分分析自身的资源优势，结合物流市场整体分析，确定自己的业务领域，发挥自己的特长。

（2）供应者。供应者是指向物流企业及其竞争者供应各种资源和服务的单位和个人，包括：给物流企业提供设施设备、能源、厂房及土地的各类供应商；提供融资和保险的各种金融机构，包括银行、信贷公司和保险公司等；提供人力资源的中介结构等。供应者的稳定性、及时性和质量水平对物流企业的营销活动具有重要影响。

（3）营销中介。营销中介是指协助物流企业把物流服务从提供者手中运送到接受者手中的所有中介结构，主要有货运代理公司和营销服务机构。货运代理公司处于货主与提供物流服务的承运人之间，他们接受货主委托办理运输等事宜。营销服务机构主要为物流企业提供市场调研、市场定位、促销产品、营销咨询、营销策划等服务。

（4）客户。客户是物流服务的需求者，是物流企业营销活动的出发点和归宿点。根据物流服务需求者、需求特点、需求数量的不同，可将物流市场分为工业物流市场、商业物流市场和消费物流市场；从市场范围来看，物流市场可分为国内市场和国外市场；从专业市场的角度看，有食品、家电、服装、药品、汽车等行业物流市场。

（5）竞争者。竞争者是指与本企业争夺物流市场和资源的对手，包括现有的物流企业、提供同类或类似物流服务的所有企业及潜在进入者。物流企业的营销活动常受到各种竞争者的制约，企业须比竞争者更有效地满足消费者的需求，才能获得成功。

物流企业的竞争者可分为一般竞争者、形式竞争者、行业竞争者和品牌竞争者。一般竞争者是指所有与物流企业争夺客户购买力的企业，范围较广；形式竞争者是指所有提供相近产品和服务的企业；行业竞争者主要是指和本企业提供相同或同类产品和服务的物流企业；以与本物流企业大体相同的价格向同类客户提供相同物流产品和服务的其他企业，可以看作品牌竞争者。

同步案例 “四通一达”

“四通一达”是指申通快递、圆通速递、中通快递、百世汇通和韵达快递这五家快递公司。这五家公司均由浙江省杭州市桐庐县人创立，且创始人都来自该县钟山乡几个相邻的村庄。现今，天猫的大部分快递业务都在这五家快递公司手上。

随着电子商务市场规模的持续扩大，国内快递行业呈现蓬勃发展之势。庞大的市场规模，造就了许多知名的快递企业，如顺丰快递、中通快递、韵达快递、京东快递等。它们在使我们的生活变得更加便捷的同时，也为很多人提供了宝贵的就业机会。

（6）社会公众。社会公众是对物流企业经营活动有实际和潜在影响的团体和个人。公众既可以帮助物流企业树立良好的形象，也可能会损坏物流企业的形象。如政府公众，主要是负责管理物流企业营销活动的政府机构，包括行业主管部门、工商部门、财政部门、税务部门等；媒介公众，主要是大众传播媒介，它们的舆论监督对物流企业的声誉及形象的建立有很大作用；金融公众，主要有银行、投资公司、证券经纪公司和股东等；企业内部公众，包括董事会、经理、企业职工，企业营销活动离不开企业内部公众的支持，应处理好与内部公众的关系，调动其积极性和创造性；社团公众，包括保护消费者权益的组织、环保组织和其他群众团体等，企业需密切注意并及时处理来自社团公众的批评和意见。物流企业还须关注一般公众对其服务的态度和活动，一般公众虽然不会有组织地对企业采取行动，但努力维持和发展良好的关系，有利于物流营销活动的开展。

（二）物流需求分析

1. 物流需求分析的含义和目的

保价为了买“安心”，理赔发现“挺闹心”

物流需求分析是指将物流需求与生产和消费需求的社会经济活动进行相关分析的过程。由于物流活动日益渗透到生产、流通、消费等整个社会经济活动过程之中，与社会经济的发展存在着密切的联系，是社会经济活动的重要组成部分，所以物流需求与社会经济发展有密切的相关性，社会经济发展是影响物流需求的主要因素。

物流需求分析的目的在于为社会物流活动提供物流能力供给，以保证物流服务的供给与需求之间的相对平衡，使社会物流活动保持较高的效率与效益。在一定时期内，当物流能力供给不能满足这种需求时，将对需求产生抑制作用；当物流能力供给超过这种需求时，不可避免地造成供给的浪费。

2. 物流需求分析的内容

现代物流服务的需求主要包括需求规模和需求结构两个方面，即通过需求规模和需求结构综合反映物流的总体需求。

（1）物流市场需求规模分析。物流市场需求规模分析是物流市场需求分析最主要的内容。物流规模是物流活动中运输、储存、包装、装卸搬运和流通加工等物流作业量的总和。对物流市场需求规模的分析可以从以下三个方面入手：

1）社会经济总量越大，其物流市场需求规模也必然越大；反之，则越小。

2）社会统计调查即对一定范围内有物流需求的企业进行抽样调查，取得第一手的翔实资料，对该区域物流市场需求总规模进行预测和估算。

3）采用定性定量相结合的方法进行分析。这种分析方法即根据往年的历史数据和当前的经济形势进行定性预测，然后利用各种有用的数据进行计算，可对区域物流需求有一个比较近似的分析。

（2）物流需求结构分析。物流市场需求结构可以从下面三个角度考察：

1）从物流对象构成角度。以资源为主的区域，农业和重工业一般来说比较发达，物流对象主要是农业初级产品、原材料产品以及能源性产品如粮食、煤炭、钢材、水泥、有色金属、建材等大宗物品，物流附加值相对较低。而以轻工业、第三产业为主的区域，物流对象主要是经过深加工以及凝聚了高科技的商业产品，如食品、家电、服装、通信设备等，这类产品的突出特点是体积小、重量轻，相对来说其物流附加值较高。不同的物流对象对物流服务的要求是不一样的，商品产业对物流服务的要求也比大宗物品的物流服务需求高很多。

2）从运输方式的角度。现代物流的运输方式主要有五种，分别为公路运输、铁路运输、航空运输、江海运输和管道运输。不同物流产品对象对物流运输距离、时间和费用等方面的要求不同，对运输方式的依赖程度和选择也各不相同，从而可以从运输方式的角度对物流需求结构进行分析。

3）从物流功能需求的角度。现代物流功能主要包括运输、储存、装卸、搬运、包装、流通加工、配送、信息处理等。不同的行业、不同的企业对物流功能的需求也各有不同：有的侧重于运输，如纯粹的原材料运输等；有的侧重于仓储，如大规模超市、电子商务企业等；有的侧重于流通加工和信息处理等。因此，对不同的行业和企业进行物流功能需求分析，也是物流需求预测和规划的重要部分。

（三）物流客户分析

物流客户分析是物流企业营销活动的起点，也是开展物流营销活动的必经环节。

1. 物流客户范围与对象

现代物流企业把为客户提供一体化物流解决方案作为其服务的主要内容，所有接受物流服务的组织和个人都是物流企业的客户。物流客户服务的对象既可以是正在接受产品转移的组织和个人，也可以是供应链上其他地点的业务伙伴等。无论出于何种目的，接受物流服务的客户始终是形成物流需求的核心和动力，所以物流企业在制定企业营销战略时，必须牢牢把握客户需求的特点。

2. 物流客户的需求分析内容

（1）个体客户需求分析。个体客户需求具有多样性、层次性、可诱导性、伸缩性、从众性等特征。影响个体客户购买行为的因素主要包括文化因素（风俗、价值观、宗教、阶层等）、社会因素（相关群体、家庭、角色身份等）、个人因素（年龄、人生阶段、职业、经济状况、生活方式、个性及自我观念）和心理因素（动机、感觉、学习、信念和态度等）。

个体客户的购买决策过程一般由引起需要、收集信息、比较评估产品、实际购买、购后行为五个阶段构成。

（2）组织客户需求分析。组织客户市场是与个体客户市场相对的市场，它由各种组织机构形成，主要有产业客户、中间商客户、政府客户和非营利组织客户等。组织客户市场具有需求规模较大、频次低，地理位置相对集中，专业人员购买，参与人员多，决策时间长，长期互惠合作等特点。组织客户需求最终还是由个体客户需求派生而来。

影响组织客户市场购买行为的因素主要有环境因素（国际的经济发展状况、政治法律制度、技术革新水平、市场供给状况、市场需求水平、竞争趋势等）、组织因素（物流企业自身的营销目标、工作流程、管理机制等）、人际因素（参与者的地位、职权、关系等）和个人因素（采购者年龄、职位、受教育程度等）。

三、物流市场营销环境分析方法

物流市场营销环境分析是指在分析物流企业外部环境和内部环境条件的基础上，寻找二者最佳组合的一种营销分析。一般使用SWOT分析法对物流市场营销环境进行分析，其中S（Strengths）代表企业自身的优势，W（Weaknesses）代表企业自身的劣势，O（Opportunities）代表外部环境中存在的机会，T（Threats）代表外部环境所构成的威胁，通过调研列举出来，进行系统分析，得出对物流企业营销影响的综合判断。

1. 分析企业自身的内部条件，明确自身的优势和劣势

物流企业自身的内部条件是企业内部的物质、文化环境的总和，是企业经营、发展的基础。物流企业明确自身的优势和劣势，是企业把握市场商机、应对市场商机的前提。企业需要定期从生产能力、财务状况、内部管理和营销能力等方面进行分析，列出自身的优势和劣势，抓住企业自身的核心竞争力。

2. 分析企业的外部环境，找出外部的机会和威胁

物流企业是否能积极抓住商机，规避市场威胁，前提就是要有效分析外部环境。市场商机能否成为企业的机会，要看能否与企业的目标、优势相匹配。市场威胁是指对物流企业营销活动不利或限制企业营销活动发展的因素。如企业的目标、优势同外部机会相矛盾，环境因素直接威胁企业的营销活动等。

3. 构建 SWOT 矩阵

将调研得出的各种因素根据影响程度、轻重缓急进行排序。对物流企业发展有直接、重要、久远影响的因素优先排列，间接、次要、短期的因素排列在后，最终构建出 SWOT 矩阵（见图 2–5）。

	O（机会）	T（威胁）
S（优势）	SO 分析	ST 分析
W（劣势）	WO 分析	WT 分析

图 2–5　SWOT 矩阵

4. 制定发展对策

根据 SWOT 矩阵结果，物流企业可以发挥自身优势，克服自身劣势，利用外部机会，规避外部威胁，系统、综合地制定营销策略。通常 SO（优势 – 机会）策略是发挥自身优势，利用外部机会，企业可采用增长和扩张的策略；ST（优势 – 威胁）策略是发挥自身优势，回避或减轻外部威胁，企业可采用分散或多元策略；WO（劣势 – 机会）策略是克服自身劣势，利用外部机会，企业可采用扭转策略；WT（劣势 – 威胁）策略是克服自身劣势，回避或减轻外部威胁，企业可采用防御或退出策略。营销策略制定如图 2–6 所示。

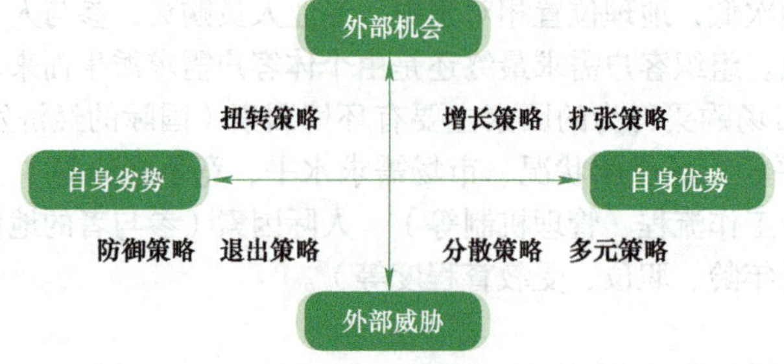

图 2–6　营销策略制定

课堂互动

1．“四通一达”属于（　　）。

A．一般竞争者　B．形式竞争者　C．行业竞争者　D．品牌竞争者

2．下列属于物流市场微观环境的是（　　）。

A．基础设施　B．物流企业自身　C．供应者　D．营销中介

E．顾客

3．物流企业的竞争者可以分为（　　）。

A．一般竞争者　B．形式竞争者　C．行业竞争者　D．品牌竞争者

4．下列属于物流市场宏观环境的是（　　）。

A．政治和法律环境　B．自然环境

C．社会文化环境　D．科学技术环境

E．人口环境

5．个体客户需求具有（　　）。

A．多样性　B．层次性　C．可诱导性　D．伸缩性

E．从众性

模块三 物流市场营销预测

案例导入 物流市场营销预测

速达物流营销部门对省内物流市场营销环境、物流市场需求、物流客户等内容进行调研，根据调研得到的信息对省内相关物流市场进行分析后，使用定性和定量相结合的预测方法，预测省内快速消费品物流市场和冷链物流市场未来发展空间大，而配件物流市场趋于饱和。

【思考】物流市场营销预测的作用有哪些？

案例分析

物流市场营销预测是洞察物流市场的最后一个环节，也是最关键的环节，物流营销调研和分析的最终目的就是对物流市场未来发展变化的进行预测。

知识准备

物流市场营销预测是指物流企业在通过市场营销调研获得一定信息资料的基础上，针对物流企业的实际需要以及相关的现实环境因素，运用已有的知识、经验和科学方法，对物流企业和市场未来发展变化的趋势做出适当的分析与判断，为物流企业营销活动等提供依据的一种活动过程。

一、物流市场营销预测内容

1. 物流市场环境预测

物流市场环境预测是指在物流市场环境调查的基础上，预测物流企业宏观环境、微观环境的变化趋势，以及这种变化会对物流企业的营销活动带来怎样的影响。如预测经济环境在未来一段时间内会有怎样的变化趋势，这种变化趋势又会给物流企业带来怎样的发展机遇或威胁。

2. 物流市场需求预测

物流市场需求预测是指在物流市场需求调查的基础上，对某一区域未来一段时间内某类物流服务或全部物流服务的需求规模、需求结构、需求走向、需求潜力、需求变动影响因素等进行预测。由于市场需求的大小直接影响着物流企业的投资决策、资源配置和战略开发，因此，市场需求预测是物流市场营销预测的重点。

3. 物流市场供给预测

物流市场供给预测是指在物流市场供给调查的基础上，对某一区域未来一段时间内某类物流服务或全部物流服务的供给规模、供给结构、供给走向、供给潜力、供给变动影响因素等进行预测。因为物流市场的供给状况直接决定着物流市场未来的供求结构，因此，市场供给预测也是物流市场营销预测的重点。

4. 物流市场竞争格局预测

物流市场竞争格局预测是指对提供同类物流服务的物流企业的竞争状况进行预测分析，包括对物流服务市场占有率、物流服务的质量、成本、价格、品牌知名度和满意度、新服务开发、市场开拓等要素构成的竞争格局及其变化趋势进行分析、评估和预测。

知识拓展　2022—2023年中国快递物流行业发展趋势分析

一、搭建智慧供应链，推动产业升级

快递运营由市场驱动转向科技赋能。伴随5G、云计算、工业互联网和物联网等科技更多应用于快递物流领域，行业发展质效不断提升。数字科技让我们更加高效地对抗疫情，冷链溯源让食品寄递更加安全，供应链走向柔性化、定制化、数字化，零售全渠道、需求碎片化，寄递迈向智能化、自动化，服务愈发精准化。快递物流为科技创新提供了丰富的应用场景，科技创新让快递运营更加智慧、高效，从而激发更多市场需求。

二、快递与制造业深度融合，构筑生产经营核心资产

快递与制造业深度融合将进一步加速。一是快递服务制造业的成熟模式将进入复制推广期，收入规模快速提升；二是国际供应链服务能力初显，尤其是邮政、顺丰、中通等龙头企业在国际领域的竞合将开启新端；三是制造业企业对第三方快递物流服务的需求大幅提升；四是快递服务制造业新模式加快推广，如F2C、C2M等仓配模式，“预售下沉＋前置仓”发货模式，产业园区拓客模式等均将快速普及。

三、跨境电商引领中国快递物流国际化

2022年1月1日，《区域全面经济伙伴关系协定》(*Regional Comprehensive Economic Partnership*，RCEP）正式生效，相关产品将会享受大幅关税减让等优惠待遇，降低跨境电商卖家出海成本，跨境电商发展再提速。电子商务制度性框架建立，加强成员国之间电子商务的使用与合作，帮助中小企业克服使用电子商务的障碍。除此之外，市场的需求也会带动东南亚地区包括物流及仓储在内的电商基础设施建设，拉动中国卖家销售收入的大幅增长。

四、新零售引领快递业变革

直播电商将强化赋能供应链。一是缩短供应链环节。直播电商跳过中间商，直连工厂与消费者。环节的减少可以帮助品牌发掘并覆盖潜在消费群体。直播结果可以迅速反馈到生产端，提高供应链定制能力。此外，直播倒逼供应链提高了响应速度，提高了上新频次与数量。二是仓配一体化需求增加。直播电商的出货特征是集中爆发的碎片化订单，为高效的仓配一体化模式提供了适用场景。

（资料来源：节选自艾媒研究院发布的《2022—2023年中国快递物流行业发展现状及典型案例研究报告》，有删改）

二、物流市场营销预测步骤

1. 确定预测目标

根据各时期的工作任务来确定预测目标，如上级布置的预测任务、本单位制订计划的需要、本单位急需解决的问题等。

2. 收集、整理资料

根据预测目标的要求进行营销调查，取得所需要的资料，并将资料进行整理，为预测做好充分准备。

3. 选定预测方法

物流市场营销预测一般是定性预测与定量预测相结合，选用多种方法进行预测。

4. 分析预测误差、调整预测结果做出最终预测

对于各种定量预测的结果，运用科学的方法来分析预测误差，进行可行性分析，并结合预测期间的宏观环境，进行定性分析，调整预测结论，做出最终预测。

素养园地

科学性预测要求我们的预测内容要符合客观实际，反映出事物的本质和内在规律。在预测过程中，使用的概念、定义、论点正确无误，论据充分，实验材料、实验数据、实验结果可靠，才能达到科学预测的结果。

三、物流市场营销预测方法

（一）定性预测法

定性预测法是指依靠预测者的知识、经验及对各种资料的综合分析来预测市场未来的变化趋势的方法。该方法的优点是简便易行，且不需要经过复杂的数学运算。该方法可以分为以下几种常用方法：

1. 个人判断法

个人判断法是指预测者依据个人的经验和知识，通过对影响市场变化的各种因素进行分析、判断和推理来预测市场的发展趋势的方法。

2. 集体判断法

集体判断法是指预测者邀请各部门的负责人进行集体讨论，广泛交换意见之后做出预测的方法。集体判断法是个人判断法的发展，能集思广益、相互启发，避免了个人判断的局限性，能提高预测的准确度。

3. 德尔菲法

德尔菲法又称为专家意见法，是指在充分发挥专家们的知识、经验和判断力的基础上，按规定的工作程序进行预测的方法。

（二）定量预测法

定量预测法是以准确、全面、系统、及时的资料为依据，运用数学或其他分析手段，建立科学合理的数学模型，对市场发展趋势做出数量分析的方法。定量预测法偏重于数量方面的分析，重视预测对象的变化程度，能做出变化程度在数量上的准确描述；将历史统计数

据和客观实际资料作为预测的依据，运用数学方法进行处理分析，受主观因素的影响较少；可利用现代的计算方法，进行大量的计算工作和数据处理，求出最佳数据曲线。但是这种方法对信息资料质量要求高，比较机械，不易灵活掌握。

课堂互动

1．下列属于定性预测法的有（　　）。

A．个人判断法　B．集体判断法　C．德尔菲法　D．专家意见法

2．物流市场营销预测的内容有（　　）。

A．物流市场环境预测　B．物流市场需求预测

C．物流市场供给预测　D．物流市场竞争格局预测

3．物流市场营销预测的步骤包括确定预测目标、__________、__________和分析预测误差、调整预测结果做出最终预测。

单元小结

本单元涉及知识点包括物流市场营销调研的含义、内容、步骤与方法，物流市场营销分析过程、分析内容和物流市场营销环境分析方法；介绍了物流市场营销预测内容、预测步骤及预测方法。

单元评价

内　容		评　价		
学习目标	评价项目	自我评价	组间评价	教师评价
专业知识（30分）	物流市场营销调研的作用	得分及备注：	得分及备注：	得分及备注：
	物流市场营销调研的具体内容			
	物流市场营销预测的方法			
专业技能（35分）	物流市场营销调研的方法	得分及备注：	得分及备注：	得分及备注：
	物流市场营销调研的实施步骤			
	撰写调研报告			
职业意识（20分）	团队合作、创新精神	得分及备注：	得分及备注：	得分及备注：
	积极主动			
	严谨细致			
	信息道德			
通用能力（15分）	沟通协调能力	得分及备注：	得分及备注：	得分及备注：
	语言表达能力			
	解决问题能力			

（续）

内容		评价		
学习目标	评价项目	自我评价	组间评价	教师评价
教师建议：		评价总汇： A. 优秀　　B. 良好 C. 基本掌握　　D. 没有掌握 （参考标准：得分＜ 60 分为没有掌握，60 分≤得分＜ 70 分为基本掌握，70 分≤得分＜ 80 分为良好，得分≥ 80 分为优秀）		
个人努力方向：				

巩固与提高

一、名词解释

1．物流市场营销调研
2．物流市场需求
3．德尔菲法
4．物流市场营销预测

二、简答题

1．如何理解物流市场营销调研的重要性？
2．简述物流市场营销调研的内容。
3．物流需求分析的内容有哪些？
4．简述 SWOT 分析方法的内容与对应策略。

三、案例分析

某公司农产品冷链物流建设的调研报告（摘要）

随着社会经济的发展，人们对冷链食品的需求量持续增长。为加快发展农产品冷链物流，促进我公司农产品冷链物流健康发展，科学、合理规划冷链物流，加快构建农产品冷链物流体系，我公司会同有关部门进行实地调查研究、集中讨论。

1．调研方式

实地调查研究、集中讨论。

2．调研内容

（1）农产品生产、消费布局。我公司所在省份主要的农产品有蔬菜、肉类、禽蛋等。农产品生产基地遍及四个地区，市场初具规模。2020 年蔬菜产量为 × 万 t，消费量为 × 万 t。肉类产量为 ×t，消费量为 ×t。禽蛋产量为 ×t，消费量为 ×t。

（2）省内农产品冷链物流企业的相关情况。省内农产品冷链物流企业有十几家，其中五家企业实力强大。但是冷藏冷冻设施、冷链物流配送系统、冷链设施以及使用管理都比较落后，比较传统。

（3）辖区冷链物流建设存在的问题。冷链链条不完整，“断链”是一种常态。冷链物流建设还存在一定的盲目性，冷链物流建设不能完全等同于冷库建设与冷藏车的普及；虽然在国内，众多的技术与设备提供商可提供较为先进的设备，但为防范建造风险，许多在建的冷库采用的还是传统的技术与设备，新型冷链技术与设备的推广普及速度较慢。冷链物流的市场化尚未形成，第三方物流不占主流。冷链技术水平、规划设计能力落后，设备设施的统筹能力落后，观念落后。冷链物流宣传不够，消费者对冷链物流认识不深，冷链基础设施相对比较薄弱。

（4）冷链物流建设需要的政策措施。（略）

（5）对编制我区农产品冷链物流发展规划的建议。（略）

3. 调研结论与预测（略）

思考：请分析该调研报告的调研内容是否合理？根据所学内容进行完善。

四、实训练习

实训目标

通过实例，认识、掌握物流市场营销调研的方法，能够通过调研撰写简单的调研报告。

实训内容

请选择一个物流目标市场，制订调研计划并组织实施，形成物流市场调研报告。

实训步骤

（1）6 人一组，组长分工，制订营销调研计划。

（2）分小组组织实施调研。

（3）小组对调研信息进行分析。

（4）撰写调研报告。

实训考核

形成调研报告，以 PPT 形式分组报告。

确定物流目标市场

知识目标

- 了解物流目标市场细分的概念和方法。
- 掌握物流目标市场细分的原则和步骤。
- 了解物流目标市场的概念。
- 掌握物流目标市场选择的因素。
- 了解物流目标市场定位的概念和作用。
- 掌握物流目标市场定位的步骤和策略。

技能目标

- 能选择合适的细分标准对物流目标市场进行细分。
- 能根据市场、竞争对手、企业自身情况选择物流目标市场。
- 能科学制定物流目标市场营销策略。
- 能科学、合理地进行物流目标市场定位。

素质目标

- 通过学习物流目标市场的细分、选择及定位，培养学生合理制定目标的能力。
- 通过华为打造商业市场“好产品”案例分析，深入体会企业包括个人，制定“目标”并快速实施的重要性。

思维导图

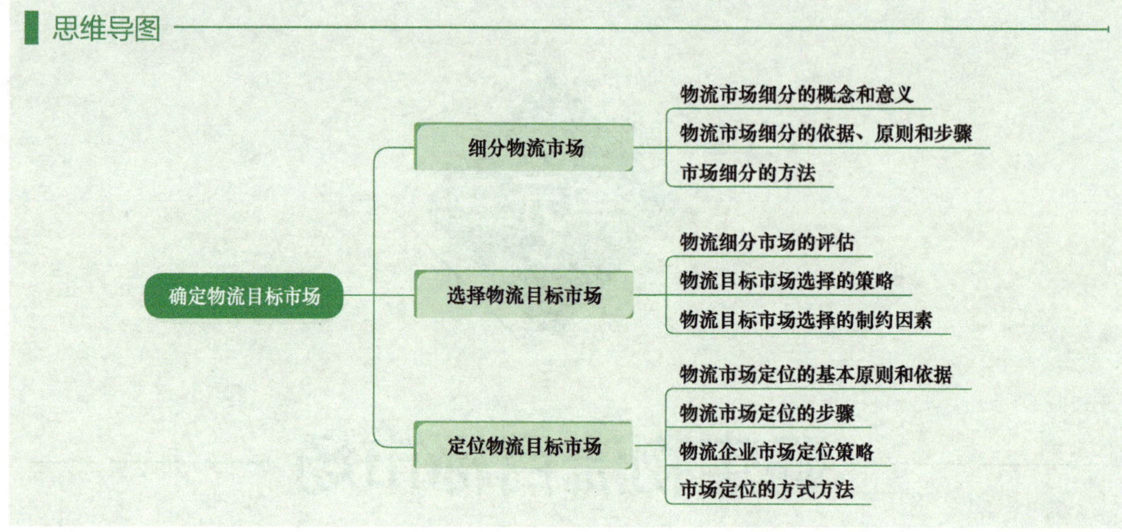

模块一　细分物流市场

案例导入　华为打造商业市场“好产品”

1. 贴近商业市场需求的“5 极”明星产品

华为打造的“5 极”明星产品，简单易用，能够高效快速地满足客户需求。这“5 极”包括：极易集成，与主流厂商的系统、应用进行预集成；极好销售，产品竞争要点简单突出；极快交付，3～7 天即可交货，版本升级也简单；极简运维，无需专业技能即可安装，降低人力成本；极优体验，从场景化出发的体验设计，更易上手。

2. 深入细分场景的商业市场明星产品

华为推出了 8 款为商业市场量身定制的明星产品，涵盖机器视觉、数通、智能协作、光网络、存储等产品线。这些新产品采用了 F5G（第五代固定网络）、闪存、集成系统、智能协作、Wi-Fi6（第六代无线网络）等先进技术，能够深入商业客户的细分应用场景，不仅易用、好用，而且能够快速带来业务价值。

3. 赋能伙伴，共赢商业市场

华为成立了聚焦商业与分销市场的商业业务组织，在地市投入 700+ 专职人员；将营销能力全面开放，从工具、方法、资源、平台等各个维度来赋能合作伙伴；同时，构建了全流程的自主交易平台，包括自主报价、自主投标、自主下单、自主交付、自主维护等，让合作伙伴的生意“更好做、做更好”。

【思考】华为如何打造商业市场“好产品”？

案例分析

华为希望凭借多年积累的技术与经验，与合作伙伴一起服务商业市场中的广大中小企业，提供“更好”的产品与服务，为企业带来“更好”的体验和效益。企业要对市场进行细分，有效地选择市场，一旦企业确定了"目标"，就应制定相应的对策，并快速、有计划、有步骤地加以实施。

知识准备

在市场上对任何一种商品的需求，都不可能完全一样，都有或多或少的差异。随着科学技术和社会经济的发展，市场的供给越充裕，人们的生活水平越高，需求的差异性就越大，市场细分的必要性也就越大。另外，市场细分的背景还在于买方市场的全面形成和卖方竞争的日益激化。有厚利可图的市场越来越少了，较弱的竞争者只有依靠市场细分来发现未满足的需要，捕捉有利的营销机会，在激烈的竞争中求得生存和发展。

一、物流市场细分的概念和意义

（一）物流市场细分的概念

1. 市场细分

市场细分的概念是美国学者温德尔·R. 史密斯（Wendell R. Smith）于20世纪50年代中期提出的。所谓市场细分，就是指按照消费者需求与欲望的差异性，把一个总体市场划分成若干个有共同特征的子市场的过程。

2. 物流市场细分

物流市场细分不是对物流企业本身的分类，也不是根据物流产品品种、产品系列来进行的，而是根据物流需求者的需求特点来划分出不同群体。也就是说，物流市场细分只能以客户的需求特征为依据，出发点则是辨别和区分拥有不同需求和特点的群体，以便寻找出与本区域（本企业）物流服务资源条件相适应的细分市场。

物流市场细分的原因

课堂互动

1．物流市场细分的依据是（　　）。

A．客户的需求特征　　B．客户关系

C．企业的生产力　　D．企业的地理位置

2．物流市场细分的主要原因有（　　）。

A．物流企业资源的有限性　　B．市场的供求关系

C．为企业提供信息，满足客户需求　　D．市场的竞争关系

（二）物流市场细分的意义

1. 有利于选择目标市场和制定营销策略

市场细分后的子市场比较具体，这样就容易了解物流需求者的需求，企业可以根据自己的经营思想、方针及物流技术和营销力量，确定自己的服务对象，即目标市场。同时，针

对具体的目标市场，制定特殊的营销策略。在细分后的市场上，信息容易了解和反馈，一旦物流需求发生变化，企业可迅速改变营销策略，制定相应的对策，提高物流企业的应变能力和竞争能力。

2. 有利于发掘市场机会，开拓新的服务市场

通过市场细分，物流企业可以对每一个细分市场的购买潜力、满足程度、竞争情况等进行分析对比，探索出有利于本企业的市场机会，使企业及时做出营销计划和服务开拓计划，进行必要的物流技术储备，掌握服务方案更新换代的主动权；可以发现不同细分市场间的边缘市场机会，从而扩大企业的市场覆盖面，开拓新市场。

3. 有利于集中人力、物力投入目标市场

任何一个企业的资源，包括人力、物力、资金都是有限的，所以，有效地利用资源是企业营销管理的目标。通过市场细分，一旦选择了适合自己的目标市场，物流企业就可以集中人、财、物等资源，先争取局部市场上的新比较优势，然后再控制选定的目标市场的物流需求。

4. 有利于企业提高经济效益

上述三个方面的作用都能使物流企业提高服务效益。除此之外，可以面对自己的目标市场，推出适销对路的服务方案，既能满足市场需要，又可以通过一对一的专业化服务做精企业，降低了企业的市场交易成本，全面提高企业的经济效益。

课堂互动

1．细分后的市场上，信息容易了解和反馈，企业可以及时改变营销策略，制定相应的对策，提高物流企业的应变能力和竞争能力。（　　）

2．市场细分对物流企业营销的作用包括（　　）。

A．有利于选择目标市场

B．有利于发掘市场机会，开拓新的服务市场

C．有利于集中人力、物力投入目标市场

D．有利于企业提高经济效益

二、物流市场细分的依据、原则和步骤

（一）物流市场细分的依据

在物流市场中，客户对物流服务的需求，无论是在产品的质量和数量上，还是在产品的特性和要求上都各不相同。虽然客户从根本要求上都是为了完成物品从供应地向接收地的实体流动过程，但是在物流活动或物流作业的具体运作活动中却存在着很大的差异，这就为物流市场的细分提供了客观依据。

根据物流市场的特点，物流企业可以按客户行业、地理区域、产品属性、客户规模、时间长短、服务方式和行为因素等对物流市场进行细分。

1. 客户行业

按客户所属的行业性质可将物流市场细分为农业、制造业、商贸业等细分市场。以客户所属行业来细分物流市场，就是按照客户所在的不同行业来细分。由于客户所在行业不同，其产品构成也存在很大差异，客户的物流需求也各不相同，但同一行业市场内的客户物流需求具有一定的相似性。产品构成差异主要体现在各个行业要根据各自的特点去组织物流活动；物流需求的相似性主要体现在物流对象和物流功能需求上。

同步案例　着眼全球供应链市场，冷链物流业务持续发力

在冷链业务上，马士基冷库仓储网络可适应冷冻、冷藏、温控货物和农产品的多样化需求。其中，马士基专利冷藏货物集装箱、一站式的综合冷链物流解决方案、数字化供应链管理成为其冷链业务亮点。目前全球1/3易腐货物的冷藏集装箱运输都使用了MCI（马士基集装箱工业有限公司）的技术，通过减缓货物在运输过程中的成熟时间，延长水果和蔬菜的保质期。马士基将在全球重点布局集成冷链物流业务，通过端到端的冷链解决方案来填补供应链的主要缺口，减少客户供应链烦琐环节。同时，马士基预计，其未来几年全球冷藏集装箱的数量将继续显著超过干货集装箱市场。这一预测不仅涵盖海上冷链运输，也将为整个冷链物流市场带来更多机遇。

2. 地理区域

按地理区域可将物流市场细分为区域物流市场、跨区域物流市场和国际物流市场。以地理区域来细分物流市场，就是根据客户所需物流的地理区域的不同来细分。由于物流活动所处的地理区域不同，而不同区域的经济规模、地理环境、需求程度和要求等差异非常大，使物流活动在物流成本、物流技术、物流管理、物流信息等方面存在较大的差异，而且不同区域的客户对物质资料的需求也会各有特色，这就使得物流企业必须根据不同区域的物流需求确定出不同的营销战略和策略，以取得最佳经济效益。

3. 产品属性

按产品属性可将物流市场细分为投资品市场和消费品市场。由于产品属性存在差异，物流企业在实施物流活动过程中，物流作业的差别会很大。产品属性的差异会体现在整个物流活动中，主要表现为物流功能和物流技术的选择有所差别。物流质量和经济效益也同产品属性有很大的联系。

4. 客户规模

按客户规模可将物流市场细分为大客户市场、中等客户市场和小客户市场。由于物流需求的规模大小不同，需要提供的服务水平和服务方式也存在着很大差异。

5. 时间长短

按时间长短可将物流市场细分为长期客户市场、中期客户市场和短期客户市场。以时间长短来细分物流市场，就是根据物流企业与客户之间的合作时间长短来细分。合作时间长短取决于物流功能的选择和物流水平的高低。

6. 服务方式

按服务方式可将物流市场细分为单一型物流服务方式市场和综合型物流服务方式市场。以服务方式来细分物流市场，就是根据客户所需物流诸功能的实施和管理要求的不同加以细分。由于不同客户的物流需求不同，对物流诸功能服务的要求也存在着很大的不同，而物流功能需求的多少与物流成本及效益等会有很大的联系，因此物流企业若想为物流市场提供更好的服务，就必须以不同的服务方式，服务于有不同物流服务需求的客户，以取得更好的社会效益。

市场对物流业的需求层次

7. 行为因素

按所赚取利润程度可将物流市场细分为高利润产品（服务）市场和低利润产品（服务）市场。

课堂互动

1. 同一细分市场的客户需求具有（　　）。

A. 较少的差异性　　B. 较多的共同性
C. 较少的共同性　　D. 较多的差异性

2. （　　）差异的存在是市场细分的客观依据。

A. 产品　　B. 价格　　C. 需求偏好　　D. 细分

3. 物流市场细分的依据一般有以下几类（　　）。

A. 客户行业　　B. 客户规模　　C. 产品属性　　D. 地理区域
E. 服务方式　　F. 行为因素

（二）物流市场细分的原则

要使市场细分有效、成功，必须遵守以下基本原则：

1. 可衡量性

物流细分市场的规模、购买力和概况必须可以衡量，即细分出来的市场不仅可以定性地明确范围，而且可对其容量的大小定量地进行衡量。如果某个细分市场的资料无法获得，那就无法进行估量，也就不能把它纳入本企业市场细分范围。在实际物流活动中，有些市场捉摸不定，难以衡量，就不能对它进行细分。

2. 可进入性

所谓可进入性，亦称可达性，即细分出来的市场，物流企业通过努力能够使物流服务产品进入并对客户施加影响。例如，物流企业对市场细分后会发现市场中已有很多竞争者，自己无力与之抗衡，无机可乘或虽有未被满足的需要，但因缺乏诸多先决条件，甚至货源无着落，难以揽货，这种市场细分就没有现实意义。

3. 效益性

效益性亦称有效性、足量性，即细分出来的物流需求市场，其容量或规模要大到足以使物流企业获利。进行市场细分时，企业必须考虑细分市场上的市场容量、客户的数量以及他们的购买数量、购买能力和购买服务的频率。如果细分市场的规模过小、市场容量太小，就不值得去细分。

4. 稳定性

细分市场必须在一定时期内保持相对稳定，以便使物流企业制定较长期的营销策略，从而有效地开拓并占领目标市场，获得预期经济效益。如果细分后的市场变动过快，目标市场稍纵即逝，则企业营销风险随之增加。

5. 可行性

可行性是指物流企业所依据的细分标准，一方面必须符合客户的购买习惯、购买心理及政府的法规、法令等。比如，在一般的小城市，把开发综合物流作为一个细分市场并将其作为企业的开发定位，就要考查是否有真正的市场，能否有足够的市场承受力等。另一方面，物流企业是否有足够的能力为开发和服务的细分市场拟订有效的营销方案。比如，一家物流企业同时分出五个细分市场，由于人员短缺，无法为每个细分市场实施有效的营销方案，因此，只能使这种细分市场流于形式。

6. 可区分性

可区分性是指细分后的子市场在观念上能够被区分，并且对不同的营销组合因素和方案的反应不同。如物流运输子市场可分为长途运输市场、中途运输市场、短途运输市场，这种分类清晰明了，使客户能够很容易分辨出自己所需求的市场，并且各市场针对不同的营销方案会做出相应不同的反应。

课堂互动

1. 物流市场细分的原则有（　　）。

A. 可衡量性　B. 可进入性　C. 效益性　D. 稳定性
E. 可行性　F. 可区分性

2. 细分市场不需要在一定时期内保持相对稳定，稳定性对企业的预期经济效益没有影响。（　　）

（三）物流市场细分的步骤

美国市场营销学家麦卡锡提出了细分市场的七个步骤（见图 3-1），这对服务市场的细分具有参考价值。

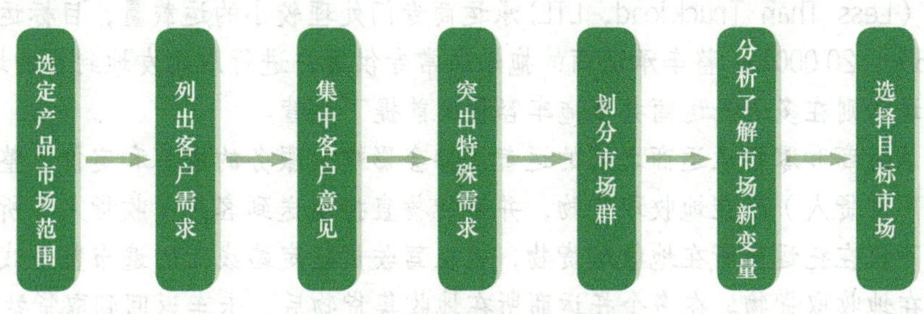

图 3-1　物流市场细分的步骤

第一步：选定产品市场范围。

第二步：列出企业所选定产品市场范围内所有潜在客户的各种需求。

第三步：企业将列出的各种需求交由不同类型的客户挑选出他们最迫切的需求，最后集中客户的意见，选择几个作为市场细分的标准。

第四步：检验每一个细分市场的需求，抽掉它们的共性、共同需求，突出它们的特殊需求作为细分标准。

第五步：根据不同消费者的特征，划分相应的市场群，并赋予一定的名称。

第六步：进一步分析每个细分市场的不同需求与购买行为及其原因，并了解要进入细分市场的新变量，使企业不断适应市场的发展变化。

第七步：决定市场细分的大小及市场群的潜力，从中选择使企业获得有利机会的目标市场。

三、市场细分的方法

按市场细分因素的多少，市场细分的方法可分为单一因素细分法、综合因素细分法、系列因素法和“产品－市场方格图”法。

1. 单一因素细分法

所谓单一因素细分法，就是细分物流市场只按照单一因素进行。如按照客户行业这一因素去细分物流市场，可分为农业物流市场、制造业物流市场和商贸业物流市场。如果按照客户需求涉及的物流区域这一因素来细分市场，则可以分为区域物流市场、跨区域物流市场和国际物流市场等。

同步案例　公路货运市场有哪三个细分市场

在大多数情况下，公路（或汽车）运输是最常见的运输方式。由于城镇之间有广泛的公路网络和连通性，在陆地上的大部分情况下都可以通过某种汽车运输方式从生产地到达目的地。汽车运输包括各种公路运输方式，如卡车、货车、小汽车或摩托车。

公路运输货运市场主要分为三个部分，包括基于载重（整车和零担）、地理覆盖范围（区域、国家和国际）和设备（干货车、冷藏、平板、储罐和专用设备）的细分市场。

1．基于载重（整车和零担）的细分市场

整车（Truck Load，TL）承运商是公路运输市场上最大的细分市场。顾名思义，整车承运商专门为行业客户运输大批量货物。虽然整车承运商的确也承接较小的运载量，但它们通常将目标运载量范围定在15 000～50 000lb（1lb ≈ 0.453 6kg）。

零担（Less Than Truckload，LTL）承运商专门处理较小的运载量，目标运载量范围通常在150～20 000lb。整车承运商的拖车通常专供客户进行从始发地到目的地的运输，而零担承运商则在多个托运商共享拖车容量的前提下运营。

整车承运商和零担承运商之间的运营差异会影响其服务的成本和定价。整车承运商在托运商（发货人）所在地收取货物，并将货物直接运送到客户（收货人）所在地。零担承运商不仅在托运商所在地收取货物，也在驾驶员指定路线上的遍布整个城市的多名托运商所在地收取货物。在多个托运商所在地收集货物后，卡车返回到取货站点，在这里与其他全天收集货物的卡车汇合，然后卡车卸货，并对货物进行分类，运输至普通城市或地区的货物将被装载到长途卡车上，以运输到交货站点。有时有必要将货物送至另一个中转站（杂货设施）进行进一步合并。

2. 基于地理覆盖范围的细分市场

一些承运商选择在区域范围内的较小市场中运营，其他则覆盖整个国家。还有一些企业提供跨越国界的卡车运输服务。地区承运商通常也与其他地区承运商保持联系，以便他们可以向客户推销和销售更广泛的服务，从而使承运商可以与全国范围内的服务提供商竞争。

国际货运也经常会有类似的策略。在这些情况下，专门在一个国家 / 地区提供一项服务的承运商将货物交给目的地国家 / 地区的合作伙伴企业。在多个国家 / 地区提供服务的单个承运商必须获得许可才能在各种情况下运营。

3. 基于设备的细分市场

在整车和零担服务中经常使用的拖车是普通集装箱拖车。该拖车采用传统的封闭式“盒子”设计，没有制冷或环境控制功能。具备温度控制功能的运输工具采用装有加热器或制冷设备的隔热拖车。食品通常在运输过程中需要冷藏或冷冻以保持产品完好。化学产品和先进技术产品有时也需要冷藏，以避免被暴露在高温下。

另一种常见的设备是平板拖车。露天平板设备通常用于运输工业设备和建筑材料（如木材、木料、钢和管道等），这些材料可以用皮带固定，几乎不需要自然环境的保护。料斗卡车通常是敞篷卡车和拖车，用于运输谷物（如玉米、大豆和小麦等）、建筑材料（如沙子和碎石等）和煤炭。

油罐车用于运输液体材料（如水、油和玉米糖浆等）。承运商还可能专门从事家庭货物运输、自动运输、水泥或超重货物的运输。

以上的讨论集中在工业（企业对企业）的公路运输方式上。消费者、家庭和小型企业也可以通过公路运输获得服务。公路运输中运输方式的多样性说明了企业和消费者对这种模式的依赖。

2. 综合因素细分法

所谓综合因素细分法，是以影响物流市场需求的两个或两个以上因素进行综合划分，以区别各细分市场的方法。因为客户的需求差异常常极为复杂，只有从多方面去分析、认识，才能更准确地找出客户的需求差异，综合因素细分法见表 3–1。

表 3–1 综合因素细分法

内 容		地理区域		
		区域物流	跨区域物流	国际物流
物理属性	生产资料	细分市场 1	细分市场 2	细分市场 3
	生活资料	细分市场 4	细分市场 5	细分市场 6
	其他资料	细分市场 7	细分市场 8	细分市场 9

另外，可以从物流速度、流量要求、物流频率中选择任意两个或全部三个作为综合因素细分法的因素对物流市场进行细分。

3. 系列因素法

系列因素法也运用两个或两个以上的因素，但它是依据一定的顺序逐次细分市场的。细分的过程是一个比较、选择细分市场的过程。下一个阶段的细分，在上一阶段选定的分市场中进行。图 3–2 给出了客户的选择与市场细分的关系。

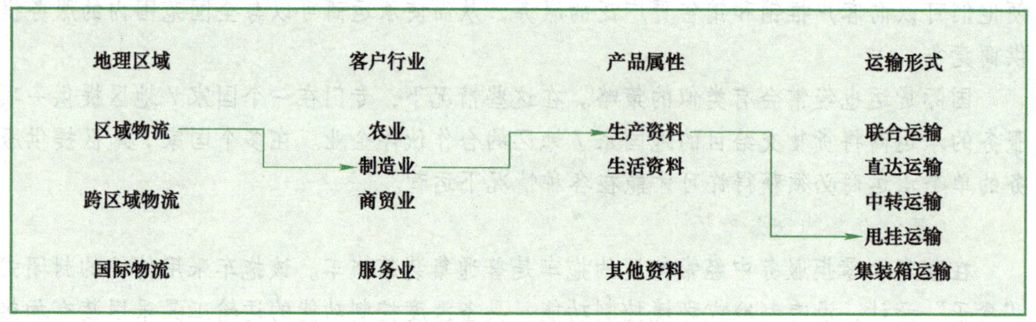

图 3–2　系列因素法示意图

4. “产品 – 市场方格图”法

此法即按产品（客户需要）和市场（客户群）这两个因素的不同组合来细分市场。例如，物流市场对物流有五种不同的需要，即供应物流、生产物流、销售物流、回收物流、废弃物流；同时有三个不同的客户群，即国家、集体、个体，这样就形成了十五个细分市场，见表 3–2。

表 3–2 “产品 – 市场方格图”法

客 户 群	客户需要				
	供应物流	生产物流	销售物流	回收物流	废弃物流
国家	A11	A12	A13	A14	A15
集体	A21	A22	A23	A24	A25
个人	A31	A32	A33	A34	A35

素养园地

个人利益和集体利益、国家利益本质上是一致的。个人利益和集体利益、国家利益互为前提而存在，互相促进而共同发展。一方面，个人离不开国家和集体，个人利益的实现、个人的全面发展，归根到底要靠社会集体事业的发展，靠国家的富强；另一方面，国家和集体离不开个人，社会集体利益是由个人创造的，国家的发展和进步要靠全体社会成员的自觉努力才能实现。

物流企业在面对不同的客户群时，要以国家利益为先，在国家有需要、社会有需求的时候，以高效、高品质的服务为国家贡献应有之力。

课堂互动

1. 下列（　　）市场细分方法，是以影响物流市场需求的两种或两种以上因素为依据进行综合细分。

A. 单一因素细分法　　B. 综合因素细分法

C. 系列因素法　　D. "产品 - 市场方格图"法

2.（　　）是依据一定的顺序逐次细分市场的。细分的过程是一个比较、选择分市场的过程。

A. 单一因素细分法　　B. 综合因素细分法

C. 系列因素法　　D. "产品 - 市场方格图"法

3.（　　）是按产品（客户需要）和市场（客户群）这两个因素的不同组合来细分市场。

A. 单一因素细分法　　B. 综合因素细分法

C. 系列因素法　　D. "产品 - 市场方格图"法

模块二　选择物流目标市场

案例导入　京东物流目标市场选择

快消品是京东物流外部一体化供应链物流收入占比最高的行业，头部乳企伊利、飞鹤等均为其客户。2022 年，京东物流持续服务最大的乳制品企业之一——伊利集团，为其提供包括供应链咨询规划、数字化系统搭建、供应链计划运营以及基础物流服务在内的一体化供应链物流服务。全面合作以来，京东物流不仅帮助伊利解决了多渠道库存割裂、库存分布不均衡等问题，也显著减少了伊利的库存周转天数，以及液态奶等保鲜度要求较高商品的临期库存比例，为整个乳制品行业的供应链升级提供了切实的经验和路径。与此同时，京东物流也在持续推进供应链解耦，针对酒水、美妆等客群需求和细分业务场景，打造了多个细分行业的解决方案和产品。2022 年，直播电商的蓬勃发展也为京东物流提供了新的发展动能。自成为首批接入抖音电商"音需达"服务的物流企业后，京东物流与抖音电商的合作服务范围进一步延伸至供应链领域，截至 2022 年 12 月 31 日，已服务超过 2 万个抖音电商平台商家。在 2023 年春节期间，京东物流还成为快手电商官方物流合作伙伴，为广大快手电商商家和消费者提供不间断的寄递服务。

【思考】京东物流如何进行目标市场选择?

案例分析

目标市场是指企业在市场细分的基础上，根据自己的实力及竞争优势，选择一个或几个细分市场作为企业营销对象，被选择的细分市场即为目标市场。

物流目标市场是物流企业打算进入的细分市场，或打算满足的具有某一需求的客户群体。选择和确定目标市场，明确物流企业的具体服务对象，关系到物流企业任务和目标的落实，是企业制定营销战略和策略的基本出发点。因此，物流企业应在市场细分的基础上，根据企业自身的条件和外在因素，确定物流服务对象，即物流目标市场。

知识准备

一、物流细分市场的评估

物流市场细分可以为物流企业挖掘出许多机会，企业为选择适当的目标市场，必须对每个细分市场进行评估，企业评估细分市场主要从以下三个方面考虑：

1. 市场规模和增长潜力

市场的适当规模是相对于企业的规模与实力而言的，大企业对于较小的市场不感兴趣；小企业对于较大的市场又缺乏足够的资源，并且小企业在大市场上也无力与大企业相竞争。市场增长潜力关系到市场销售和利润的增长，所有的企业都希望目标市场的销售量和利润具有良好的上升趋势，但竞争者也会迅速进入快速增长的市场，从而使利润率下降。

2. 市场的吸引力

所谓市场吸引力主要指长期获利率的大小。一个具有适当规模和增长率的细分市场，从获利观点看不一定具有吸引力。著名管理学家波特认为，决定一个市场或细分市场是否具有长期吸引力有五个因素：现实的竞争者、替代产品、购买者、市场环境因素和供应者。企业必须充分估计这些因素对长期获利率所造成的威胁和机会，以便做出正确的决策。

3. 物流企业的目标和资源

理想的目标市场除了满足上述两个条件外，物流企业还需要考虑自身的目标和所具有的资源。有些细分市场虽然规模适合，也具有吸引力，但如果不符合物流企业的长远目标，也只能考虑放弃。而对一些适合企业目标市场的细分市场，物流企业却不具备在该市场上获胜所具备的必要能力和资源，也要放弃。

二、物流目标市场选择的策略

（一）目标市场的模式

市场细分之后，在市场评估的基础上，物流企业结合自身的实际情况选择最大优势的子市场作为自己的目标市场。目标市场选择的五种模式见图 3-3。

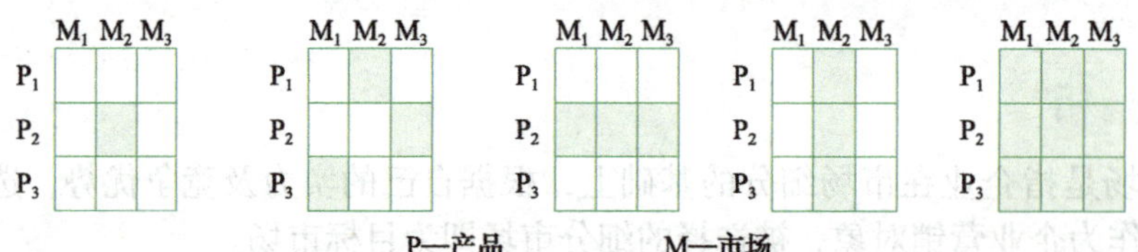

图 3-3　目标市场选择的五种模式

1. 密集单一市场模式

这是最简单的目标市场模式，即物流企业只选择一个细分市场进行集中营销。物流企业通过集中营销，更加了解本细分市场的需要，并树立了特别的声誉，因此可在该细分市场建立牢固的市场地位。例如，仅仅为化工企业提供危险品货物的物流服务。其缺点是市场区域相对较小、企业的发展受到限制、潜伏着较大的经营风险等。

2. 有选择的专门化模式

物流企业选择几个细分市场作为自己的目标市场，其中每个细分市场都具有良好的盈利潜力和结构吸引力，并且符合物流企业的目标和资源，但在各细分市场之间很少有或者根本没有任何联系，然而每个细分市场都有可能盈利。这种多细分市场目标优于单细分市场目标，因为这样可以分散企业的风险，即使某个细分市场失去吸引力，企业仍可继续在其他细分市场获取利润。

3. 产品专门化模式

物流企业针对各类客户的需要只提供一种形式的物流服务，满足各类客户群。企业可以通过这种策略摆脱对个别市场的依赖，降低风险，同时有利于发挥生产技能，在某个服务领域树立起良好的企业形象。

4. 市场专门化模式

物流企业向同一客户群供应不同种类的物流服务。这种策略有助于发展和利用与客户之间的关系，降低交易成本，获得良好的声誉。

5. 完全覆盖市场模式

完全覆盖市场模式是指企业想用各种产品满足各种客户群体的需求。这种模式只有实力雄厚的大型物流企业才有能力选用，例如，IBM公司（计算机市场）、通用汽车公司（汽车市场）和可口可乐公司（饮料市场）。可用两种主要的方法，即无差异市场营销和差异性市场营销，达到覆盖整个市场的目的。

同步案例 京东物流自研仓储自动化解决方案全行业领先

截至2022年12月31日，京东物流已在全国运营超过1 500个仓库，仓储网络总管理面积超过3 000万m^2。截至2022年底，京东物流在全球拥有近90个保税仓库、直邮仓库和海外仓库，总管理面积近90万m^2。2022年，京东物流继续扩大快消品、服装、汽车等行业的专属仓库建设，不断提高行业化仓储的运营效率与竞争力，支持供应链业务的快速推广。值得一提的是，在京东物流云仓生态平台上，由第三方业主经营的云仓资源超2 000个，极大丰富了一体化供应链仓储网络矩阵，满足不同层级客户的需求，助力更多客户实现降本增效。

课堂互动

1．采用（　　）模式的物流企业应具有较强的资源和营销实力。

A．密集单一市场　　B．市场专门化

C．产品专门化　　D．完全覆盖市场

2．采用（　　）模式的物流企业可通过集中营销，更加了解本细分市场的需要，并树立特别的声誉，可在该细分市场建立牢固的市场地位。

A．密集单一市场　　　　　　B．市场专门化

C．产品专门化　　　　　　　D．完全覆盖市场

3．采用（　　）模式的物流企业针对各类客户的需要只提供一种形式的物流服务，满足各类客户群。

A．密集单一市场　　　　　　B．市场专门化

C．产品专门化　　　　　　　D．完全覆盖市场

（二）目标市场营销策略

1. 无差异市场营销策略

无差异市场营销策略是指企业将产品的整个市场视为一个目标市场，用单一的营销策略开拓市场，即用一种产品和一套营销方案吸引尽可能多的客户。无差异市场营销策略只考虑客户在需求上的共同点，而不关心他们在需求上的差异性（见图3–4）。例如，可口可乐在20世纪60年代以前所采取的就是这种策略，以单一的服务内容、统一的价格、统一的广告主题面向所有客户。当然，面对类似产品企业的强劲攻势，可口可乐后期不得不改变策略。

图3–4　无差异市场营销策略

无差异市场营销的理论基础是成本的经济性。生产单一产品，可以减少生产与储运成本；无差异的广告宣传和其他促销活动可以节省促销费用；不搞市场细分，可以减少企业在市场调研、产品开发、制定各种营销组合方案等方面的营销投入。而物流需求客观上是千差万别、不断变化的，无差异市场营销策略易受到竞争企业的攻击，无法对抗其他企业更有特色的物流服务。这种策略对于需求广泛、市场同质性高且能大量生产、大量销售的物流客户比较合适。

2. 差异性市场营销策略

差异性市场营销策略是指将整个物流市场划分为若干细分市场，针对每一细分市场制定一套独立的营销方案（见图3–5）。该策略建立在客户需求具有异质性的基础上，物流企业对不同细分市场设计不同的物流活动，采取多种经营和不同的促销方案。

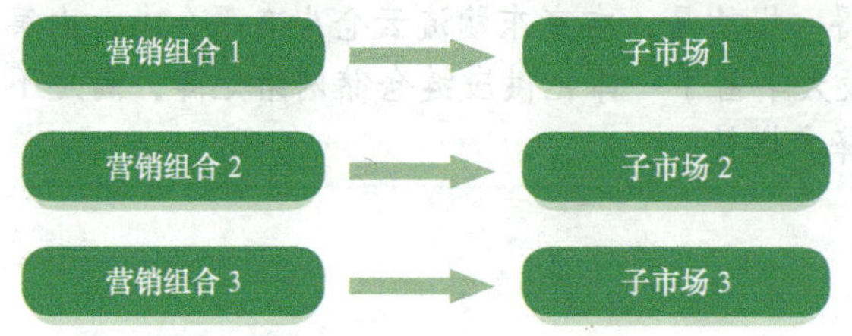

图3–5　差异性市场营销策略

差异性市场营销策略的优点是小批量、多品种、针对性强、机动灵活，使得客户的需求更好地得到满足，由此促进物流的产业化发展。由于企业是在多个细分市场上经营，在一

定程度上可以减少经营风险。如果企业在几个细分市场上获得成功，有助于提升企业的形象及提高市场占有率。差异性市场营销策略的不足之处在于会增加营销成本，对企业的资源配置可能不能有效集中，顾此失彼。这种策略适用于多品种经营的实力雄厚的大中型物流企业。

3. 集中性市场营销策略

集中性市场营销策略是指集中力量进入一个或少数几个细分市场，实行专业化生产和销售（见图 3–6）。实行这一策略，企业不是追求在一个大市场占有较小的市场份额，而是力争在较小的市场上占有较大的市场份额。

图 3–6 集中性市场营销策略

集中性市场营销策略的优点是目标市场集中，有助于企业更深入地注意、了解目标市场的客户需求，使产品适销对路；有助于提高企业和产品在市场上的知名度；有利于企业集中资源；节约生产成本和各种费用；增加盈利，取得良好的经济效益。这种策略主要适用于资源有限的中小物流企业或是初次进入新市场的大型物流企业。

课堂互动

1．采用无差异市场营销策略的缺点是（　　）。

A．市场占有率高　　B．成本的经济性

C．市场适应性强　　D．易受到竞争企业的攻击

2．（　　）的优点是小批量、多品种、针对性强、机动灵活，使得客户的需求更好地得到满足，由此促进物流的产业化发展。

A．产品专门化模型　　B．市场专门化模型

C．无差异市场营销策略　　D．差异性市场营销策略

3．（　　）是指集中力量进入一个或少数几个细分市场，实行专业化生产和销售。

A．无差异市场营销策略　　B．差异性市场营销策略

C．集中性市场营销策略　　D．定制营销策略

4．差异性市场营销策略，不足之处在于会增加营销成本，对企业的资源配置可能不能有效集中，顾此失彼。这种策略适用于（　　）。

A．资源有限的中小物流企业　　B．实力雄厚的大型物流企业

C．实力雄厚的中型物流企业　　D．小型物流企业

4. 定制营销策略

定制营销策略是指企业将每一位客户都视作一个单独的细分市场，根据个人的特定需求来进行市场营销组合，以满足每位客户特定需求的一种营销方式。

京东大时尚发布2023运营策略，聚焦礼遇、出游、换季上新场景实现组合营销

细分市场的最后一个层次是“细分到个人”和“定制营销”，即一对一营销。现今的各种新技术和信息工具，使企业能对个人开展营销，定制

个人所要求的商品。定制是指消费者参与生产完全符合自己愿望的商品。许多情况表明，人们喜欢这种方式，由于商品可按客户要求定制，物流服务也可如此。因为一对一客户化定制营销成本的下降，它已与细分市场的费用成本相差不大，越来越多的公司将转向客户化定制营销。物流企业采用这种策略，有利于物流企业走向市场，更贴近物流战略。

三、物流目标市场选择的制约因素

前述四种目标市场营销策略各有利弊，它们各适用于不同的情况，企业在选择时必须结合企业自身的情况，考虑各种因素，权衡利弊，慎重决策，才能做出最佳的选择。物流企业在选择目标市场营销策略时，必须综合考虑以下几个方面的因素。

1. 企业资源

企业的资源主要包括设备、技术、资金等资源状况和营销能力等。如果企业实力较强，可以考虑采用差异性或无差异市场营销策略；如果企业资源有限，实力不强，则采用集中性市场营销策略效果可能更好。

2. 物流产品或服务的同质性

这是指不同物流企业提供的物流产品或服务的相似程度。相似程度高，则同质性高；反之，则同质性低。比如，提供海运运输、空运运输等产品时，尽管会因为不同的企业提供服务而发生品质差别，但客户可能并不十分看重，此时，竞争将主要集中在价格上。这样的产品适合采用无差异市场营销策略。

3. 市场同质性

这是指各细分市场客户需求与欲望等方面的相似程度。市场同质性高，意味着各细分市场相似程度高，不同客户对同一营销方案的反应大致相同。此时，企业可考虑采取无差异市场营销策略。反之，则适宜采用差异性或集中性市场营销策略。

4. 物流服务生命周期

物流与其他产品一样，也有生命周期。处于不同生命周期阶段上的物流，各自具有不同的特点。根据物流产品处于投入期、成长期、成熟期和衰退期的各阶段特点，可采用不同的目标市场营销策略。一般来说，在物流服务的投入期或成长期，由于市场物流需求少，人们对物流活动认识不足，此时宜选用密集单一市场模式开展集中营销或完全覆盖模式开展无差异营销，目的是探清市场需求与潜在客户的情况，也有利于节约市场开发费用和增强品牌的知名度。在物流服务的成熟期，市场上提供同类服务的物流企业增多，物流服务的形式也增加，竞争日益激烈，为确立竞争优势，企业可考虑采用差异性市场营销策略。在物流服务步入衰退期时，为保持企业的市场地位，延长产品的生命周期，全力对付竞争者，可考虑采用集中性市场营销策略。

5. 竞争者的市场营销策略

物流企业选择目标市场营销策略时，一定要充分考虑竞争者尤其是主要竞争对手的营销策略。如果竞争对手采用差异性市场营销策略，企业应采用差异性或集中性市场营销策略与之抗衡；若竞争者采用无差异市场营销策略，则企业可采用无差异或差异性市场营销策略与之对抗。

6. 竞争者的数目

当物流市场上同类产品的竞争者较少，竞争不激烈时，可采用无差异市场营销策略。当竞争者多，竞争激烈时，可采用差异性市场营销策略或集中性市场营销策略。

课堂互动

1. 物流企业在选择目标市场营销策略时，应该考虑以下因素（　　）。
   A. 企业资源　　B. 物流产品或服务的同质性
   C. 市场同质性　　D. 物流服务生命周期
   E. 竞争者的市场营销策略　　F. 竞争者的数目
2. 当物流市场上同类产品的竞争者较少，竞争不激烈时，可采用（　　）市场营销策略。
   A. 差异性　　B. 无差异　　C. 集中性　　D. 分散性

模块三　定位物流目标市场

案例导入　中远物流目标市场定位

中国远洋物流有限公司（下称中远物流）总部在北京，下设大连、北京、青岛、上海、宁波、厦门、广州、武汉 8 个区域公司，并与国外 40 多家货运代理企业签订了长期合作协议。在国内建立了 300 多个业务网点，形成了功能齐全的物流网络系统。中远物流凭借国际化的网络优势，在细分市场的基础上，重点开拓了汽车物流、家电物流、项目物流、展品物流，为客户提供高附加值的服务，给企业带来更多的经济效益。目标市场定位有利于中远物流选择目标市场和制定营销策略，使企业获得更佳的市场营销效果。

【思考】中远物流如何进行目标市场定位？

案例分析

中远物流通过市场细分下的定位，获得了巨大的成长空间，给企业带来更多的经济效益和更佳的市场营销效果。

知识准备 

一、物流市场定位的基本原则和依据

1. 市场定位的含义

市场定位是 20 世纪 70 年代由美国学者阿尔·赖斯提出的一个重要的营销学概念。所谓市场定位，就是企业根据目标市场上同类产品竞争状况，针对客户对该类产品某些特征或属性的重视程度，为本企业产品塑造强有力的、与众不同的鲜明个性，并将其形象生动地传

递给客户，求得客户认同。市场定位的实质是使本企业与其他企业严格区分开来，使客户明显感觉和认识到这种差别，从而在客户心目中占有特殊的位置。

物流企业市场定位是指物流企业通过自身的物流服务创立鲜明的个性，塑造出与众不同的市场形象，使之在客户心目中占据一定的位置，从而更好地抓住客户，赢得客户。很多国际著名的第三方物流企业都是从某一物流领域发展起来的，并且保持着这些领域的核心竞争力，如 UPS 的定位是“我们能够在任何地方、任何模式下处理任何货物”，FedEx 则用“无所不包，全面发展”来树立形象。

同步案例　德邦快递核心业务

德邦快递以大件快递为核心业务，主要业务涉及快递、零担、整车、跨境、仓储与供应链服务，是中国企业 500 强之一。多年来，公司坚持“以客户为中心，以进取者为本，以团队创高效，坚持自我反思”的核心价值观，致力于为用户提供高效、快捷的货运解决方案。

1. 快递

（1）小件快递。

1）特快专递。德邦快递高时效、高品质的时效产品，为客户提供精准高效的门到门的快递服务。

2）标准快递。德邦快递的小件标快产品，适用于 3kg 内的快件。

（2）大件快递。

1）大件快递 3.60。提供单件 3 ~ 60kg 大件的快递服务，采用首续重报价，包接包送，大小件齐发，件数、总重不限，全程提供高质量服务的同时，上至 60kg 免费上楼。

2）航空大件。提供首重 5kg 起大件快递的时效服务，空运投入 + 陆运提速使得德邦快速在大件服务能力的基础上，建立起时效兑现能力。

2. 零担

（1）精准卡航。汽运快时效产品，全网覆盖、全程可视、安全送达、八大增值服务满足各类客户需求。

（2）精准汽运。普通时效产品，性价比更高，全网覆盖，八大增值服务满足各类客户需求。

（3）精准空运。精准空运为德邦时效最快的零担产品，干线通过航空运输满足长距离线路客户的快时效需求。

3. 整车

（1）精准整车。提供门到门包车高效运输服务的产品。

（2）大票直达。针对大票货物设计的高性价比产品。

4. 跨境

（1）FBA。为亚马逊卖家提供空、海、班列、卡航、快递等多渠道头程物流运输方案。产品覆盖美国、欧洲、英国、加拿大、日本等所有亚马逊站点，更有保价运输、垫付税金、退货换标等增值服务。

（2）电商小包。为客户提供稳定、快捷、高性价比的门到门直发类小包物流服务。

（3）国际快件。为满足客户小件物品寄递需求打造的一款覆盖全球绝大部分国家和地区的寄递服务产品。

（4）国际联运。为大贸客户、电商客户提供优质海运、空运、铁路、陆运等服务，可承接各类商品跨境运输，上门服务，专人对接，全程跟踪，确保客户的货物安全抵达。

5. 仓储与供应链服务

依托德邦全网布局及大件能力，通过自主研发OMS（订单管理系统）、WMS（仓储管理系统）、TMS（配送管理系统），实现企业供应链系统集成与数据交换，为客户提供一站式仓储配送等综合服务。聚焦于快消、家具、家电等行业，可为客户提供定制化解决方案、精细化仓储管理、定制化系统、专业配送及安装、客服及项目管理、供应链金融等服务。

截至2022年12月末，公司共有146个仓库，总面积达97.03万m^2。德邦快递供应链为数十家行业龙头企业提供仓配一体化服务及供应链变革服务，为客户提供定制化的仓储规划解决方案和物流信息化解决方案。

2. 物流市场定位的原则

物流市场的定位是在辨别物流客户的不同需求以及竞争者的服务基础上，突出自身服务的差异性，从而与竞争者所提供的服务区分开，满足目标市场客户的特定需求，使企业或企业推出的物流服务产品在目标客户心目中占有特殊位置。物流市场定位应满足以下原则：

（1）重要性原则。能向相当数量的买方让渡较高价值的利益。

（2）明晰性原则。定位出的差异性是其他企业所没有的，或是该企业以一种突出、明晰的方式提出的。

（3）优越性原则。通过定位出的差异性所获得的利益，明显优于通过其他途径获得的利益。

（4）可沟通性原则。该差异性是可以沟通的，是买方看得见的。

（5）不易模仿性原则。是其他竞争者难以模仿的。

（6）可接近性原则。买方有能力购买该差异性。

（7）赢利性原则。企业将通过差异性获得利益。

3. 物流市场定位的依据

（1）属性。属性指产品或服务的价格和质量。强调自身提供的产品价值、高价格代表高质量、低价格代表物美价廉等产品或服务属性。

（2）客户。要着重考虑客户的类型和个性。

（3）技术。突出竞争者没有的技术与专业。

此外，地域、服务、特色、主题、规模等，也是物流企业在进行市场定位时要考虑的依据。

课堂互动

1．物流企业市场定位是指物流企业通过自身的物流服务创立鲜明的个性，塑造出与众不同的市场形象，使之在客户心目中占据一定的位置。（　　）

2．物流市场定位原则中的优越性原则是指该定位所表现的差异性明显优于通过其他途径而获得相同的利益。（　　）

3．（　　）是物流市场定位中所考虑的依据。

A．属性　　B．客户　　C．技术　　D．服务

二、物流市场定位的步骤

企业在进行物流市场定位时，一方面要了解竞争对手的服务具有何种特色，另一方面要研究客户对该服务的各种属性的重视程度，然后根据这两方面进行分析，再选定本企业产品的特色，以此为前提塑造服务产品的独特形象，将此形象内涵的核心概念推入市场，传播于众。因此，物流企业的市场定位工作一般包括以下五个步骤（见图 3-7）。

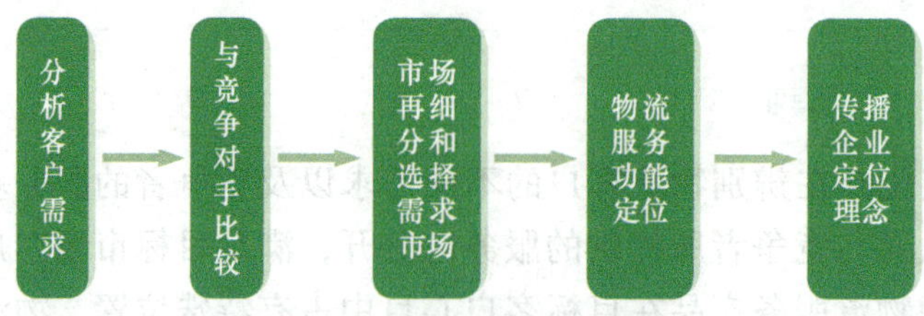

图 3-7　物流市场定位的步骤

1. 分析客户需求

营销的起始就是了解和分析客户的需求，此处强调的是物流企业在分析当前需求时，还要了解客户的运行状态、行业特点、外包物流的需求动机、物流需求与本企业所提供物流水平之间的差距、服务需要改善或提高之处，及时发现客户的潜在需求。

2. 与竞争对手比较

了解当前各类细分市场上提供物流服务的竞争对手的数量、规模、实力、服务水平、价格水平等相关信息，比较自身与竞争企业或优秀企业服务水准的差距。找出与竞争对手相比，本企业在哪些方面具有竞争优势。这些竞争优势可能体现在价格、服务水平、技术、形象、经验、物流网络以及良好的客户关系等方面。

3. 市场再细分和选择需求市场

一个物流企业一般只能满足部分市场需求。因此，在对物流市场整体细分的基础上，物流企业还应将目标物流市场按照即时的需求标准进行细分，根据自身的条件来选择一部分客户的需求作为目标市场，确定适当的服务组合策略以更好地满足客户的需求，使企业在激烈的市场竞争中得以生存和发展。

物流企业要分区域、分行业、分档次，根据细分市场的规模和增长潜力及企业自身的资源条件来选择目标市场，找准切入点，避免盲目“求全求大”。

4. 物流服务功能定位

物流服务的内容和形式多种多样，基本可以划分为常规服务和增值服务。物流服务功能定位是要强化或放大某些物流功能，从而形成独特的企业形象。其实质在于通过差异化的服务策略来取得在目标市场上的竞争优势，确定本企业在物流客户中的适当位置，以吸引更多的物流需求。因此，物流企业的服务功能定位是物流企业战略中的重要组成部分，能否制定出有效的物流服务战略，往往影响到具体物流服务的绩效及由此带来的客户满意度，对于提高物流企业的竞争力具有重要的意义。

5. 传播企业定位理念

物流企业一旦确定了定位，就必须采取切实的步骤把定位的理念及时传递给目标客户，让他们能够理解和准确地接受，要避免因传播不当在客户中造成误解，如传递的定位过低，不能显示企业的服务特色；传递的定位过高，不符合企业的能力状况，造成客户的期望值过高；传递的定位过于模糊，则难以在客户的心目中留下统一明确的印象，难以记忆和回忆，接受物流服务的客户也就很难成为企业的稳定客户。

三、物流企业市场定位策略

针对不同的目标市场及不同的物流服务项目，物流企业可以选择管理整个物流过程或几项活动，可以有不同的市场定位策略。各种策略对企业资金、设施、技术、人才等资源的要求是不同的，所形成的竞争力也有较大区别（见表 3–3）。

表 3–3 物流企业市场定位策略比较

市场定位策略	目标市场	服务功能	所需资源	竞 争 力
服务与市场集中化策略	以一个行业为目标市场	仅提供某项单一服务	所需资源及技术都较少，专业化强，进入壁垒低	如同一市场竞争者较多，无优势，相反则有较强竞争优势；过于依赖目标市场，风险较大
服务专门化策略	以多个行业为目标市场	仅提供某项单一服务	所需资源较少，专业性强，进入壁垒低	竞争力较弱，但目标市场状况的变化所带来的风险小
市场专门化策略	以一个行业为目标市场	为该市场提供多项服务或投入较多资源，提供综合物流服务	需要较多技能与人才，进入壁垒低	竞争力较强，但受行业影响较大
选择化策略	多个行业为目标市场	对不同的目标市场提供不同的物流服务	需要较多资源和技能，进入壁垒较高	竞争力较强，目标市场状况变化带来的风险较小，但自身的大量投入带来的风险较大
全面覆盖策略	只要有需要，各种行业均可作为目标市场	为不同行业提供综合物流服务	需要投入大量资源，各项专业化技能要求高，进入壁垒高	竞争力强，自身大量投入带来的风险大

从以上对各种市场定位策略的分析来看，要提供多项或综合的物流服务所需的资源较多，进入壁垒较高，但具有较强的竞争力，应成为大多数物流企业的主要定位策略。具体到

不同的物流企业，应根据市场竞争状况、自身资源条件、服务能力及市场的规模和增长潜力等选择最适合的市场定位策略。

课堂互动

1．营销的起始就是了解和分析客户的需求。（　　）

2．物流企业一旦确定了定位，就必须采取切实的步骤把定位的理念及时传递给目标客户。（　　）

同步案例　蓄力升级！顺丰·梅州柚物流集散中心升级启用

2022 年 8 月 29 日，顺丰·梅州柚物流集散中心升级启动揭牌仪式在大埔县大麻镇举行。大埔蜜柚是梅州乡村振兴的重要支柱产业，承载着柚农的希望。受制于区域发展水平和蜜柚上市周期短等因素，大埔蜜柚一直存在产品集中上市、快递物流压力大的问题。顺丰充分发挥快递物流优势和平台资源优势，在梅州全市建设物流集散中心，构建三级物流体系，开展智慧农业试点，联动“丰系”五大渠道销售柚果，在物流、信息流等方面持续发力，帮助解决梅州柚“运难”“卖难”问题，能够助力农业产业兴起来，让农民富起来。

素养园地

中国式现代化是全体人民共同富裕的现代化。全面建设社会主义现代化国家，最艰巨最繁重的任务仍在农村。在农村构建三级物流体系，让城乡的物流差距缩小，农业产业兴起来，农民逐渐富起来。

顺丰以梅州柚项目为载体，继续发挥好快递服务现代农业的示范引领带头作用，形成典型经验，更好地推动农业发展、农民致富和乡村振兴，为梅州乡村振兴建设做出积极贡献，在“共富中国”的追梦道路上迈出坚实的一步。

四、市场定位的方式方法

（一）市场定位的方式

物流企业的定位包括两部分：市场定位和服务定位。首先，物流企业要有明确的市场定位：或行业定位，或产品定位，或客户定位。其次，要有明确的服务定位：或仓储服务，或货运服务，或货代服务，或供应服务，或分销服务，或供应链整合等。

市场定位是物流企业可以充分利用的一种竞争性手段，它反映市场竞争各方的关系，是为企业有效参与市场竞争服务的。有以下三种可供选择的市场定位方式。

1. 避强定位

这是一种避开强有力的竞争对手进行市场定位的模式。企业不与对手直接对抗，将自己置于某个市场“空隙”，发展目前市场上没有的特色服务，开拓新的市场领域。这种定位的优点是：能够迅速地在市场上站稳脚跟，并在消费者心中尽快树立起一定的形象。由于这种定位方式市场风险较小，成功率较高，常常为多数企业所采用。

同步案例 德邦物流——管理制胜

随着业务量的不断增多，德邦物流开始扩大企业经营。2001 年，德邦开展航空运输之外的公路货运。而正处于转型期的公路货运一开始并不一帆风顺。首先遇到的问题就是如何找准业务定位。由于公路运输市场大小企业齐头并进，发展水平参差不齐，公路货运发展很不规范。在这种情况下，找准业务定位以寻求市场突破就显得极为关键。由于德邦客户多是中小企业，运货量普遍不大，但在运货速度和方式上要求比较灵活。鉴于此，企业决定将业务定位在 200kg/票左右。后来的事实证明，这一定位不但让德邦走出了最初亏损的局面，还使德邦在公路货运市场迅速成长起来。

2. 迎头定位

这是一种与在市场上居支配地位的竞争对手“对着干”的定位方式，即企业选择与竞争对手重合的市场位置，争取同样的目标客户，彼此在客户、价格、服务、供给等方面少有差别。

当然，也有些企业认为这是一种更能激励自己奋发向上的定位尝试，一旦成功就能取得巨大的市场份额。

3. 重新定位

重新定位通常是指对市场效益不好的物流服务产品或企业进行二次定位。初次定位后，随着时间的推移，新的竞争者进入市场，选择与本企业相近的市场位置，致使本企业原来的市场占有率下降；或者由于物流客户需求偏好发生转移，原来本企业的客户转而购买竞争者的产品，需要进行重新定位。一般来讲，重新定位是企业为了摆脱经营困境，寻求重新获得竞争力和增长的手段。不过，重新定位也可作为一种战术策略，并不一定是因为陷入了困境，相反，可能是由于发现了新的市场范围。

课堂互动

1．重新定位是指对市场效益不好的物流服务产品或企业进行（　　）定位。

A．避强　　B．对抗性　　C．竞争性　　D．二次

2．企业不与对手直接对抗，将自己置于某个市场“空隙”，发展目前市场上没有的特色服务，开拓新的市场领域的策略是（　　）。

A．避强定位　　B．迎头定位　　C．重新定位　　D．二次定位

（二）市场定位的方法

物流企业推出的每种服务产品，都需要选定其特色和形象。现有产品在其原有定位已经不再具有生命力时，亦需要重新做出定位决定。对产品的市场定位，可以应用多种方法，主要有以下几种。

1. 根据产品定位

这是物流企业市场定位最重要也是最核心的定位方法，因为对任何一家企业而言，产品 / 服务是一家企业存在的基础，是企业赖以生存的保障，也是衡量企业好坏的重要标准。

（1）根据产品特色定位。产品特色定位是根据其本身特征，确定它在市场上的位置。这时广告宣传应侧重介绍产品的特色或优于其他产品的性能，使之与竞争产品区别开来。在具体定位时，可以把构成产品内在特色的许多因素作为定位的依据，如产品质量、档次、价格、特色等。例如，中海北方物流有限公司组建的“五定”班列；中远集团的中日绿色快航。

（2）根据产品用途定位。为老产品找到一种新用途，是为该产品创造新的市场定位的好方法。例如，物流的概念未传入我国之前，类似物流的行业在我国已经存在，包括流通业、仓储业、交通运输和邮政业等。但是进一步完善市场经济之后，就需要我们重新对物流行业进行定位，完善现代物流产业，呼唤具有现代物流运作的现代物流企业，以满足市场经济的发展需要。

不同经营层面定位

（3）根据产品经营层面定位。在品牌树立阶段，物流企业要明确定位自己的核心经营层面，即核心产品。

2. 根据主导区域定位

企业依据自身的投入能力、管理水平、运营成本和客户需求，设定自己的核心业务覆盖范围，在主导区域内依靠自身优势完成企业利润的实现。

3. 根据服务水平定位

物流企业的服务水平分为基本服务、标准服务和增值服务三种。对于重点客户，遵循二八定律，将客户人数20%，却带来80%利润的那一部分客户作为重点客户，提供增值服务。另外，在可替代性强的领域中也可提供增值服务以稳定客户。

4. 根据使用者的类型定位

根据使用者的类型定位是指把产品指引给适当的潜在使用者，根据使用者的心理与行为特征，及特定消费模式塑造出恰当的形象。

5. 根据竞争定位

根据竞争定位是指根据竞争者的特色与市场位置，结合企业自身发展需要，将本企业的产品，定位于与其相似的另一类竞争产品的档次，或定位于与竞争直接相关的不同属性或利益。

以上定位方法往往是相互关联的，物流企业在进行市场定位时可在综合考虑各方面因素的基础上，将各种方法结合起来使用。

课堂互动

1．广告宣传侧重介绍产品的特色或优于其他产品的性能，使之与竞争产品区别开来定位的方法是（　　）。

A．根据产品定位　　　　B．根据主导区域定位

C．根据服务水平定位　　D．根据使用者的类型定位

2．根据竞争者的特色与市场位置，结合企业自身发展需要，对本企业的产品进行定位的方法是（　　）。

A．根据产品定位　　　　B．根据主导区域定位

C．根据竞争定位　　　　D．根据使用者的类型定位

单元小结

目标市场营销包括三项关键活动：市场细分、选择目标市场和市场定位。市场细分是指将整个市场划分为若干具有不同需求的客户群，并制定相应的对策，快速地、有计划、有步骤地加以实施。物流企业应在市场细分的基础上，根据企业自身的条件和外在因素，确定物流目标市场。同时企业需要进行物流企业市场定位，塑造出与众不同的市场形象，使之在客户心目中占据一定的位置，从而更好地抓住客户，赢得客户。

单元评价

<table>
<tr><th colspan="2">内　容</th><th colspan="3">评　价</th></tr>
<tr><th>学习目标</th><th>评价项目</th><th>自我评价</th><th>组间评价</th><th>教师评价</th></tr>
<tr><td rowspan="3">专业知识
（20 分）</td><td>物流市场细分的概念、意义</td><td rowspan="3">得分及备注：</td><td rowspan="3">得分及备注：</td><td rowspan="3">得分及备注：</td></tr>
<tr><td>物流目标市场选择的策略</td></tr>
<tr><td>物流市场定位的依据、方式方法</td></tr>
<tr><td rowspan="4">专业能力
（45 分）</td><td>对物流市场进行细分的能力</td><td rowspan="4">得分及备注：</td><td rowspan="4">得分及备注：</td><td rowspan="4">得分及备注：</td></tr>
<tr><td>对物流目标市场评价并正确运用物流目标市场选择的策略的能力</td></tr>
<tr><td>正确运用物流市场定位方法的能力</td></tr>
<tr><td>能够利用市场定位原理进行基础的定位分析</td></tr>
<tr><td rowspan="4">职业意识
（20 分）</td><td>团队合作精神</td><td rowspan="4">得分及备注：</td><td rowspan="4">得分及备注：</td><td rowspan="4">得分及备注：</td></tr>
<tr><td>积极主动</td></tr>
<tr><td>细致负责</td></tr>
<tr><td>安全规范操作意识</td></tr>
<tr><td rowspan="3">通用能力
（15 分）</td><td>沟通协调能力</td><td rowspan="3">得分及备注：</td><td rowspan="3">得分及备注：</td><td rowspan="3">得分及备注：</td></tr>
<tr><td>语言表达能力</td></tr>
<tr><td>解决问题能力</td></tr>
<tr><td colspan="2">教师建议：</td><td colspan="3" rowspan="2">评价总汇：
A. 优秀　　B. 良好
C. 基本掌握　　D. 没有掌握
（参考标准：得分＜ 60 分为没有掌握，60 分≤得分＜ 70 分为基本掌握，70 分≤得分＜ 80 分为良好，得分≥ 80 分为优秀）</td></tr>
<tr><td colspan="2">个人努力方向：</td></tr>
</table>

巩固与提高

一、名词解释

1. 市场细分
2. 物流市场细分
3. 物流目标市场
4. 物流企业市场定位

二、简答题

1. 为什么要进行物流市场细分?
2. 市场细分的方法有哪些?
3. 物流目标市场选择的制约因素有哪些?
4. 物流目标市场选择的策略有哪些?
5. 物流市场定位的原则、方式和步骤是什么?

三、案例分析

顺丰速运的市场定位

顺丰是国内的快递物流综合服务商，总部位于深圳，经过多年发展，已初步建立为客户提供一体化综合物流解决方案的能力，不仅提供配送端的物流服务，还延伸至价值链前端的产、供、销、配等环节，从消费者需求出发，以数据为牵引，利用大数据分析和云计算技术，为客户提供仓储管理、销售预测、大数据分析、金融管理等一揽子解决方案。

顺丰还是一家具有网络规模优势的智能物流运营商。经过多年的潜心经营和前瞻性的战略布局，顺丰已形成“天网 + 地网 + 信息网”三网合一、可覆盖国内外的综合物流服务网络，其直营网络是国内同行中网络控制力较强、稳定性高，也是独特稀缺的综合性物流网络体系。

顺丰的物流产品主要包含：时效快递、经济快递、同城配送、仓储服务、国际快递等多种快递服务，以零担为核心的重货快运等快运服务，以及为生鲜、食品和医药领域的客户提供冷链运输服务。此外，顺丰还提供保价、代收货款等增值服务。

顺丰的市场定位策略可以从以下几个方面来描述：

（1）高端市场定位。顺丰速运以高端市场为主要目标受众，主要服务于企业和个人高端客户，提供高品质的物流服务。

（2）品牌战略。顺丰速运注重品牌建设和维护，不断提升品牌影响力和知名度，通过产品质量和服务体验来提高品牌价值。

（3）技术创新。顺丰速运注重技术创新，积极引进先进的物流技术和设备，提高物流效率和客户体验。

（4）区域化布局。顺丰速运根据市场需求和客户分布情况，实施区域化布局，建设分布式物流中心和仓储设施，提高配送效率和准确性。

（5）多元化服务。顺丰速运不仅提供快递和物流服务，还涉足金融、健康等领域，实现服务多元化，拓展服务范围和业务增长空间。这些策略为顺丰速运在快递和物流市场上取得了稳定的领先地位。

思考：

1．顺丰提供哪些物流产品或服务？

2．顺丰是如何进行市场定位的？

四、实训练习

实训目标

通过实例，了解、掌握物流市场定位的相关策略或技巧以及物流市场定位的步骤。

实训内容

请同学们调研所在地附近的几家快递公司（顺丰、“四通一达”等），根据自己了解的各家快递公司的情况，分析该快递公司是如何进行市场细分的，该快递公司目标市场的选择有哪些，以及是如何进行市场定位的。请给该快递公司制定一份市场定位方案。

实训步骤

（1）6人一组，组长分工；确定定位目标。

（2）搜集选定目前该快递公司的可能服务范围，并进行市场细分。

（3）调查分析该快递公司可能选择的目标市场。

（4）根据分析确定该快递公司的目标市场定位。

实训考核

形成调研报告，并制定该快递公司目标市场定位方案。以PPT形式分组报告。

开发与设计物流服务项目

知识目标

- 了解物流服务项目的基本概念、特征及开发的意义。
- 掌握物流服务项目的增值策略、服务增值方法、服务增值路线等知识。
- 掌握物流服务项目的开发流程。
- 熟悉物流服务项目的设计策略。

技能目标

- 能够运用物流服务项目的设计策略。
- 能够撰写物流服务项目开发策划书。
- 能够进行物流服务产品设计与创新。

素质目标

- 通过学习项目设计的方法策略，了解现代物流服务的绿色化发展。

思维导图

- 开发与设计物流服务项目
  - 开发物流服务项目
    - 物流服务项目概述
    - 物流服务项目的开发流程
  - 设计物流服务项目
    - 物流服务项目设计的增值策略
    - 物流服务项目设计的方法策略
    - 物流服务项目设计的路线策略

模块一　开发物流服务项目

案例导入　物流服务项目开发

寰宇咨询服务有限公司（下称寰宇公司）是一家专门为物流企业提供咨询服务和项目设计的公司。振华仓储有限公司（下称振华公司）近几年业务下滑，仓储利用率较低，成本处于高位阶段。为此振华公司想了不少办法，问题仍没有解决。振华公司最后决定和寰宇公司合作，由寰宇公司根据实际情况，对振华公司提供物流服务项目开发服务，以解决振华公司的困境，提升其公司效益。

【思考】物流服务项目开发需要哪些流程？

案例分析

在市场经济当中，企业若没有合适的商业模式或是没有适合自己的项目流程，将始终处于一种无法上升的状态。为了提高企业效益，降低物流成本，开发适合本企业的服务项目十分必要，尤其是在物流企业当中。面对现在市场经济的潜在要求，物流企业实现变革，开发和运行合适的物流服务项目才能走得更远、更好。

知识准备

物流服务就是通过提供有效的供给，从质和量上满足服务需求者的需求。物流服务的最终目的是为服务需求者提供一种需求可得性的保证。这种保证包括两个方面：能力保证——物流企业拥有服务需求者期望的物流服务能力；品质保证——物流企业能提供满足物流服务需求者所需质量要求的服务。根据不同的划分标准，物流服务有不同的种类（见表4–1）。

表4–1　物流服务分类列表

划分的依据	物流服务的种类
物流活动的类型、功能要素	运输服务、配送服务、仓储服务、流通加工服务、装卸服务、搬运服务、包装服务和信息系统服务
物流技术的形态	物流硬件服务和物流软件服务
物流服务的内容	基本服务和延伸服务

一、物流服务项目概述

物流服务项目是为创造和提供特定物流服务作业而在既定资源约束下开展的一次性和独特性的物流服务工作。

1. 物流服务项目的特点

与一般项目相比，物流服务项目具有以下几方面的特点：

（1）项目涉及面广、周期较长。物流服务项目包括运输服务、仓储服务、搬运服务、装卸服务、包装服务、流通加工服务和信息系统服务等一系列项目，它涉及面广、过程复杂，这就决定了物流服务项目的周期都较长。在实施过程中需要协调和处理众多环节，各阶段、各环节要合理地组织，在时间上不间断、空间上不脱节，以保证项目的连续性，否则会在较长时间内大量占用人力、物力和财力。

（2）项目资金投入较多。通常物流服务项目投资都较大，尤其是固定资产投入多，如仓库、停车场、信息系统建设，运输工具的购置等。高额的资本投入成为物流行业的一道门槛，同时也成为影响物流服务项目成败的关键因素。

（3）项目风险较大。物流服务项目的周期长，费用高，一旦项目的连续性受到破坏或中断，必然占用大量资金，给物流企业造成严重损失，使物流服务项目风险增大。所以，为减小物流服务项目的风险，有必要建立风险管理机制。

（4）受外界干扰及自然因素的影响大。物流服务项目中的许多作业都是露天作业，如运输、搬运、装卸及仓库、停车场等的修建，因此，受自然条件的影响很大，如气候、地势、洪水、雨雪等。

知识拓展　项目概述

项目是指一系列独特的、复杂的并相互关联的活动，这些活动有着一个明确的目标或目的，必须在特定的时间、预算、资源限定内，依据规范完成。项目开发是为了实现组织特定目标，一般包括项目的启动、计划、实施、交付等阶段。

项目侧重于过程，它是一个动态的概念，如可以把一条高速公路的建设过程视为项目，但不可以把高速公路本身称为项目。项目无处不在，安装一套生产线是项目；建设公路、桥梁、房屋是项目；开发一种新产品，制订一个新的市场营销计划也是项目。一般来说，项目的共同特性包括：①目的性。为实现特定组织目标服务。②独特性。产出物和活动都有独特之处。③一次性。项目有始有终，但只有一次。④制约性。会受各种资源和条件的制约。⑤不确定性或风险性。有意外损失或收益的可能性。

项目一般由项目管理人、项目内容、项目执行人构成。

2. 物流服务项目的分类

物流服务项目可以进行如下分类：

（1）按主要内容分。按主要内容，物流服务项目可分为运输服务项目、仓储服务项目、配送服务项目、物流信息系统服务项目和流通加工服务项目等。

（2）按客户类型分。按客户类型，物流服务项目可分为企业物流项目和社会物流项目。企业物流项目是指为某一个或若干个企业提供的专门的物流服务项目。社会物流项目是指向社会公众提供的物流服务项目。两者的不同之处在于：前者的主动权在企业，不在物流服务商；后者的主动权在物流服务商。目前，大多数物流项目都属于企业物流项目，这是物流发展的基础。

（3）按物流对象分。按物流对象，物流服务项目可分为一般货物物流服务项目、特种货物物流服务项目、液态货物物流服务项目和散货物流服务项目等。

（4）按物流涉及的区域分。按物流涉及的区域，物流服务项目可分为全球物流服务项目、洲际物流服务项目、国际物流服务项目、国内物流服务项目、城际物流服务项目和市内物流服务项目等。物流项目所涉及的区域越广，项目的复杂程度越高。

（5）按实施主体与物流服务项目的关系分。按实施主体与物流服务项目的关系，物流服务项目可分为自营物流服务项目、第三方物流服务项目和物流咨询服务项目等。自营物流服务项目的实施主体一般就是物流项目经营人员；第三方物流服务项目的实施主体可以是第三方物流商，也可以是货主；而物流咨询服务项目的实施主体一般是咨询公司。

（6）按不确定性或风险性分。按不确定性或风险性，物流服务项目可分为开放性物流服务项目、半开放性物流服务项目、半封闭性物流服务项目、封闭性物流服务项目四类。四类项目的比较见表4–2。

表4–2　物流服务项目的分类

项目类别	风险与多要素集成管理要求	信息缺口（上限不在组内）	案　例
开放性物流服务项目	很高	高于50%	新服务开发、入市
半开放性物流服务项目	较高	30%～50%	改造物流配送线路
半封闭性物流服务项目	较低	10%～30%	大型文体活动物流服务
封闭性物流服务项目	很低	低于10%	工厂内部物流

当物流服务项目实施后进入不断重复的常规性物流服务作业阶段时，物流服务项目就转化成物流服务运营。

3. 物流服务新项目

随着经济的发展、技术的进步、消费者主权意识的觉醒、物流需求的变化和物流服务竞争的加剧，物流服务更新换代的速度越来越快，物流服务生命周期也变得越来越短。物流企业必须始终保持对物流服务发展变化趋势的高度关注，不断开发新物流服务项目，满足人们的物流服务需求。

新物流服务项目是指与旧物流服务项目相比，采用新技术（新原理）、新结构、新功能（新性能）、新用途、新包装，能够给物流客户带来新效率、新感受、新价值，满足客户新需求的物流服务项目。新物流服务项目包括全新物流服务项目（如首次出现的JIT，或本地区首次出现的物流服务）、延伸型物流服务项目（如仓储企业开展的运输服务）、扩展型物流服务项目（如仓储企业开展的冷冻仓储）、改进型物流服务项目（如引入新技术、新构架、新材料、新方法的换代新产品）、形式变化物流服务项目（如物流企业改变运输车辆的油漆颜色和企业标识）。

课堂互动

1．物流服务项目的特点包括（　　）。

A．周期长　　B．风险大　　C．投资较大　　D．外界影响大

2．物流服务项目根据其不确定性可分为（　　）。

A．开放性物流服务项目　　B．半开放性物流服务项目

C．半封闭性物流服务项目　　D．封闭性物流服务项目

3．新物流服务项目包括（　　）。

A．全新物流服务项目　　B．延伸型物流服务项目

C．形式变化物流服务项目　　D．扩展型物流服务项目

E．改进型物流服务项目

二、物流服务项目的开发流程

一个完整的物流服务项目的开发，大致要经过识别客户需求、识别服务项目、进行项目构思、选定服务项目、完善项目方案、物流项目开发六个阶段（见图 4–1）。

图 4–1 物流服务项目开发流程

物流项目开发后，如果市场试销成功，物流企业就可以开展批量服务。企业的高层管理者如果对物流新服务开发结果感到满意，就应着手用包装和营销策略组合把这种新服务品牌化。

1. 识别客户需求

物流服务项目是为物流客户而设计的，因此必须首先了解物流客户需求，识别客户的物流需求。物流需求识别始于物流需求、问题或机会的产生，目的是以更好的方式来实现客户期望。物流企业需要通过收集信息和资料进行调查和研究，最终确定客户的物流需求，并对客户需求用语言或文字详细地论述。如进入深秋，大批客户有把冬衣及时、安全地从南方送到北方的需求。

2. 识别服务项目

物流服务项目识别就是面对客户的物流需求，物流企业从可能的物流项目方案中选出一种来满足这种需求。如果客户要求及时、安全地从南方向北方邮寄一件冬衣，在平信、挂号信、包裹邮寄、快递等多种方式中，包裹邮寄可能比较合适。

3. 进行项目构思

项目构思又称项目创意，是指物流企业为了满足物流客户提出的物流需求，在满足物流客户的系列限制条件的基础上，为实现物流客户预定的目标所做的开发新服务项目设想。联邦快递的“隔夜送达”和“转运中心”运输系统就是一个很好的项目构思。

虽然并非所有设想都能变成现实的物流服务项目，但寻求尽可能多的物流服务创意却为开发物流新服务项目提供了较多的机会和可能。物流新服务项目的创意主要来源于客户、专家、竞争对手、企业销售人员、经销商和企业高层管理人员等。另外，创意奖励机制也会激励企业员工寻求新的创意。

项目构思一般分为准备、酝酿和调整完善三个阶段（见图 4–2）。

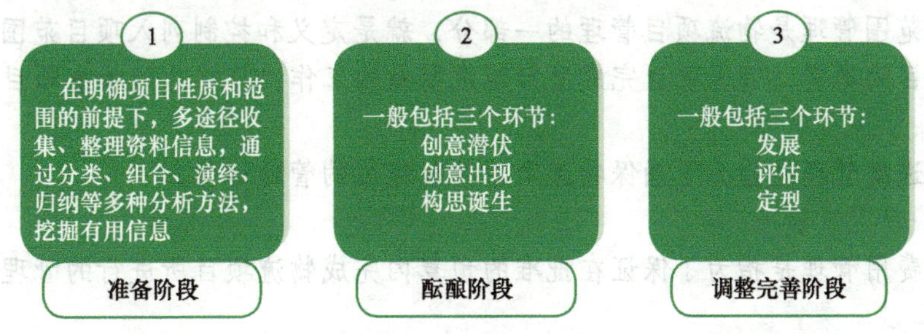

图 4–2 项目构思的三个阶段

4. 选定服务项目

选定服务项目即筛选服务项目。对于在项目构思阶段获得的创意，物流企业必须根据自己的资源、技术和管理水平等进行评估，研究其可行性，挑选出可行性强的创意，淘汰不可行或可行性低的创意，使有限的资源集中于成功机会较大的创意上。筛选创意一般考虑两个因素：一是物流新服务创意能够与物流企业的利润目标、销售目标、销售增长目标、形象目标等战略目标适应；二是企业有无足够的资金能力、技术能力、人力资源来开发这种创意并销售成功。

5. 完善项目方案

筛选后保留下来的物流服务创意，还要通过服务方案发展阶段和服务方案测试阶段进一步成为物流服务方案。

（1）服务方案发展阶段。服务方案发展阶段主要是将物流服务的构思转化成操作性强的物流服务方案，需要从宗旨、理念、目标、实现目标的条件和资质，仓储、运输和配送等各环节的标准化业务流程，方案实施的时间表以及工程、技术、经济各方面的条件和情况，报价、服务承诺、质量保证体系、组织结构、管理规章制度、人员培训、岗位设立和企业文化等方面进行清晰的描述。

（2）服务方案测试阶段。服务方案测试就是用文字、图形和模型将服务方案展示出来以观察目标消费者的反应，检验服务方案符合消费者要求、满足消费者需要或欲望的程度。通过服务方案测试，要系统、精练和创新地说明物流新服务项目的特征、满足的需要及程度、推出的理由、消费者购买的可能性、消费者发现和喜欢新服务项目独特利益的可能性、潜在客户群。

6. 物流项目开发

根据物流新服务项目设计方案，物流企业研究与开发部门、工程技术部门及营销部门就可以把这种服务方案转变为可以提供的服务，进入试服务阶段。只有在这一阶段，以文字、图形及模型等描述的服务设计才变为具体服务。如果物流服务概念不能成为技术上和商业上可行的物流服务，就意味着服务开发所耗费的资金将全部付诸东流。如果市场试销成功，物流企业就可以开展批量服务，甚至考虑把这种新服务品牌化。

知识拓展　物流项目管理

一般而言，项目管理是指在项目活动中运用专门的知识、技能、工具和方法，使项目能够在有限资源的限定条件下，实现或超过设定的需求和期望的过程。

物流项目管理是通过物流项目组织的努力，运用系统理论和方法对物流项目及其资源进行计划、组织、协调和控制，以实现物流项目的特定目标的管理方法体系，主要包括：

1．项目范围管理

项目范围管理是物流项目管理的一部分，就是定义和控制列入项目范围管理或未列入物流项目的事宜，确保项目完成全部规定要做的工作，最终达到物流项目的目的。

2．项目进度管理

项目进度管理是指为了确保物流项目按时完成的管理活动。

3．项目费用管理

项目费用管理是指为了保证在批准的预算内完成物流项目所进行的管理活动。

4．项目质量管理

项目质量管理是指为了保证物流项目能够满足原来设定的各种要求的管理活动。

5．项目人力资源管理

物流项目人力资源管理是物流项目管理的另一个重要部分，它是为了保证最有效地发挥参加项目人员的个别能力。

6. 项目风险管理

涉及项目可能遇到各种不确定因素。它包括风险识别、风险量化、制订对策和风险控制等。

7. 项目采购管理

项目采购管理是指为了从项目实施组织之外获得所需资源或服务所采取的一系列管理措施。它包括采购计划，采购与征购，资源的选择以及合同的管理等工作。

8. 项目集成管理

项目集成管理是指为确保项目各项工作能够有机地协调和配合所展开的综合性和全局性的项目管理工作和过程。它包括项目集成计划的制订、项目集成计划的实施、项目变动的总体控制等。

课堂互动

1. 物流服务项目的开发流程包括（　　）。

A. 识别客户需求　B. 识别服务项目　C. 进行项目构思　D. 完善项目方案

2. 识别服务项目就是面对客户的物流需求，从可能的物流项目方案中选出一种来满足这种需求。（　　）

3. 物流服务项目只要开发出来就行了，以后不必进行调整和完善了。（　　）

模块二　设计物流服务项目

案例导入　航运公司新产品开发决策程序扫描

通常，航运公司在确定新产品目标（如货运新航线、新服务项目、新产品经济效益等）后，应进行航运新产品的市场调研，包括货运需求、挂靠港口的装卸能力、港口腹地及交通状况、航道水深、港口泊位及水深、锚地、引航能力、港区自然条件等情报信息以及竞争对手现状、营销方式与特点。接下来就是提出构想、设计方案，营销部门要会同生产、技术部门提出航线的构想，确定航线起讫点、航行路线、挂靠港口以及提出新的服务项目设想。随后要进行可行性分析，包括技术可行性、经济合理性和市场可销性。如果可行，就要开始进行市场试销，若是新航线，就采取适航船舶进行试航；若是推出新的服务项目，在某航线的船舶上试行。通过试销的结果收集各种信息，并对信息加以整理分析，为正式上市做准备。正式上市需要明确：何时推出航运新产品、何地推出航运新产品、向谁推出航运新产品、怎样推出航运新产品。最后，还要注意各种信息的跟踪反馈。

【思考】航运公司在服务项目设计方面采取了哪些举措？这些举措有什么作用？

案例分析

物流服务项目内容不是随心所欲的，也不是没有原则的。必须要贴合实际，对整个服务项目进行调研、信息处理和加工，从中找到适合整个物流项目的内容设计。如果盲目进行，完全忽略了实际情况，很容易造成事倍功半的效果。因此，在开始物流服务项目设计之前，必须要做好调研，找到适合的内容进行开发设计。

知识准备

物流服务项目设计的方式包括自主开发、联合开发、引进开发、自行开发与技术引进结合、委托开发、购买物流服务项目。

物流服务项目设计的方向主要是增加服务内容（如提供信息反馈、资金融通等增值服务）、缩减服务内容（如停止过时、效率低的物流服务）、服务延伸（如在仓储服务的基础上，增加流通加工、包装等服务）、提升服务层次（如将敞篷货车运输改为封闭的集装箱运输）、增加服务的主动性（如坐地收货改为上门取货）等。

一、物流服务项目设计的增值策略

物流服务的关键是提供物流增值服务。物流增值服务是指借助完善的信息系统和互联网，发挥专业物流管理人才的经验和技能，在完成物流基础任务的基础上，根据客户需要提供的创造出新价值的信息提供金融服务、战略咨询和风险规避等各种延伸业务活动。向客户提供增值服务目前已经成为物流企业提升核心竞争力的重点。

物流有包装、装卸搬运、运输、储存保管、配送、流通加工、信息处理等基本功能。前五种属于基本服务；后两者属于物流增值服务（见图 4–3），能够满足客户特定要求（如帮客户预测订货量），显著增加客户价值。增值服务具有从属性（从属于物流基本服务）、创新性（满足客户需要而过去没有）、增值性（最先推出新的物流增值服务可获高额利润）和进化性（增值服务经过一定时期的激烈竞争也会变成基本服务）。

1. 物流增值服务的设计方向

物流增值服务的设计方向主要包括：

（1）增加便利性。为客户提供简化流程、减少环节、简化手续、简化操作的服务，如提供一条龙、门到门的运输服务（见图 4–4），网上下单，提供完备的操作或作业提示，24 小时营业，可视化追踪等。

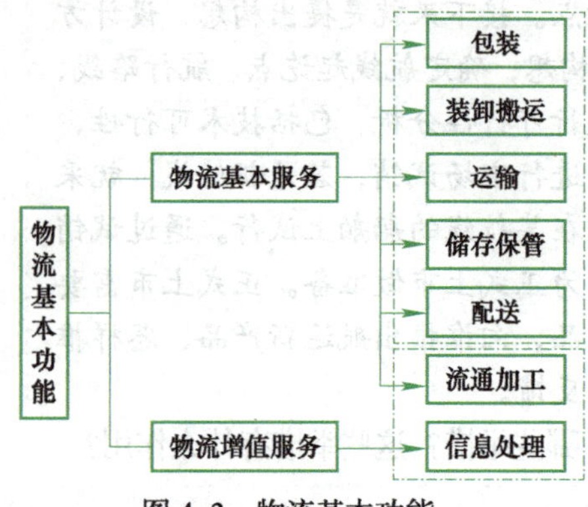

图 4–3　物流基本功能

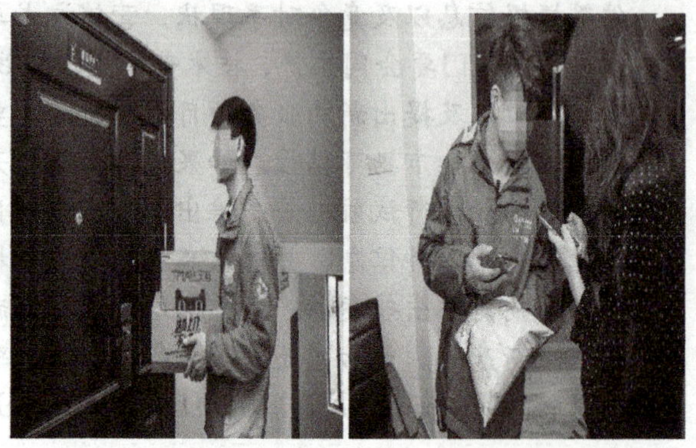

图 4–4　送货上门和上门取货

（2）加快反应速度。市场瞬息万变，现代流通过程加快，客户要求物流企业建立一体化信息网络，设计便捷的流通渠道，提高物流系统的快速反应能力，如电话、网络、物联网能够加快物流企业的反应速度。

（3）降低服务成本。越来越多的企业特别是电子商务企业，要求物流服务商采用比较适用且投资较少的物流技术和设施设备，或推行物流管理技术，如射频识别技术（RFID）（见图 4–5 和图 4–6）、物联网技术等，提高效率，降低成本。

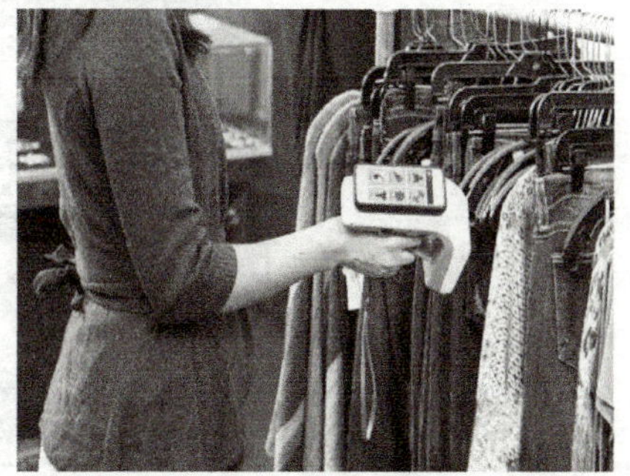

图 4–5 使用 RFID 读取货物信息　　图 4–6 RFID 在服装方面的应用

（4）开展延伸服务。延伸服务包括向前延伸和向后延伸。开展市场调查与预测、代为采购、订单处理属于向前延伸；配送、咨询、教育与培训、货款回收与结算属于向后延伸。

（5）提供全程服务。以物流企业先进的设备、科学的管理、广泛分布的物流网点为基础，物流客户提供一票到底的全程物流服务。如中储物流公司能够为客户组织全国性及区域性的仓储、运输、加工包装、分销、国际货运代理、进口货代、供应链管理等，进行综合、全过程的物流服务。中储物流公司的新供应链生态圈见图 4–7。

图 4–7 中储物流公司的新供应链生态圈

（6）进行项目服务。物流企业为重大基础设施或展会、运动会等提供专门的物流服务，如为北京冬季奥运会提供运输设备（见图 4-8），为水电站运输大转轮。

图 4-8　北京冬季奥运会物流运输设备

课堂互动

1. 物流服务项目设计的方式有（　　）。

A. 自主开发　　B. 联合开发

C. 引进开发　　D. 自行开发与技术引进结合

E. 委托开发　　F. 购买物流服务项目

2. 物流服务增值服务的设计方向是（　　）。

A. 增加便利性　　B. 加快反应速度

C. 降低服务成本　　D. 开展延伸服务

E. 提供全程服务　　F. 进行项目服务

3. 物流服务增值的设计方向中，增加便利性，就是用户寄货物方便，取货物方便了，不用上门取送货。（　　）

2. 物流增值服务的发展途径

（1）仓储型增值服务。仓储型增值服务包括：为客户提供货物检验、安装组装、简单加工服务，重新包装和产品组合服务，打价格标签或贴条码服务，提供低温冷藏等特殊服务，提供存货查询服务，建立缓冲仓库等。

（2）配送型增值服务。配送型增值服务包括：物流费用结算和代收货款服务；根据商品进货、出货信息来预测未来的商品进出库量和市场需求服务；物流系统设计咨询业务，充当货主的物流专家，为货主设计物流系统；合作伙伴评价服务，代替货主评价运输商、仓储商及其他物流服务供应商；物流教育与培训服务；协同配送服务等。

（3）国际货运代理型增值服务。国际货运代理型增值服务包括：为客户提供订舱（租船、包机、包舱）、托运、仓储、包装、监装、装卸、集装箱拼箱与拆箱、分拨、中转及相关的短途运输服务；报关、报验、报检、保险服务；内向运输与外向运输的组合服务；多式联运、集运的物流一体化服务；维护、维修等相关的物流操作服务；货运代理设计服务；货运代理咨询服务；情报信息服务；在线追踪采购订单、集装箱服务。

（4）物流咨询型增值服务。物流咨询型增值服务主要包括：制定战略规划、组织结构与制度设计、物流市场调研、营销策划与管理、企业诊断、物流人才的培训与管理。

（5）金融型增值服务。物流服务中的金融型增值服务包括：仓单质押融资服务、货物质押融资服务、信用担保融资服务。

（6）承运人型增值服务。承运人型增值服务包括提供全程追踪服务、电话预约服务、车辆租赁服务等增值服务。

（7）信息型增值服务。信息型增值服务包括：向供应商下订单，并提供相关财务报告；接受客户的订单，并提供相关财务报告；运用网络技术向客户提供在线数据查询和在线帮助服务。

3. 为客户提供增值服务的技巧

（1）借助先进技术，实现增值服务。先进技术能够大大提升效率，为客户带来增值服务。如借助信息化领域的无线互联网技术、射频识别技术、自动引导小车技术、搬运机器人技术、电子识别和电子跟踪技术、智能交通与运输系统及集成技术、先进的计算机技术、线路优化技术等，都能提高物流运作效率。

（2）借助信息技术，实现增值服务。信息技术为给客户提供增值服务提供了强有力的技术保障。信息技术支撑的信息系统能够实现与客户的高效沟通、互动，实现物超所值。

湖南攸县：“城乡驿站+邮政快递”

（3）对症下药，提供一体化的物流解决方案。我国物流企业大多是从传统的储运、货代企业转变过来的，擅长运作单项服务内容，但缺乏将多个单项服务内容有机组合起来的经验。这在客观上要求物流企业尤其是第三方、第四方物流企业向一体化物流解决方案提供商转变，能够站在供应链全局的高度为客户提供量身定做的物流解决方案，并通过专业经验、技能、商业资源与信息技术的整合应用，为客户提供合适的解决方案。

（4）借助金融服务，实现增值服务。目前融资难仍然是制约中小企业发展的最大瓶颈。一旦供应链上资金紧张，相关企业日子就很难熬。有实力的物流企业提供的物流金融、供应链金融、物流产业金融等服务，成为物流供应链中重要的增值服务。

课堂互动

1．物流增值服务的内容主要是对于仓储和配送，不涉及运输。（　　）

2．物流增值服务的发展途径有（　　）。

A．仓储型增值服务　　B．配送型增值服务

C．运输型增值服务　　D．金融型增值服务

3．为客户提供增值服务的技巧包括（　　）。

A．借助先进技术　　B．借助信息技术

C．提供一体化的解决方案　　D．提供金融服务

二、物流服务项目设计的方法策略

物流服务项目的设计是一种创造性的活动，无固定的模式或现成的方法可循，但仍有

一些常用的方法可以借鉴、参考。

1. 项目混合法

根据项目混合的形态，项目混合法可分为项目组合法和项目复合法。项目组合法就是把两个或两个以上项目相加，形成新项目。这是常采用的最简单方法。物流企业为了适应市场需要，往往将物流企业自有或社会现在的几个相关项目联合相加成一个新项目，但经过组合后的项目基本上仍保留原被组合项目的性质。例如，运输加仓储、仓储加配送、多式联运等。项目复合法就是将两个以上的项目，根据市场需要复合形成一个新的项目。项目经过复合后可能变成性质完全不同的新项目。例如，整合物流过程而形成的电商供应链一体化。

2. 比较分析法

项目设计者通过对自己掌握或熟悉的某个或多个特定项目（既可以是典型的成功项目也可以是不成功的项目）进行纵向分析或横向联想比较，从而挖掘和发现项目投资的新机会。这种方法是将现有项目从内涵和外延上进行研究和反复思考，因而比项目组合法、项目复合法要复杂些，而且要求项目设计者具有一定的思维深度，掌握大量有价值的信息。如在比较四大国际快递巨头的典型服务项目的基础上分析共性和差异，在共性的基础上找到新的、有市场需求的差异，就能够设计出新的快递服务项目。

同步案例　比较原始的快递

（1）自行车快递。在快递进入我国的初期，自行车是最早派上用场的。现在，自行车在交通拥堵的城市重新回归。如广州繁华的商业区经常发生堵车，有时连摩托车都无法前进。由于自行车可以在人行道上通行，自行车快递也就应运而生，卡特斯自行车速递就是其中的一家。自行车快递主要在市中心的写字楼密集区递送一些数量过多、电子邮件不能传递的文件、光盘、加急信件等，价格按距离和邮包重量计算。有的公司还分出普通、特快、慢速等各种业务供客户选择。

（2）摩托快递。摩托快递以摩托作为快递的主要交通工具。

（3）地铁快递。在北京、广州、深圳这样的同城快递市场中，一些快递公司发明了“地铁快递”模式。快递公司会派一名员工买一张地铁车票，从早到晚在地铁内穿梭一天，地铁每到一站，该员工会将在前一站收到的快件隔着检票口旁边的栅栏递送给当地骑着自行车赶来的配送员，同时收取揽到的新快件，然后回到地铁赶赴下一站。

3. 集体创造法

一个成功的项目设计涉及的问题和因素很多，需要广阔的知识、大量的商业信息以及多方、多层次的思维。因此，单靠个人往往很难顺利地完成项目设计。发挥集体的力量，依靠群众的智慧进行项目设计就成为项目设计的必由之路。集体共同创造，可以取长补短；不同思维观点相互交织碰撞，可以相互启发，从而取得完善的项目设计方案。集体创造法通常有如下几种：头脑风暴法、多学科法、集体问卷法、逆向头脑风暴法、创新法（包括信息整合创新、聚集式创新、发散式创新、逆向式创新）。

物流企业物流服务绿色化策略

4. 现代化法

现代化法即在迅速变化的高技术时代，不断在原有的服务线或服务项目中增加现代化因素，如收货短信通知、车辆GPS跟踪定位、无线互联网技术、射频识别技术等，提高物流效率，方便客户。

知识拓展 绿色物流

绿色物流是指在物流过程中抑制物流对环境造成危害的同时，实现对物流环境的净化，使物流资源得到充分利用，实现经济效益、社会效益和环境效益的统一和可持续发展。绿色物流以绿色消费为前提，以绿色观念为指导，以绿色法制为保障，以绿色科技为物流技术支撑。绿色物流也能够增强服务的竞争力，提高物流企业的经济效益，提升企业形象和品牌知名度。

绿色物流包括物流作业环节和物流管理全过程的绿色化。从物流作业环节来看，包括绿色包装、绿色运输、绿色装卸、绿色流通加工、绿色仓储、废弃物循环物流等。从物流管理全过程来看，主要是从环境保护和节约资源的目标出发，改进物流体系，既要考虑正向物流环节的绿色化，又要考虑供应链上逆向物流体系的绿色化。

素养园地

党的二十大报告提出，“尊重自然、顺应自然、保护自然，是全面建设社会主义现代化国家的内在要求。”物流企业需要采取绿色发展措施，以节约资源和保护环境，为努力建设美丽中国，探索出一条绿色发展之路。绿色物流，低污染、低排放、低能耗、节能环保正成为物流业践行的理念，行业绿色发展迸发勃勃生机。

5. 差异化法

差异化法指物流企业在提供物流服务的过程中，通过服务品质、服务创新、服务特性、品牌塑造、配销通路等体现服务项目或公司的独到之处，为物流客户提供别具一格的物流服务线或物流服务项目，取得差异优势，使客户甘愿接受较高的价格。这就是人们通常所说的“人无我有，人有我精，人精我新”。实现物流服务差异化的方法见表4–3。

表4–3 实现物流服务差异化的方法

差异途径	举 例
功效差异	隔夜达、次晨达、定日达、精准卡航
客户定位差异	顺丰速运对地方公司实行直接管理，在丢失率和破损率等关键指标上远低于其他快递公司，逐渐获取并把持了快递市场中的高端需求群体
服务对象差异	顺丰速运尽量只接信函和小件这样的“零售”包裹，少接那些“批发”的大件
服务内容差异	在基本服务内容和增值服务内容上表现差异
服务流程差异	大学新生开学或毕业生离校时，一些托运公司等客上门，但宅急送却率先提出“上门为学生服务”
服务人员差异	规范的物流公司会任用受过良好训练的人才服务客户，并且选派高素质、高级别的服务人员为重要客户服务
服务工具外形差异	通过对服务过程中使用的仓库、车辆、标志、颜色等进行差异化设计，区别于其他物流企业
服务中使用的工具、材料的差异	一些企业率先使用可回收材料制成的新托盘、可折叠的货架、绿色包装材料
营销策略差异	在价格策略、分销策略、广告宣传策略、门店环境策略、人员推销策略、公共关系策略等方面体现不同

（续）

差异途径	举　例
品牌差异	TNT 在国际上用“TNT”，在中国使用“天地华宇”的企业名称
价格差异	对高端客户收取高价，对中低端客户收取低价
文化差异	UPS 要求员工清廉，希望通过清廉文化让客户了解其运送货物的安全性
服务环境差异	服务网点的位置、装修的档次、服务的温馨程度不同导致服务环境不同
服务渠道差异	国内大多数快递公司用加盟制来实现营业网点扩张，而顺丰速运和中国邮政是使用自己的直营网络，宅急送则形成“内网＋外网”的网络结构
服务标准差异	一些大物流公司可能有自己的服务标准，而一些小物流公司可能根本就没有服务标准，不同员工的服务差异很大
服务手段差异	传统物流公司的服务手段较原始、单一，而现代物流公司的服务手段现代、多样

课堂互动

1．物流服务项目设计的方法策略有（　　）。

A．项目混合法　B．比较分析法　C．集体创造法　D．现代化法

E．差异化法

2．在项目混合法中，就是将几个比较重要的，不直接联系在一起的项目混合成一个项目，便于达到优化的目的。（　　）

3．在现代法中，只要是高科技产物就可以达到项目增值的目的。（　　）

三、物流服务项目设计的路线策略

物流服务项目设计的路线策略包括领先策略、超越自我策略、紧跟策略、补缺策略。

1. 领先策略

领先策略就是物流企业在激烈的竞争中采用新理念、新原理、新技术优先开发出全新的物流服务项目，先入为主、抢得市场先机。领先策略开发的物流服务项目多从属于原创设计。领先策略的项目开发投资数额大，科研工作量大，新物流服务项目实验时间长。

2. 超越自我策略

超越自我策略就是物流企业在自己已有物流服务项目的基础上进一步创新、改进物流服务项目。宅急送在 1994 年创业之初以做同城快运起家，搬家、订车、包车、送鲜花、送牛奶、送蛋糕、送烤鸭、接孩子甚至洗抽油烟机，几乎什么都做。1995 年开始为企业发货、送货、仓储配送、城际配送，客户逐步由零散客户转向企业客户。在业务摸索中，宅急送制定了全国 24 小时门到门的服务，开始了真正意义的起飞。宅急送以“2D10”和“2D17”为其核心产品。超越自我策略要求物流企业注重研究消费需求和原有物流服务项目，拥有超越自我的气魄和勇气，并有强大的技术和研发团队作支撑。

3. 紧跟策略

紧跟策略即物流企业针对市场上已有的物流服务项目进行仿造或局部的改进、完善或创新，但基本原理和结构与已有服务相似。采用紧跟策略的物流企业跟随既定物流服务项目

的先驱者，以求用少的投资得到成熟的定型服务，然后利用其特有的市场或价格方面的优势，在竞争中对早期开发者的市场进行侵蚀。

4. 补缺策略

物流市场上总存在着未被满足的需求，这为一些物流企业留下了发展空间。这就要求企业详细地分析市场上现有消费者的需求，从中发现尚未被占领的市场，开发适合消费者需求的物流服务项目。

单元小结

本单元涉及知识点包括物流服务项目的特点、分类。开发流程，以及物流服务项目设计的增值策略、方法策略和路线策略。

单元评价

内容		评价		
学习目标	评价项目	自我评价	组间评价	教师评价
专业知识（20分）	物流服务项目概述	得分及备注：	得分及备注：	得分及备注：
	物流服务项目的开发流程			
	物流服务项目的设计策略和方法			
专业技能（45分）	物流服务项目的增值策略	得分及备注：	得分及备注：	得分及备注：
	运用增值策略分析物流服务项目			
	能对物流服务项目进行设计			
职业意识（20分）	团队合作、创新意识	得分及备注：	得分及备注：	得分及备注：
	积极主动			
	服务、质量意识			
	安全规范操作意识			
通用能力（15分）	沟通协调能力	得分及备注：	得分及备注：	得分及备注：
	语言表达能力			
	解决问题能力			
教师建议：		评价总汇： A. 优秀　　B. 良好 C. 基本掌握　　D. 没有掌握 （参考标准：得分＜60分为没有掌握，60分≤得分＜70分为基本掌握，70分≤得分＜80分为良好，得分≥80分为优秀）		
个人努力方向：				

巩固与提高

一、名词解释

1. 项目
2. 物流服务项目
3. 物流增值服务
4. 项目混合法
5. 现代化法

二、简答题

1. 物流服务项目的特点有哪些?
2. 简述物流服务项目的开发流程。
3. 物流服务项目的设计方法有哪几种?
4. 简述物流增值服务的发展途径。

三、案例分析

物流公司服务解决方案

A公司与B公司共同出资200万元组建合资公司(简称AB公司)。AB公司将通过B公司优良的物流资产和A公司先进的物流管理经验,全权负责B公司的物流业务,提升B公司的输送速度。

AB公司除拥有A公司专业的物流管理经验和B公司优质的物流资产以外,还拥有基于ORACLE的ERP系统和基于SAP的物流操作系统提供信息平台支持。AB公司两年内由B公司持股51%,两年后由A公司持股51%。

A公司首先对B公司的公路运输业务进行试运营。由于此前B公司自营运输业务,拥有许多固定资产,如车辆、仓库等,因此在试运营期间,A公司通过融资租赁的方式,租用B公司的车辆及仓库,以折旧抵租金,同时输出管理,以整体规划、区域分包的一体化供应链来提升B公司的输送速度。

AB公司运营以来,B公司在物流效率的提升、成本的降低、服务水平的提高等方面成效显著。据统计,B公司的运送成本每个月下降100万元。B公司车队司机的月收入也拉开了档次,最大的时候相差达3 500元。

另外,与A公司的合作,也使B公司固化在物流上的资产得以盘活。

思考:

1. 上述AB公司采用了哪些服务增值策略?
2. 简述物流服务项目增值设计方法。

四、实训练习

实训目标

通过实例,了解、掌握物流服务项目设计的相关方法或技巧。

实训内容

从超市的货架上随手取下一瓶矿泉水，想想这瓶矿泉水从流水线下线后，会被多少辆卡车运转到多少个物流配送中心？需要历经多少环节才被送上货柜？更重要的是，需要怎样做才能够更经济地将这瓶矿泉水送到零售店里去？

矿泉水生产企业在激烈的市场竞争中需要考虑物流服务项目的设计，以降低成本，提高效益，提升效率。现在请分析一家矿泉水生产企业的物流服务项目，并对物流服务项目提出合理的建议。

实训步骤

（1）6 人一组，组长分工；确定物流服务项目。

（2）收集矿泉水生产企业的物流服务项目。

（3）调查分析物流服务项目的设计内容及原因。

（4）根据分析结论，提出合理的建议。

实训考核

形成调研报告，并提供物流服务项目设计方案。以 PPT 形式分组报告。

制定物流服务营销策略

知识目标

- 了解物流服务营销各策略的含义、种类。
- 熟悉各策略的特点、内容、方法和实施步骤。
- 掌握物流服务产品生命周期各阶段的特点和营销策略。

技能目标

- 能够制定物流服务产品、物流服务定价、物流服务渠道、物流服务促销策略。
- 初步具备物流营销策略组合的能力。

素质目标

- 通过学习，培养学生诚信经营、互惠共赢的职业素养。
- 通过学习，培养学生自主创新、团结协作、精益求精的精神和良好品德。

思维导图

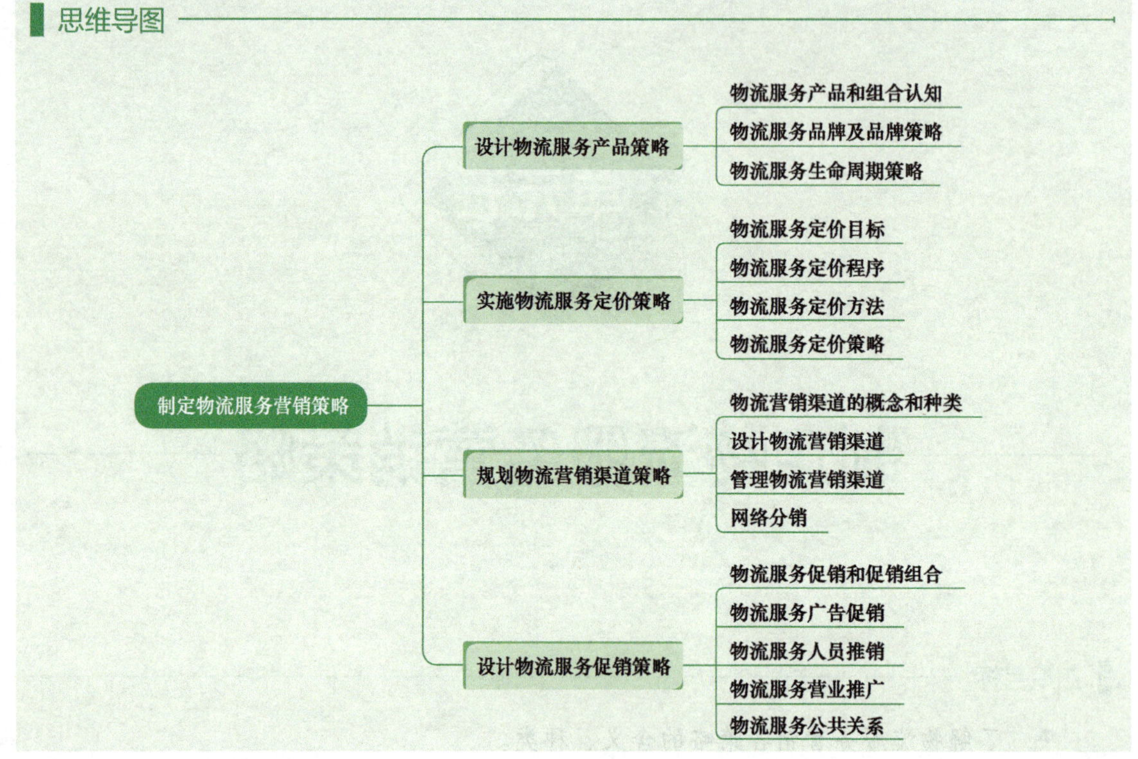

模块一　设计物流服务产品策略

案例导入　亚马逊物流服务

物流服务产品是提供给客户的一系列物流服务的组合，包括存储、运输、配送、包装、处理退货等服务。核心产品是服务的基本功能，形式产品是客户接触到的服务形式和体验，延伸产品是为了增加附加价值、提升客户体验而额外提供的服务。

（1）核心产品。亚马逊物流服务（Fulfillment by Amazon，FBA）的核心产品是存储和配送服务。亚马逊允许第三方卖家将商品直接发送到亚马逊的配送中心，亚马逊负责存储、打包、发货以及客户服务。FBA 的核心价值提案是提供快速且可靠的配送服务，让卖家专注于销售而非物流。

（2）形式产品。形式产品包括亚马逊配送中心的设计、物流管理系统、客服界面等。亚马逊投资了强大的 IT 基础设施来保证物流服务的效率和稳定性，包括高度自动化的仓库和先进的供应链管理软件系统，这些都构成 FBA 的形式表现。

（3）延伸产品。延伸产品是提高客户满意度的附加服务。FBA 为卖家提供了如亚马逊 Prime 会员服务、简化退货流程服务、多渠道配送服务等，这些都是扩展了基本配送服务的延伸产品。通过这些增值服务，亚马逊增强了客户的黏性和满意度，同时也吸引更多卖家使用其物流服务。

【问题】

1. 物流服务产品到底包括哪些元素？与传统的物理产品有哪些相似或不同之处？

2. FBA 的核心产品为什么是存储和配送服务？在给定的物流服务产品中，如何确定哪些服务是核心的？

3. FBA 如何通过延伸产品提升客户体验和价值？延伸产品对于整个物流服务产品有何意义？

案|例|分|析

在现代社会，每一个物流企业的生产经营活动都是围绕着物流服务进行的，即通过及时、有效地提供消费者所需要的物流服务而实现物流企业的发展目标。

知识准备

一、物流服务产品和组合认知

（一）物流产品的界定

1. 物流服务产品的含义

产品是物流企业市场营销组合中的一个重要因素。产品策略直接影响和决定着企业的其他市场营销组合策略的实施，对营销成败起关键作用。在现代市场经济条件下，每一个企业都应致力于产品质量的提高和产品结构的优化，从而可以更好地满足市场需要，提高企业产品的竞争力，取得更好的经济效益。

物流服务产品，简称为物流产品，是一种服务性产品，是人们有意识地将人力或机械作业力应用到人或物上而产生的结果，包括不依赖客观事物而产生的行为、表现或努力。换句话说，物流企业的产品就是物流企业为客户提供的各种物流服务。

2. 物流服务产品的层次

与产品内涵一样，产品的外延也在不断地发展，从核心产品（基本功能）向形式产品（产品的基本形式）、附加产品（附加利益和服务）延伸，共经历三个层次。以物流运输产品与服务为例，其服务产品层次见图 5–1。

（1）核心产品。核心产品是指向客户提供产品的基本效用和创造的基本利益，这也是客户真正要购买的利益。如运输产品的核心内容是实现货物或旅客特定位移的要求。物流企业营销人员的一个重要职责就是把每一种物流产品的内在核心利益提出来，利用核心服务展示企业的产品特色和经营优势，以此吸引客户。同时核心服务也是增强企业竞争力的关键所在。

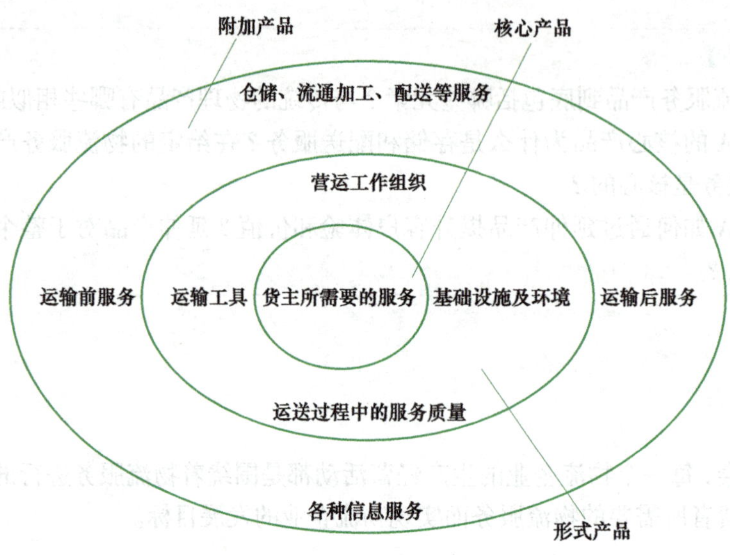

图 5-1　物流运输服务产品层次

（2）形式产品。核心产品必须借助于一些形式产品才能提供给客户。这些形式产品包括物流服务人员、物流服务质量、耗费的时间以及物流服务设备等，表现为客户对物流产品的安全、舒适、方便、迅速、声誉、服务特色要求。它们是企业核心产品的外在表现形式，客户在选择和评价物流企业时，常常使用这些可感觉到的服务形式作为依据。所以，除了突出核心产品利益之外，还要用优秀的物流服务人员、一流的物流服务设施和快速有效的物流服务等一系列形式产品，去吸引和满足更多的潜在客户。

（3）附加产品。附加产品是指物流客户在获得满意的物流产品的前提下，对物流产品提供者在服务上进一步延伸的要求，是物流产品提供者提供的额外服务或是通过超常规的方法提供的服务。例如各种优惠、折扣、保险，以及承诺等。物流附加产品的提供实际上是物流企业促销活动的核心，也是物流企业进行市场竞争的重要工具。

课堂互动

1．物流服务产品由________、________、________三个层次构成。

2．物流企业营销人员的一个重要职责就是把每一种物流产品的内在核心利益提出来，利用核心服务展示企业的产品特色和经营优势，以此吸引客户。（　　）

3．物流运输产品的核心内容就是各种优惠、折扣、保险，以及承诺等。（　　）

3. 物流服务产品的种类

（1）依据物流的功能要素划分。根据物流的功能要素，可将物流服务产品分为运输服务产品、配送服务产品、仓储服务产品、流通加工服务产品、装卸搬运服务产品、包装服务产品和信息服务产品。

（2）依据物流运作依托的设施、设备和技术划分。根据物流运作依托的设施、设备和技术，可将物流服务产品分为物流硬件产品和物流软件产品。

1）物流硬件产品。物流硬件产品是指物流过程中依托一些物流硬技术而提供的产品，这些物流硬技术包括提供物流服务过程中所使用的各种工具、设备、设施等，如运输车辆、装卸设备、搬运设备、各种仓库设备、自动识别和分拣设备等。

2）物流软件产品。物流软件产品是指物流过程中依托一些物流软技术而提供的产品，这些物流软技术是指在物流活动中所使用的各种方法、技能和作业程序等，如物流规划、物流预测、物流设计、物流作业调度、物流信息处理中所使用的运筹学方法、系统工程方法和其他现代管理方法。

（3）依据物流服务的结构划分。根据物流服务的结构，可将物流服务产品分为基本服务产品和延伸服务产品。

1）基本服务产品。基本服务产品是通过运输、仓储、配送等功能实现物品空间与时间转移，是许多物流服务商都能提供的基本服务，服务的内容仅限于传统的物流功能。

2）延伸服务产品。延伸服务产品是在基本服务产品的基础上，提升服务内涵，以切实满足客户的需求。运输的延伸服务产品有运输方式与承运人选择、运输路线与计划安排、货物配载与货运招标等；仓储的延伸服务产品有集货、包装、配套装配、条码生成、贴标签、退货处理等；配送的延伸服务产品有 JIT 配送，配送物品的安装、调试、维修等。

课堂互动

1．物流服务产品依据物流的功能要素划分为________、________、________、________、________、________和________。

2．根据物流服务的结构，可将物流服务产品分为________和________。

（二）物流服务产品组合

物流企业提供给目标市场的往往不是单一的服务产品，而是服务产品的组合，尤其是在现代社会化大生产和市场经济条件下，多角化经营中目标市场越多，所需要生产经营的产品种类就会越多；市场开发的程度越深，所需生产经营的某种产品的项目也就越多。因此物流企业应在产品组合方面做出决策。

物流服务组合是指一个物流企业经营的全部物流服务线、物流服务项目的组合。物流服务线是指物流企业提供的每一类物流服务，每条物流服务线下的每一个具体的物流服务就是物流服务项目。如中远物流对外提供的物流服务线有仓库运作管理、物流系统方案设计、物流业务咨询三类服务，其中，仓库运作管理这条物流服务线又包含仓储、配送、库存、运输、增值服务五个物流服务项目。

物流服务组合取决于宽度、长度、深度和一致性四个因素。物流服务组合的宽度即物流企业拥有多少不同的物流服务线，一个物流企业拥有的物流服务线越多，物流服务组合就越宽；物流服务组合的长度即物流企业所有物流服务线上的服务项目的总数，服务项目的总数越多，物流服务组合就越长；物流服务组合的深度即物流企业每条物流服务线上的服务项目数，物流服务线中包含的服务项目越多，物流服务组合就越深；物流服务组合的一致性即各条物流服务线之间在最终用途、生产条件、分销渠道或者其他方面相关联的程度，相关联的程度越密切，说明物流企业各条物流服务线之间的一致性越高。图 5-2 为物流服务组合示例。

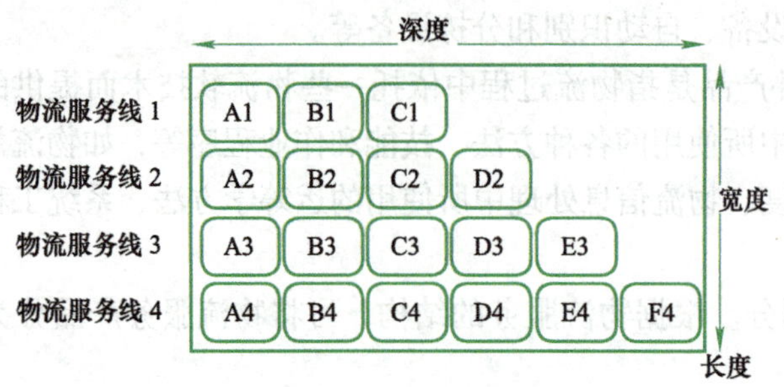

图 5-2　物流服务组合示例

课堂互动

依据二维码中提供的资料，请说出我国第三方物流企业物流服务组合的宽度是多少？其中仓储、运输服务线上的深度分别是多少？

最后，你能否根据二维码中提供的表格计算出现有的物流服务组合的长度？

二、物流服务品牌及品牌策略

（一）物流服务品牌概述

1. 品牌和品牌的构成

美国市场营销学会对品牌的定义：品牌是一种名称、术语、标记、符号、设计内容或是它们的组合，目的是通过这些方式借以识别一个销售者，或是一群销售者的产品或服务，并使它区别于其他竞争对手的产品或服务。

品牌由品牌名称和品牌标志两部分构成。品牌名称是指品牌中可以用语言称呼的部分。例如，联合包裹、中外运敦豪、天地华宇、宅急送、中远物流、邮政快递、德邦物流、佳吉快运等都是著名的品牌名称。品牌标志是指品牌中可以识别，但不能用语言称呼的部分，表现为符号、图像、图案等（见图 5-3）。

图 5-3　五家物流公司品牌标志

2. 物流服务品牌属性及作用

（1）物流服务品牌的概念。物流服务品牌是指物流企业的名称、术语、标记、符号、图案或它们的组合，包括物流品牌名称、物流品牌标志、物流商标和物流网络域名。宅急送的品牌标志见图 5–4。

图 5–4　宅急送品牌标志

（2）物流服务品牌的基本作用。物流服务品牌的基本作用是区别不同企业的物流服务，有利于物流客户识别和购买，有利于物流企业开拓市场。

素养园地

1. 提升产品和服务质量

物流企业要打造良好的品牌形象，就必须提升产品和服务质量。物流产品质量的提高，可以帮助企业提高竞争力，赢得更多客户。不管是售前还是售后服务，都应该做到高质量的服务。

2. 提升员工素质和形象

员工是企业的代表，员工的形象代表着企业的品牌形象。将以人为本作为先导，规范员工的行为，加强员工的培训学习，引导员工以标准化的操作流程、敬业爱岗的思想、服务人民的意识，提高自身修养，铸造一支精干高效的高素质人才队伍。

3. 创新企业文化

文化是一个国家、一个民族的灵魂，同样也是一个企业的灵魂。创新驱动发展、文化驱动创新，物流企业品牌形象的塑造，离不开企业文化的支撑，更离不开自主创新的内核。

（3）物流服务品牌的属性。物流服务品牌具有属性显示、利益转化、价值体现、文化象征、个性代表、使用者定位六大属性。

（4）物流服务品牌的“三度”进阶。物流服务品牌有进阶的“三度”，分别是知名度（知道这个品牌）、美誉度（这个品牌不错）、忠诚度（会继续使用这一品牌）（见图 5–5）。

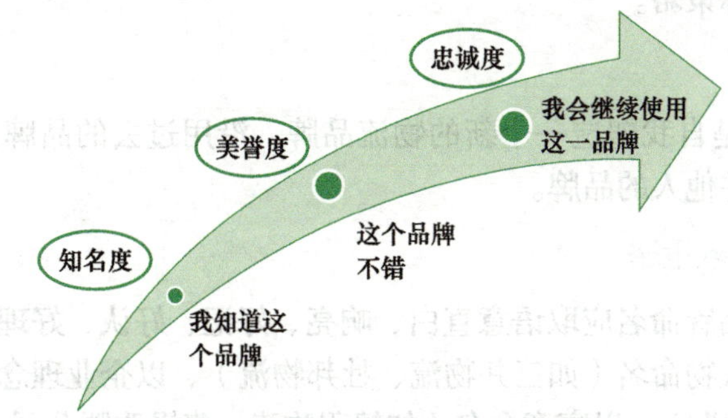

图 5–5　物流服务品牌的“三度”进阶

课堂互动

1．品牌由________和________两部分构成。

2．物流服务品牌是指物流企业的________、________、________、________、________或________，包括________、________、________、________。

3．物流服务品牌的“三度”分别是________、________、________。

（二）物流服务品牌策略

物流服务品牌策略是一系列能够产生物流服务品牌积累的物流企业管理与市场营销方法，包括 4Ps 与品牌识别在内的所有要素。品牌策略主要包括品牌化策略、品牌来源策略、品牌名称与形象策略、品牌归属策略、品牌发展策略、品牌再定位和更新策略。品牌策略的分类见图 5–6。

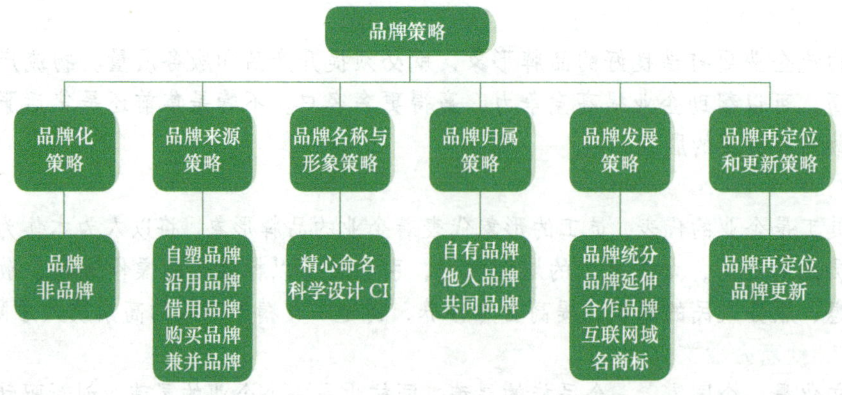

图 5–6　品牌策略的分类

1. 品牌化策略

品牌化策略即是否使用品牌的决策，使用品牌就是品牌化策略，不使用就是非品牌或无品牌策略。

创品牌是一项耗工耗财的长期艰苦劳动。物流企业如果不管自身状况如何，一味去争创名牌则很可能适得其反、得不偿失。如果自量其力，则可以采取无品牌策略，即不使用商标策略和采用零售商标策略。

2. 品牌来源策略

品牌来源策略即是自我塑造一个新的物流品牌、沿用过去的品牌、借用他人的品牌、购买他人品牌还是兼并他人的品牌。

3. 品牌名称与形象策略

品牌名称策略即品牌命名应取语意直白、响亮、好记、好认、好理解、好传播的名字。命名的策略包括：以人物命名（如三井物流、杜邦物流）、以企业理念命名（青岛交运“交的是朋友，运的是真情”）、以寓意命名（如锦程物流、曹操跑腿公司、赤兔马速递公司）、以数字命名（如六六顺物流）、以业务性质命名（如中储、中邮、中远、中集、中海、中包）、翻译命名、谐音命名（佳吉快运谐音加急快运）、英文缩写命名（如 EMS）。以寓意命名和谐音命名的物流公司见图 5–7。

品牌形象策略即将物流企业的标识、企业名称、企业理念、企业色彩等视觉要素进行艺术、形象设计，让人一目了然，给人强烈的印象的策略。图 5–8 所示的 EMS 的 LOGO，既便于将企业精神和文化形成一种具体的形象向公众传播，也有利于让公众产生认同感和价值感。

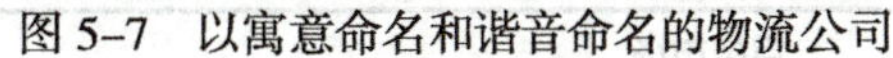

图 5–7　以寓意命名和谐音命名的物流公司

图 5–8　EMS 的 LOGO

4. 品牌归属策略

品牌归属策略是指物流企业在决定为其服务打造品牌之后，是使用自有品牌还是使用他人品牌，或是部分服务使用自有品牌，部分服务使用他人品牌的品牌共存决策。

5. 品牌发展策略

品牌发展策略包括品牌统分策略、品牌延伸策略、合作品牌策略、互联网域名商标策略。

（1）品牌统分策略又称家族品牌策略，是指本物流企业的服务项目是使用一个品牌还是使用不同品牌的策略，它包括个别品牌策略（物流企业不同的服务分别采用不同的品牌，例如菜鸟网络拥有菜鸟驿站和菜鸟裹裹等品牌）、统一品牌策略（物流企业不同的服务采用同一个品牌）、大类服务品牌策略（物流企业不同的大类服务分别采用不同的品牌）、多品牌策略（物流企业同时经营两种或两种以上相互竞争的品牌，以免在某一品牌出现市场危机时全军覆没，例如，美团配送拥有美团众包和美团专送两个品牌）、企业名称与个别品牌名称并用策略（物流企业各种不同的服务分别使用不同的品牌名称，而且各种服务的品牌名称前面还冠以企业名称）、副产品策略（大型物流企业以一个品牌涵盖企业的系列服务项目，同时各个服务项目使用一个副品牌，以副品牌突出服务的个性形象，但宣传重心仍然是主品牌）、新品牌策略（为新服务设计一个新的品牌）。

（2）品牌延伸策略指物流企业利用已成功的品牌推出新服务或改良服务的策略。如宅急送在快递的基础上进入电子商务领域，如日本黑猫宅急便在东京江东区丰州市启用了全球首家大型全自动快递包裹自提站，不仅存放小件电商包裹，还能存放高尔夫球靴。

（3）合作品牌策略，也称双重品牌策略，是两个或更多的品牌在一个服务上联合起来，每个品牌都期望另一个品牌能强化整体形象或购买意愿的策略。合作品牌的形式有：中间产品合作品牌，如某运输公司的广告说，使用美 × 牌包装箱更方便环保；同一企业合作品牌，如 TNT 与天地华宇并存；合资合作品牌，如中外运敦豪。

（4）互联网域名商标策略是指企业在互联网上注册与自己的企业商标名称一致的域名，通过网络宣传自己的品牌、传递信息。

6. 品牌再定位和更新策略

一种品牌在市场上最初的定位也许是适宜的、成功的，但是到后来物流企业可能不得不对之重新定位，因为竞争者的品牌可能严重削减了自己的市场份额、客户偏好可能发生了转移、时代特征和社会文化发生了变化、企业自身决定进入新的细分市场等。在做出品牌再定位决策时，首先应考虑将品牌转移到另一个细分市场所需的成本，包括服务品质改变费、包装费和广告费。一般来说，再定位的跨度越大，所需成本越高。其次，要考虑品牌定位于新位置后可能产生的收益。收益大小是由以下因素决定的：某一目标市场的消费者人数、消费者的平均购买率、在同一细分市场竞争者的数量和实力以及在该细分市场中为品牌再定位要付出的代价。

品牌再定位后，就需要进行品牌更新。品牌更新包括形象更新（如塑造环保新形象、调整档次）、服务更新换代、管理创新（见表 5–1）。

表 5–1　品牌重新定位的方法

服务属性	目标市场	
	未改变的目标市场	改变的目标市场
未改变的服务属性	形象重新定位	市场重新定位
改变的服务属性	服务重新定位	全部重新定位

课堂互动

1．物流服务品牌策略主要有______、______、______、______、______。

2．品牌发展策略包括（　　）。

A．品牌统分策略　　B．品牌延伸策略

C．合作品牌策略　　D．互联网域名商标策略

E．品牌归属策略

三、物流服务生命周期策略

作为一种特殊的产品，物流服务同实物产品一样，也存在市场生命周期。了解物流企业的服务产品处于市场生命周期的哪一个阶段，能使现代物流企业对复杂变化的环境和日益激烈的竞争做出快速反应，即做出更为恰当的决策，从而延长物流服务产品的生产生命周期。

（一）物流服务产品与有形产品的比较

物流企业提供的产品是一种服务，服务产品是无形的、不可感知的。有形产品可以生产后储存起来，并可以被随时取用；而服务的取用则意味着在需要某种服务之时，由生产它的生产系统提供使用。此外，被服务的客户往往也参与再生产的过程，并且也提供一部分自我服务。比如，在服务过程中，客户常常被要求填写一些表格，提供一些信息等。如果客户对此有充分的准备，或者愿意去做这些事情，则无疑会提高产品的服务质量和效率。客户购买服务的过程实质上是感知服务的过程，其伸缩性很强。物流服务产品与有形产品的比较见表 5–2。

表 5-2 物流服务产品与有形产品的比较

物流服务产品	有形产品
非实体 形式相异 生产分销与销售（核心服务阶段）同时进行 客户参与生产过程 即时消费 所有权不能转让	实体 形式相似 生产分销与销售分离 客户一般不参与生产过程 可以储存 所有权可以转让

（二）物流服务生命周期的阶段

物流服务生命周期指的是一项物流服务从投入市场直到完全退出市场所经历的时间。任何一项物流服务都会经历投入期、成长期、成熟期、衰退期四个阶段。与实体产品的市场生命周期相似，物流产品在成熟期延续的时间往往比较长。物流服务的形式和服务项目是多种多样的，但就某一种形式的物流服务来讲，其市场生命周期又是各不相同的。其中，有些物流服务项目已经进入成熟期，有些刚步入成长期，而有的则已经进入衰退期。

温馨提示

理解产品生命周期应注意以下问题：

（1）产品生命周期是指产品的市场寿命，而不是指产品的使用寿命。

（2）产品生命周期不能等同于产品在流通领域中停留的时间。一些产品即使在市场销售中已被淘汰，但仍然会停留在流通领域中。

投入期广告投入、渠道投入、服务成本费用高，销量有限，物流服务项目无利润或利润低；成长期说明物流服务项目得到市场认可，服务成本迅速下降，销售额迅速上升，利润迅速增加；成熟期物流服务项目销售趋于平缓甚至下降，广告费用增加，利润增长停滞或开始下降；衰退期物流服务项目销售额迅速减少，利润迅速下滑，直到完全退出市场。

课堂互动

1．请至少说出物流服务产品与有形产品的三点区别。

2．物流服务生命周期指的是物流服务的市场生命周期。（ ）

3．任何一项物流服务都会经历投入期、成长期、成熟期、衰退期四个阶段。（ ）

（三）物流服务生命周期不同阶段的营销策略

在物流服务生命周期的不同阶段，物流企业应采取不同的营销策略。

1. 物流服务投入期的营销策略

投入期企业的营销策略应突出“短”，尽量缩短投入期的时间，迅速打开市场，快速向成长期过渡。物流企业主要可以从促销和价格两个方面考虑，主要有四种策略可供选择。

（1）快速掠夺策略。快速掠夺策略也称快速撇脂策略，是指物流企业以高价格和高水平促销将物流新服务项目推向市场，以高价格获得高毛利，以高水平促销尽快打开销路的策略。与快速掠夺策略相匹配的策略就是广告轰炸策略。如天地华宇推出“定日达”后，在多种媒体上进行了较长时间的广告轰炸。成功地实施这一策略，可以获取较大的利润，尽快收回投资。

实施该策略的市场条件是：①市场上有较大的需求潜力；②目标客户具有求新心理，急欲尝试新的物流服务方式，并愿意为此付出高价；③企业面临潜在竞争者的威胁，需要及早树立品牌。

（2）缓慢掠夺策略。缓慢掠夺策略也称缓慢撇脂策略，是指物流企业以高价格和低水平促销将物流新服务项目推向市场，以高价格和低促销费用获得高毛利的策略。与低水平促销相匹配，可以使用服务试用策略，让部分感觉不错的试用客户当义务宣传员，现身说法，言传身教。

实施该策略的市场条件是：①市场规模相对较小，竞争威胁不大；②大多数客户对该服务没有太多疑虑；③适当的高价格能让市场接受。

（3）快速渗透策略。快速渗透策略是指物流企业以低价格和高水平促销将物流新服务项目推向市场，以低价格赢得客户，以高水平促销吸引市场注意的策略。物流企业的目的是先发制人，以最快的速度打入市场，带来最高的市场渗透率和最高的市场占有率。快速渗透策略需要非常注重物流服务内在质量和项目的包装宣传。

知识拓展　民营快递企业的快速渗透策略

现在许多民营快递公司都在亏钱经营，不计成本，做“赔钱赚吆喝”的买卖，只为了提高知名度，占领更多的市场。低价格已经成为民营快递抢占市场份额的法则。

然而，对于消费者来说，低价带来的并不全是实惠，还有低端服务。现在，快递业投诉率居高不下，丢件、损件等现象时有发生，人们往往抱怨有关部门失于监管、快递公司不负责任，却并没有看到低价战术带来的恶性循环已使许多快递公司没有精力和财力为提高服务水平花费更多心思。

实施该策略的条件是：①服务市场容量很大；②潜在客户对服务种类不了解，对价格十分敏感；③潜在竞争比较激烈。

（4）缓慢渗透策略。缓慢渗透策略即物流企业以低价格和低水平促销推出物流新服务项目的策略。低价是为使市场迅速接受新服务，低水平促销则可以实现更多的利润。缓慢渗透策略需要稳定物流服务项目的功能，以服务的质量、性能、价格等获得客户的长期信赖与忠诚，站稳市场。

实施该策略的基本条件是：①市场容量较大；②潜在客户易于或已经了解此项新服务，且对价格十分敏感；③有相应的潜在竞争者准备加入竞争行列；④促销弹性较小，促销基本上效果不大。

课堂互动

1．投入期企业的营销策略应突出“短”，尽量缩短投入期的时间，迅速打开市场，快速向成长期过渡。（　　）

2．投入期企业主要有________、________、________、________四种策略可供选择。

2. 物流服务成长期的营销策略

如果物流服务得到市场认可，更多的客户对物流服务感兴趣，销量就可能会迅速增长，物流服务项目就进入成长期。旺盛的市场需求、高额的利润会引来竞争对手的参与。所以成长期物流企业的营销重点是突出“好”，建立品牌偏好，扩大市场占有率，巩固市场地位。物流企业可以通过以下几种营销策略来尽可能地维持市场的快速增长。

（1）服务质量持续改进策略。质量是物流服务的生命，市场的追捧、客户的信任都基于物流服务的质量。如果物流服务质量不能得到充分保证，即便有一时的销售业绩，也会面临短暂辉煌、昙花一现的局面。物流企业需要在听取客户意见、分析对手服务质量的基础上，不断改进服务质量。

（2）提供增值服务策略。在提高服务质量的同时，做好售后服务、增加新的特色服务、提供增值服务和配套服务，有利于扩大市场占有率。

（3）进入细分市场策略。从价格、服务适用性、功能上进行细分，从而进入新的细分市场，争取新的消费者，不断扩大服务的用户范围。

（4）建立新分销渠道策略。通过设立分支机构、代理机构扩大营业网点，方便集运、配送，以更方便的服务吸引更多客户。

（5）广告诉求目标转变策略。成长期的服务已经基本定型，消费群体也已形成，竞争者开始进入瓜分利润，若广告宣传还是停留在项目本身，会因缺乏新意而被消费者冷落。此时，物流企业应将物流服务广告的诉求目标，从建立对服务的认知转向对服务的信任上，如变纯粹宣传服务为宣传服务的品牌与商标形象，能再一次引起消费者对服务的关注，推动消费者购买。

（6）适时降价策略。物流企业可以考虑自己的成本、竞争对手的成本、消费者的价格预期等因素，在适当的时候降低价格，以吸引更多的购买者。

课堂互动

1. 成长期物流企业的营销重点是突出“好”，建立品牌偏好，扩大市场占有率，巩固市场地位。（　）

2. 物流企业可以通过____、____、____、____、____、____来尽可能地维持市场的快速增长。

3. 物流服务成熟期的营销策略

物流服务的成长期可能相当短，但成熟期一般都要长一些，销售增长缓慢或稳定在高水平。处于成熟期的物流服务，物流企业只要保住市场占有率，就可以获得稳定的收入和利润，但物流企业要解决好生产能力与销售量之间的矛盾。处于成熟期的物流企业可以采取以下营销策略。

（1）市场调整策略。不断寻找新的市场需求，开发新的细分市场，吸引非使用者转变为使用者，增加物流客户对物流服务的使用量，并强化承揽业务能力。也可以对品牌进行重新定位，以吸引更大的和增长更快的细分市场。如飞机货运服务成长的关键是不断地寻找新用户，说服他们相信空运比陆地运输有更多的好处；汽车运输企业可以努力进入新的细分市场，如新增的区域市场、区域内的新配件配送市场等；早餐配送企业努力劝说人们除了可以享受早餐配送外，还可以享受中餐、晚餐、野外聚餐的配送。天地华宇在成熟期的市场调整方面值得借鉴。天地华宇在全国设立 2 500 多家营业网点，为其进行揽货业务。

（2）服务改进策略。改进物流服务的特性能吸引新用户和增加现有用户的使用量，进而改善销售。物流服务改进可采用三种具体形式：质量改进、特色改进（如增加售后服务、新的特色服务、增值服务和配套服务等）、式样改进（如卡通人物送货）。

（3）营销组合调整策略。物流服务营销者还可以通过改变一个或多个营销组合元素来努力增加营业额，如运用调整价格、改进包装、扩大渠道、更新广告、加强销售服务等手段刺激现有客户和吸引新的客户。

课堂互动

1. 在成熟期物流企业的基本策略应突出一个“长”字，营销重点是维持市场占有率并积极扩大服务销量，争取利润最大化。（　　）

2. 处于成熟期的物流企业可以采取的营销策略包括________、________、________。

4. 物流服务衰退期的营销策略

在衰退期，由于技术变化、客户兴趣减退，多数服务的销量和利润都会直线下降，竞争对手也逐渐退出市场。此时，物流企业应突出一个“转”字，采取以下营销策略。

（1）维持策略。维持策略即物流企业继续过去的营销策略，保持原有的细分市场和原有营销组合策略，把销售维持在一定水平上，直到这种物流服务完全退出市场为止。这种策略也称为继续策略。

（2）集中策略。集中策略即物流企业把各种资源集中到最有利的细分市场、最有效的销售渠道和最易销售的服务项目上，同时减少广告宣传规模和促销活动，维持一定的销售量，赢得尽可能多的利润。

（3）收缩策略。收缩策略即大幅度降低促销水平，尽量减少促销费用，大幅精减人员，以增加当前利润。这种策略也称为榨取策略。

（4）放弃策略。放弃策略即对于衰退比较迅速或亏损严重的物流服务项目，物流企业必须当机立断，放弃经营，退出市场。既可以采取完全放弃的方式，也可以采取逐步放弃的方式，使其所占用资源逐步转向其他服务，力争使物流企业的损失减少到最低限度。

物流企业应根据物流服务生命周期不同阶段的特点实施不同的营销策略。尽量缩短物流服务的投入期，使消费者尽快熟悉和接受新物流服务项目；设法保持与延长物流服务的成熟期，防止物流服务过早地被市场淘汰；对已进入衰退期的物流服务应明确是尽快以新物流服务替换老物流服务，还是通过促销使物流服务的生命力再度旺盛。

课堂互动

1. 在衰退期，由于技术变化、客户兴趣减退，多数服务的销量和利润都会直线下降，竞争对手也逐渐退出市场。（　　）

2. 物流企业应突出一个“转”字，可以采取的营销策略包括________、________、________、________。

3. 物流企业应根据物流服务生命周期不同阶段的特点实施________营销策略。

4. 企业至少要具备一定的战略眼光—— 新服务进入成长期后，就要研制第二代、第三代新服务。（ ）

模块二 实施物流服务定价策略

案例导入 物流服务定价

老张在物流业工作很长时间了，是一家物流公司的老员工，最近晋升为物流业务部经理。今天他接到广州某皮具制品厂的物流委托业务，将1 000件真皮女包运到日本东京港，产品存放在广州市白云区人和镇蚌湖村的企业仓库中。

【思考】为顺利接到此笔业务，老张该如何给对方一个合理的物流服务报价呢？

案例分析

在市场经济中，企业的最终目的是使企业能生存、发展和壮大。为达到这一最终目标，企业必须适应瞬息万变的市场变化，这就必然会使企业在不同的时间内、不同的市场情况下，确定不同的工作重点，近期和远期的不同发展目标，并努力采取各种措施去实现这些目标。

知识准备 

价格是物流市场营销组合中十分敏感而又难以控制的因素，它直接关系着市场对服务接受的程度，影响着市场需求和企业利润的多少，涉及多方面的利益。因而，从理论上弄清影响物流的服务定价的目标、程序，成为物流服务营销中最难确定且重要的部分之一。

一、物流服务定价目标

价格是企业为实现其目标所需要运用的重要手段之一。企业的发展目标不一样，则为实现不同目标所制定的产品价格就会不一样。因而，企业产品定价需要按照企业的目标市场战略及市场定位战略的需求来进行。也就是说，在产品定价和企业目标之间，产品定价应服从物流服务企业的目标。通常，企业定价目标有以下几种。

1. 维持企业生存发展

对于物流企业来说，当行业竞争日趋激烈或其提供的产品和物流服务在市场上大量过剩时，发展目标就应是保障本企业在激烈的竞争中不至于被淘汰，并维持企业的生存与发展。此时，物流企业对其产品不宜制定过高的价格，否则易使该企业产品在市场上失去竞争力而危及其生存与发展。

2. 实现企业利润最大化

当行业市场处于初始发展阶段，市场竞争相对较小或其提供的产品供不应求，以及企业产品或劳务在市场上处于绝对有利的地位时，企业可实行相对其产品成本来讲较高的价格策略，以获取超额利润，实现或接近实现利润最大化。我国现阶段能提供高效优质物流产品或劳务物流服务（相对于其他大多数物流企业来讲）的物流企业可据此制定其产品价格。

3. 扩大市场占有率

在市场经济条件下，谁拥有市场，谁就能生存、发展，并获得可观的回报。因此，占领更大的市场是所有企业都渴望的。当企业以扩大市场占有率为发展目标时，其产品或劳务的价格就应围绕着如何通过产品价格的变化来实现其市场占有率的增加来确定。如企业可制定尽可能低的产品价格或紧紧盯住主要竞争对手的产品价格，适时变更本企业产品价格等。

4. 提高产品与物流服务质量

企业也可能考虑以产品质量领先作为其目标，并在生产和市场营销过程中始终贯彻产品质量最优化的指导思想。在物流企业中，因其提供的产品多数为各种劳务(看不见的产品)，不同物流企业提供的劳务质量的高低会直接影响消费者的消费决定。当然，此时就要求物流企业用高价格来弥补因提高产品或劳务的质量而发生的高成本。

素养园地

产品质量是企业的生命，物流企业的信誉和形象都体现在劳务和服务上，以质量求生存，向质量要效益已经成为企业的共识。只有不断增强质量意识，以优质的服务面对消费者，才能让物流企业做大做强，长盛不衰。

5. 获取投资利润

任何企业对于所投下的资金都希望获得预期的报酬，而且最好是长期的预期报酬。因此，企业在定价时多在产品成本外加入预期利润。一般说来，预期利润应高于银行存款的利息率，也有的企业仅收取合理的报酬率。

报酬率的确定，应经过谨慎的研究、分析及计算，所定价格能为客户所接受。同时，采用此目标应具备一定的条件：第一，企业在所属行业中居于领导地位，否则无法应付同行业的竞争；第二，通常是独家产品、单位价格低的产品或高质量和标准化产品。

二、物流服务定价程序

所谓物流服务定价程序，就是根据物流企业的营销目标确定适当的定价目标，综合考虑各种定价因素，选择适当的定价方法，具体确定企业服务价格的过程。

一般来说，物流企业的服务定价程序可分为九个步骤，见图 5-9。

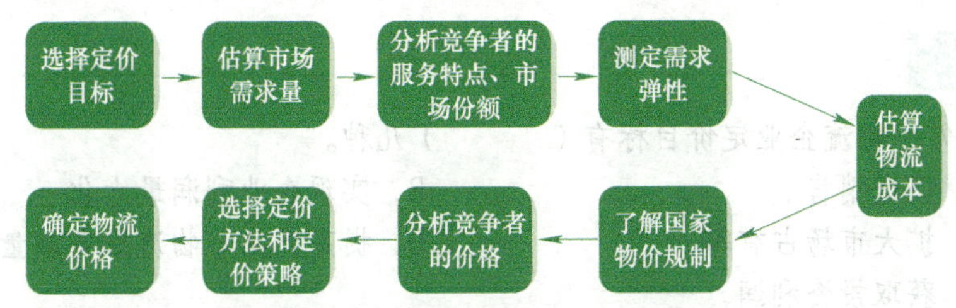

图 5-9　物流企业服务定价程序的九个步骤

1. 选择定价目标

物流企业的定价目标首先要从企业的营销目标出发，对物流市场物流服务的供求状况、竞争状况以及定价策略和市场营销的其他因素综合考虑加以确定。

2. 估算市场需求量

一般情况下，对于原物流服务的需求量的估算较容易，根据以往需求情况进行推测即可，但对于物流新服务则很难准确地估算，需要请专家从多个角度进行验证。

3. 分析竞争者的服务特点、市场份额

分析竞争对手物流服务存在的优势和劣势及已经占据的市场份额，能够判断自己的物流服务所处的相对位置、具有的竞争优势，摸清市场给自己留下的市场空间。

4. 测定需求弹性

测定需求弹性，包括测定需求价格弹性、需求交叉弹性和需求收入弹性。物流服务的需求受到该服务的价格、其他相关服务的价格以及物流不同客户的收益水平等因素的影响，找出该种影响程度与趋势就可以制定相应的市场营销策略。

5. 估算物流成本

物流企业服务的成本费用是制定物流服务价格的最低限。估算出自己的物流成本，也就找到了定价的底线。

6. 了解国家物价规制

物流企业了解和执行国家有关物价的政策法规，不仅可以明确定价的指导思想，利用其为企业服务，还可以避免不必要的损失。

7. 分析竞争者的价格

分析竞争者的价格，判断对手定价的理由、价格的高低、定价的方法和策略，为自己的定价树立参照系。

8. 选择定价方法和定价策略

在明确市场空间、估算物流成本、了解国家物价规制、分析竞争者的价格的基础上，选择适合自己的定价方法和定价策略。

9. 确定物流价格

按照选择的定价方法和定价策略，推算出自己的定价水平。

课堂互动

1．通常，物流企业定价目标有（　　）几种。

A．促进销售　　B．实现企业利润最大化

C．扩大市场占有率　　D．提高产品与物流服务质量

E．获取投资利润

2．一般来说，物流企业的服务定价有以下九步：______，______，______，______，______，了解国家物价规制，分析竞争者的价格，选择定价方法和定价策略，确定物流价格。

三、物流服务定价方法

对于物流企业来讲，其产品是向客户提供服务，产品是无形的，因此，产品价格的因素相对于有形的产品就会显得更复杂、更难以把握。物流企业只有灵活运用各种定价方法，才能更好地制定物流服务的价格。综合起来，物流服务的定价方法主要有成本导向定价法、需求导向定价法和竞争导向定价法三种。

（一）成本导向定价法

成本导向定价法，是企业依据提供物流服务的成本决定物流的价格。这里所讲的成本，是指产品的总成本，包括固定成本和变动成本两部分。

成本导向定价法中最常用的有成本加成定价法和目标利润率定价法两种具体方法。

1. 成本加成定价法

这是成本导向定价法中应用最广泛的定价方法。所谓成本加成，就是在单位成本上附加一定的加成金额作为企业赢利的定价方法。其计算公式为：

$$P=C(1+R)$$

式中　P——单位产品价格；

C——单位产品成本；

R——成本加成率或目标利润率。

如单位产品成本为4 000元，物流企业的目标利润率是25%，则定价为4 000元×（1+25%）=5 000元。

成本加成定价法之所以被普遍使用，主要原因有以下几点：

成本的不确定性一般比需求的不确定性要小，价格以单位成本为基础，可以大大简化企业定价程序，而不必根据需求情况的瞬息万变做调整。只要同一行业的所有企业都采用这种定价方法，各家的成本和加成比例接近，它们的价格将趋同，这样可能会缓和同行业间的价格竞争。

人们觉得成本加成定价法对买卖双方都比较公平，尤其是在买方需求强烈时，卖方只是将本求利，没有利用这一有利条件谋求额外利益，而仍能获得公平的投资收益。但成本加成定价法的缺点也很明显：它忽视了市场竞争和供求状况的影响，缺乏灵活性，难以适应市

场竞争的变化形势。特别是如果加成率的确定仅从企业角度考虑，则很难明确得知可获得的销售量。

因此，在企业的产品生产成本大于相同产品的社会必要生产成本时，采用此方法就有可能导致产品滞销。

2. 目标利润率定价法

这是根据企业所要实现的目标利润来定价的一种方法。成本加成定价法是以产品成本为出发点来制定产品价格的，而目标利润率定价法的要点是使产品的售价能保证企业达到预期的目标利润率。企业根据总成本和估计的总销售量确定期望达到的目标收益率，然后推算价格。其计算步骤如下：

（1）确定目标收益率。目标收益率可表现为目标投资收益率、目标成本利润率、目标销售利润率、目标资金利润率等多种不同的方式，其计算公式为：

目标收益率 =1/ 投资回收期 ×100%

（2）确定目标利润。由于目标收益率表现形式的多样性，目标利润的计算也不同，其计算公式为：

目标利润 = 总投资额 × 目标投资收益率

目标利润 = 总成本 × 目标成本利润率

目标利润 = 销售收入 × 目标销售利润率

目标利润 = 资金平均占用率 × 目标资金利润率

（3）计算售价。其具体公式为：

售价 =（总成本 + 目标利润）/ 预计销售量

目标利润率定价法的优点是可以保证企业既定目标利润的实现，适用于在市场上具有一定影响力的企业、市场占有率较高或具有垄断性质的物流企业。目标利润率定价法的缺点是只从卖方的利益出发，没有考虑竞争因素和市场需求的情况。

课堂互动

1．物流服务的定价方法主要有（　　）三种。

A．成本导向定价法　　B．竞争导向定价法

C．生产导向定价法　　D．需求导向定价法

2．成本导向定价法所讲的成本，是指产品的________成本，包括________成本和________成本两部分。

3．成本导向定价法中最常用的有________和________两种具体方法。

4．目标利润率定价法是成本导向定价法中应用最广泛的定价方法。（　　）

（二）需求导向定价法

很多企业运用需求导向定价法，即根据市场需求来确定物流产品的价格，不是仅仅考虑成本，而是注意到市场需求的强度和客户的价值观，根据目标市场客户所能接受的价格

水平定价。也就是说，在市场需求强度大时，可以适当提高价格，而在市场需求强度小时，则适当降价。这种定价方法，综合考虑了成本、产品的市场生命周期、国内购买能力、客户心理、销售区域等因素。需求导向定价法主要包括习惯定价法、理解价值定价法、区分需求定价法。

1. 习惯定价法

习惯定价法，又称便利定价法，是指考虑并依照长期被客户接受和承认已成为习惯的价格来定价的一种方法。

在物价稳定的市场上有很多产品，由于人们长期购买所养成的习惯，逐渐形成一种习惯价格和便利价格。这种习惯的便利的价格，在物流业中较为常见。客户已经习惯按某一种价格购买。对这类产品，任何生产者要想打开销路，都必须依照习惯价格或便利价格定价，即使生产成本降低，也不能轻易降价，降价容易引起消费者对产品质量的怀疑；反之，即使生产成本增加，也不能轻易涨价，只能靠薄利多销以补回低价的损失，否则将会影响产品的销路。

2. 理解价值定价法

理解价值定价法是根据客户对产品价值的理解，即产品在客户心目中的价值观念决定价格的定价法。这种定价法不是以卖方的成本为基础，而是以买方对产品的需求和价值的认识为出发点。企业运用销售推广策略，特别是其中的非价格因素来影响客户，使客户在头脑中形成一种价值观念，然后，根据这种价值观念制定价格。传统定价法与理解价值定价法的区别见图 5-10。

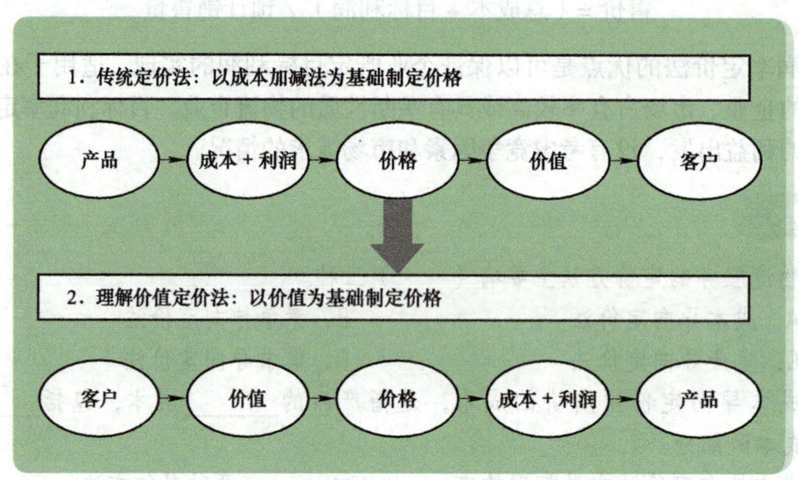

图 5-10　传统定价法与理解价值定价法的区别

3. 区分需求定价法

区分需求定价法是指某种产品并不按照边际成本的差异制定不同的价格，而是根据不同的客户、产品的形式，不同的时间、地点制定不同的价格。

物流服务同其他一般产品一样有具体的定价方式，当然针对物流服务这种特殊产品的定价方式还是和一般产品有所区别的，物流企业定价方式有物流服务时间定价、物流服务对象定价（产品重量或体积）、物流服务距离定价和物流服务项目定价（运输、包装、配送、理货等）。

课堂互动

1．需求导向定价法包括（　　）等。

A．习惯定价法　　B．理解价值定价法

C．区分需求定价法　　D．比较定价法

2．习惯定价法是根据客户对产品价值的理解，即产品在客户心目中的价值观念决定价格的定价法。这种定价法不是以卖方的成本为基础，而是以买方对产品的需求和价值的认识为出发点。（　　）

（三）竞争导向定价法

在目前的市场经济条件下，企业的生产能力往往过剩，导致许多产品在市场上出现积压。企业为了将自己的产品销售出去获取利润，经常会采取各种措施来提高自身企业产品的竞争能力，如降低成本、提高产品质量、提高物流服务水平等，以便在与对手的竞争中保持或提高其原有的市场份额。

竞争导向定价法主要包括随行就市定价法、产品差别定价法和投标定价法三种。

1. 随行就市定价法

随行就市定价法定价的具体形式有两种：一种是随同行业中处于领先地位的大企业价格的波动而同水平波动；另一种是随同行业服务平均价格水准的波动而同水平波动。在竞争激烈、市场供求复杂的情况下，单个企业难以了解消费者和竞争者对价格变化的反应，采用随行就市定价法能为企业节省调研费用，而且可以避免贸然变价带来的风险；各行业价格保持一致也易于同行竞争者之间和平共处，避免价格战和竞争者之间的报复。

同步案例　国家出手叫停快递“价格战”

同城和异地快递均价“倒挂”、头部企业财务状况堪忧、基层快递网点经营举步维艰、快递员收入不断压缩……近几年，格局相对稳定的快递行业掀起一轮“价格战”。为了平息快递行业愈演愈烈的“价格战”，促使整个行业回归理性，实现健康持续发展，2021 年 7 月 2 日，国家市场监督管理总局发布了《价格违法行为行政处罚规定（修订征求意见稿）》（以下简称《规定》）。

《规定》指出，为了排挤竞争对手或者独占市场，以低于成本的价格倾销，扰乱正常的生产经营秩序，损害国家利益或者其他经营者的合法权益的，责令改正，没收违法所得，可以并处违法所得 5 倍以下的罚款；没有违法所得的，给予警告，可以并处违法行为发生期间销售额 1% 以上 10% 以下的罚款；情节严重的，责令停业整顿，或者吊销营业执照。

素养园地

市场竞争是市场经济的基本特征。在市场经济条件下，企业从各自的利益出发，为取得较好的产销条件、获得更多的市场资源而竞争。通过竞争，实现企业的优胜劣汰，进而实现生产要素的优化配置。企业在经济市场中竞争，必须要遵守国家依法确立的维护各市场主体之间的平等交换、公平竞争的规则。市场竞争禁止不正当竞争行为、禁止限制竞争行为、禁止垄断行为。快递行业掀起“价格战”，以低于成本的价格倾销，扰乱正常的生产经营秩序，属于不正当竞争行为。政府及时出台《价格违法行为行政处罚规定（修订征求意见稿）》，体现了我国政府的经济职能，运用其强大的宏观调控能力，维护国家经济市场稳定运转，保障了物流行业健康发展。

2. 产品差别定价法

产品差别定价法是指企业通过不同的营销努力，使同种同质的产品在消费者心目中树立起不同的产品形象，根据自身特点，选取低于或高于竞争者的价格作为本企业产品的价格。产品差别定价法是一种进攻性的定价方法。运用这种定价法有以下几个条件：①必须具备一定的实力；②在某一行业或某一区域市场占有较大的市场份额；③消费者能够将企业产品与企业本身联系起来。

在质量大体相同的条件下实行差别定价是有限的，尤其对于定位为质优价高形象的企业来说，必须支付较多的广告、包装和售后物流服务方面的费用。

从长远来看，企业只有通过提高产品质量，才能真正赢得消费者的信任，才能在竞争中立于不败之地。

同步案例　顺丰速运：快和准带来的“高价”

在国内，民营快递大多给人以价格便宜、递送却不太让人放心的印象，但有一家叫“顺丰速运”的民营快递，却以“快人一步”的时效和“价高一筹”的服务，走出了一条完全不同的道路。目前年销售额已经突破了千亿元（2022年，速运业务收入为1 384.1亿元，同比增长4.6%，业务量达110.7亿件，同比增长5.5%。），成为可以与中国邮政EMS抗衡的民营快递巨头。

从一开始，“低价”就不是顺丰速运的经营之道，公司有非常明确的市场细分和产品定位：主要做文件和小件业务，其中尤以商业信函等高附加值的快件业务为主。

当然，告别低价的背后也需要各种系统和制度的支撑，与其他民营快递不同，顺丰速运拥有自己的飞机，而且实行直营，这是保证其服务质量和核心竞争力的重要因素。

顺丰航空是目前国内运营全货机数量最多的货运航空公司，拥有以波音737、747、757、767机型组成的全货机机队，自开航以来，机队规模始终保持平稳增长。截至2022年12月底，投入运行的全货机数量已达97架。

素养园地

顺丰速运秉承"以用户为中心，以需求为导向，以体验为根本"的产品设计思维，聚焦行业特性，从客户应用场景出发，深挖不同场景下客户端到端全流程接触点需求及其他个性化需求，设计适合客户的产品服务及解决方案，持续优化产品体系与服务质量。同时，顺丰速运利用科技赋能产品创新，形成行业解决方案，为客户提供涵盖多行业、多场景、智能化、一体化的智慧供应链解决方案。顺丰速运一直坚持着"诚信担当、成就员工、成就客户、创新包容、追求卓越"的核心价值观，以价值引领创新，为消费者提供更便捷、更可靠、更贴心的服务。

3. 投标定价法

一般是由买方公开招标，卖方竞争投标，密封递价，买方按物美价廉原则择优选取，到期当众开标，中标者与买方签约成交。这种方法往往是在买方市场（即产品供大于求的市场）中，由买方掌握主动权来运用。运用此种方法和拍卖定价法时，企业对产品的定价权实际上在某种程度上转移到了买方。

在运用定价方法进行定价时，也不能刻板地认为采用了一种方法就不能再使用其他方法确定价格，不同的定价方法之间并不一定是相互排斥的。因此，要想制定出某种产品科学、合理的价格，还需要综合分析产品本身的相关因素。

服务招投标流程

同步案例 丰巢收费事件

2020 年 4 月 30 日，丰巢快递柜开始对滞留快件的非会员用户收费。

2020 年 5 月 5 日，顺丰控股公告宣布，丰巢与"中邮智递"（中邮速递易的运营主体）及其股东中邮资本、三泰控股、浙江驿宝、明德控股进行股权重组，交易完成后，中邮智递成为丰巢全资子公司运营。

2020 年 5 月 5 日，杭州 A 小区业委会贴发通知称，因丰巢快递柜向业主收取超时保管费，损害了业主的利益，丰巢快递柜将在 5 月 7 日 7 时起暂停使用。

2020 年 5 月 8 日，上海 B 小区业委会贴发通知称，经过小区业主的前期调查与征询，该小区业委会也做出了暂停使用小区丰巢快递柜的决定，并将与丰巢方面进一步沟通。

2020 年 5 月 9 日，丰巢官方发布《致亲爱的用户一封信》，解释推出会员服务的初衷，称收费政策的初衷是鼓励用户及时取件。

2020 年 5 月 10 日，上海 B 小区发出致丰巢的公开信。公开信称，小区也在持续关注丰巢对社会舆论和意见的回应，截至 5 月 10 日在公开渠道看到的《致亲爱的用户一封信》和《A 业委会事件声明》，文中并没有对社会主流意见采取优化改善的积极态度。

2020 年 5 月 11 日，首家"罢用"丰巢的杭州 A 小区表示，从未考虑终止合作丰巢，但希望丰巢适当延长免费保管期。

2020 年 5 月 15 日，丰巢科技发布《关于用户服务调整的说明》称，用户免费保管时长由原来的 12 小时延长至 18 小时，超时后每 12 小时收费 0.5 元，3 元封顶。

从 2020 年 5 月 16 日起，丰巢先在上海 B 小区试点对所有居民赠送一个月会员，该举措逐步在上海地区其他小区实行。

素养园地

针对丰巢公司智能快件箱收费问题，国家邮政局有关负责人表示，智能快件箱运营企业在合理保管期限内不得向用户收费。智能快件箱的设立和运营属于市场行为，又具有一定公共属性。为保障消费者合法权益，邮政管理部门将对快递企业未经用户同意，擅自投递快件到智能快件箱、公共服务站等行为进行查处，并督促快递企业加强管理，充分保障用户的知情权、选择权，满足人民群众日益增长的用邮需求。

课堂互动

1. 以竞争对手的价格作为依据来制定价格也是企业常用的定价方法，即所谓的______。

2. 竞争导向定价主要包括（　　）三种。

A. 随行就市定价法　　B. 区分需求定价法

C. 产品差别定价法　　D. 投标定价法

3. 如果某种产品市场是完全垄断市场，即在该市场中由于专利权、政府规定等原因导致只有一家企业可以生产该类产品，因此没有竞争对手，此时，该企业产品定价不能用区分需求定价法。（　　）

4. 投标定价法往往是在________市场中，由买方掌握主动权来运用。运用此种方法和拍卖定价法时，企业对产品的定价权实际上在某种程度上转移到了________。

四、物流服务定价策略

前述定价方法是依据成本、需求和竞争等因素决定产品或劳务基础价格的方法。但在市场经济条件下，随着企业的增多，竞争的加剧，现实中的产品或劳务市场往往处于动态变化之中的，为了适应这种市场的变化，在物流营销实践中，企业还需考虑或利用灵活多变的定价策略或技巧，修正或调整商品或劳务的基础价格。

（一）新服务定价策略

1. 撇脂定价策略（取脂定价策略）

所谓撇脂定价是指在物流服务生命周期的最初阶段，把具有新、奇、特等特点的服务价格定得很高，以攫取最大利润。

撇脂定价的条件是：①市场有足够的购买者，他们的需求缺乏弹性，即使把价格定得很高，市场需求也不会大量减少；②高价使需求减少，但不致抵消高价带来的利益；③在高价情况下，仍然独家经营，别无竞争者；④高价使人们产生这种服务是高档服务的印象。

2. 渗透定价策略

所谓渗透定价是指企业把其创新服务的价格定得相对较低，以吸引大量客户，提高市场占有率。

渗透定价的条件是：①市场需求对价格极为敏感，低价会刺激市场需求迅速增长；

②物流企业的生产成本和经营费用会随着生产经营经验的增加而下降；③低价不会引起实际和潜在的竞争。

3. 满意定价策略

满意定价策略是一种介于撇脂定价策略和渗透定价策略之间的价格策略。其所定价格比撇脂价格低，而比渗透价格高，是一种中间价格。这种定价策略因能使生产者和客户都比较满意而得名。有时它又被称为“君子价格”或“温和价格”。

（二）区域定价策略

物流企业不仅要为当地客户提供物流服务，也需要为外地客户提供物流服务。区域定价策略，即物流企业定价时对于提供给位于不同区域的客户的同种服务分别制定不同的价格，因为服务产生的运输、仓储、保管费用都不同。区域定价策略包括以下两种。

1. 统一交货价格

统一交货价格，也称送货制价格，即物流企业的物流服务不分路途远近，统一制定同样的价格。

2. 分区运送价格

分区运送价格，也称区域价格，指物流企业根据客户所在地区距离的远近，将服务覆盖的整个市场分成若干个区域，在每个区域内实行统一价格。

（三）折扣折让定价策略

物流企业为了争取客户，扩大销量，鼓励客户及早付清货款、大量购买、淡季购买，在基本价格的基础上直接或间接降低价格，就是折扣与折让。直接折扣的形式有数量折扣、现金折扣、功能折扣、季节折扣，间接折扣的形式有回扣和津贴。

1. 数量折扣

按购买数量的多少，分别给予不同的折扣，购买数量越多折扣越大，以鼓励大量购买或集中向本企业购买。数量折扣包括累计数量折扣和一次性数量折扣两种形式。累计数量折扣规定客户在一定时间内，购买商品或服务若达到一定数量或金额，则按其总量给予一定折扣，以鼓励客户经常向本企业购买，成为可信赖的长期客户。一次性数量折扣规定一次购买某种商品或服务达到一定数量或购买多种商品或服务达到一定金额，则给予折扣优惠，以鼓励客户大批量购买，促进商品或服务多销、快销。

2. 现金折扣

现金折扣是对在规定的时间内提前付款或用现金付款者给予的一种价格折扣，其目的是鼓励客户尽早付款，加速资金周转，降低销售费用，减少财务风险。采用现金折扣一般要考虑三个因素：①折扣比例；②给予折扣的时间限制；③付清全部货款的期限。典型的付款期限折扣表示为“3/20，Net60”。其含义是在成交后 20 日内付款，买方可以得到 3% 的折扣；超过 20 日，在 60 日内付款不予折扣；超过 60 日付款要加付利息。再如“3/10，全价 30”，表示买方如果 10 日内现金付款，则可以享受 3% 的折扣；如果不能，则不享受折扣，而且必须在 30 日内付清全款。

3. 功能折扣

中间商在服务分销过程中所处环节不同，其承担的功能、责任和风险也不同，物流企业据此给予不同的折扣称为功能折扣。功能折扣的结果是形成购销差价和批零差价。

4. 季节折扣

季节折扣即对在淡季购买服务的客户给予一定的优惠，使企业的生产和销售在一年四季能保持相对稳定。如冷链物流企业可以在冬天给客户一定的折扣。

5. 回扣和津贴

回扣是间接折扣的一种形式，是指买方在按价格目录将货款全部付给卖方以后，卖方再按一定比例将货款的一部分返还给买方。津贴是企业为特殊目的，对特殊客户以特定形式给予的价格补贴或其他补贴。比如，当中间商为物流企业的服务提供了包括刊登地方性广告、设置演示大厅等在内的各种促销活动时，物流企业给予中间商一定数额的资助或补贴。

课堂互动

1．所谓________是指在物流服务生命周期的最初阶段，把具有新、奇、特等特点的服务价格定得很高，以攫取最大利润。

2．所谓满意定价是指企业把其创新服务的价格定得相对较低，以吸引大量客户，提高市场占有率。（　　）

3．物流企业为了争取客户，扩大销量，鼓励客户及早付清货款、大量购买、淡季购买，在基本价格的基础上直接或间接降低价格，就是________。

4．数量折扣是对在规定的时间内提前付款或用现金付款者给予的一种价格折扣，其目的是鼓励客户尽早付款，加速资金周转，降低销售费用，减少财务风险。（　　）

（四）心理定价策略

心理定价主要是指通过分析和研究客户的消费心理，将客户不同的心理需求和对价格的不同感受，有意识地运用到服务定价中以促进销售。心理定价的形式包括尾数定价策略、整数定价策略、声望定价策略、如意定价策略、习惯定价策略、招徕定价策略、单位定价策略、统一定价策略、系列定价策略等（这里仅详述前六种）。

1. 尾数定价策略

尾数定价，也称零头定价，即给物流服务定一个零头数结尾的非整数价格。如一项快递服务定价 11.89 元，消费者会认为这种价格经过精确计算，购买不会吃亏，从而产生信任感。同时，价格虽离整数仅相差几角或几分，但给人一种低一位数的感觉，符合消费者求廉的心理愿望。

2. 整数定价策略

整数定价与尾数定价正好相反，物流企业有意将服务价格定为整数，以显示物流服务具有一定质量。整数定价多用于价格较贵的服务，以及消费者不太了解的服务，让消费者产生“一分价钱一分货”的感觉，促进销售。

3. 声望定价策略

声望定价即针对消费者“便宜无好货、价高质必优”的心理，对在消费者心目中享有一定声望、具有较高信誉的服务制定高价。如中国邮政作为我国的老牌国有企业，为EMS定价22元；UPS确保国际快件3日送达、国内快件1日取件的服务和品牌，使它可以凭声望定价。享受这种服务的人，往往不在意价格，而最关心的是服务能否显示其身份和地位，价格越高，心理满足的程度也就越大。

4. 如意定价策略

根据客户希望吉祥如意、生意兴隆、顺利、发财的心理，在物流定价时多用谐音“发”的“8”和象征顺利的“6”。

5. 习惯定价策略

有些服务在长期的市场交换过程中已经形成了消费者适应的价格，称为习惯价格。企业对这类服务定价时要充分考虑消费者的习惯倾向，采用“习惯成自然”的定价策略。对消费者已经习惯了的价格，不宜轻易变动。降低价格会使消费者怀疑服务质量是否足够好；提高价格会使消费者产生不满情绪，导致购买的转移。在不得不提价时，应采取改换包装或品牌等措施，减少消费者的抵触心理，并引导消费者逐步形成新的习惯价格。

6. 招徕定价策略

招徕定价策略是适应消费者求廉心理，将物流服务价格定得低于一般市价，个别价格甚至低于成本，以吸引客户、扩大销售的一种定价策略。采用这种策略，虽然几种低价服务不赚钱或最开始的一单生意不赚钱，甚至亏本，但从总的经济效益或长远效益看，由于低价服务带动了其他物流服务的销售，物流企业还是有利可图的。

（五）刺激性定价策略

刺激性定价策略即为了刺激消费者的购买而采取的价格策略，主要包括拍卖式定价、团购式定价、抢购式定价、与服务未来利润增长挂钩的持续回报式定价、会员积分式定价。

（六）关系定价策略

对于那些与自己有长期固定关系的客户、一次购买服务数量或品种多的客户，物流企业可以给予优惠的定价，刺激客户多选择自己的物流服务而抵制竞争对手的物流服务。

（七）价格调整策略

价格调整主要有调高和调低两种。

价格调高的原因有企业成本增加、服务供不应求等，而且从长期来看，价格也有不断上升的趋势，如果成功提价，将直接促进利润的上涨。但价格升高会引起客户、中间商的不满，导致他们转向选择其他竞争者的物流服务。只要有可能，物流企业都应该采用其他的办法来弥补成本增加和满足增加的需求而避免涨价。

调高价格的方法包括明调与暗调两种方式。明调即公开涨价。在将涨价的消息传递给客户时，物流企业应避免形成价格欺诈，要通过与客户的交流活动来支持价格上涨，告诉客户为什么必须涨价，物流企业的营销人员还应帮助客户找到节省的办法。暗调是通过取消折扣、实行服务收费、减少不必要的服务项目、拆散服务等方式不露痕迹地实现变相涨价。

在物流服务供过于求、竞争加剧导致市场占有率下降、成本下降、希望挤占竞争对手市场时，都可以考虑降价。前两者属于被迫降价，后两者属于主动降价。降价也可以分为两种，即明降和暗降。明降即公开宣布降价，暗降即通过增加增值服务、提高服务质量、增加折扣的方式，形式上虽没有降价，但实际上降价了。

课堂互动

1. 心理定价的形式包括（　　）等。

A. 尾数定价策略　　B. 整数定价策略

C. 声望定价策略　　D. 如意定价策略

E. 招徕定价策略　　F. 单位定价策略

2. 整数定价多用于价格较贵的服务，以及消费者不太了解的服务，让消费者产生“一分价钱一分货”的感觉，促进销售。（　　）

3. 招徕定价即针对消费者“便宜无好货、价高质必优”的心理，对在消费者心目中享有一定声望、具有较高信誉的服务制定高价。（　　）

4. 刺激性定价策略即为了刺激消费者的购买而采取的价格策略，主要包括______定价、______定价、______定价、与服务未来利润增长挂钩的持续______定价、______定价。

模块三　规划物流营销渠道策略

案例导入　顺丰速运下沉农村市场

顺丰速运自成立以来，一直采用直营模式，其市场范围多集中于消费水平较高的一、二线城市，较少涉及乡镇市场。但随着阿里巴巴、京东、拼多多等电商企业纷纷将业务扩展到三、四线城市，下沉市场（是指三线以下城市、县、镇与农村地区的市场）尤其是农村市场，被视为物流业不能错过的市场增量。

顺丰速运对下沉市场的拓展是从运输“农特鲜”产品开始的。近年来，顺丰速运陆续在山东、广东、福建、湖南等地的农产品生产地区设置揽收点，将当地的春茶、鲜花、樱桃、枇杷、大闸蟹等送往一、二线城市，而后，顺丰速运又开始发展下沉市场中的大件包裹快运业务。

随着业务范围的不断扩大，顺丰速运意识到继续在下沉市场采用直营模式的成本太高，难以获利。于是，顺丰速运采取了一系列措施。

2017 年，顺丰速运采用区域代理模式在多地启动乡镇加盟，加速下沉农村市场。数据显示，截至 2020 年 5 月 1 日，顺丰速运的网点覆盖了全国 41 463 个乡镇，乡镇覆盖率为 83.1%。

2018 年 3 月，顺丰速运斥资 17 亿元收购广东新邦物流有限公司，随后成立了加盟模式的“顺心捷达”，以扩展快运业务。

根据顺丰 2022 年报，“顺心捷达”持续拓展业务规模，货量规模市占率进入加盟同行内前四，加盟网点数量超 15 000 个。“顺心捷达”通过核心区域自建骨干网络，偏远区域与直营网络场地、车线融通，进一步提升网络覆盖、运营时效及服务质量，实现规模与效益双增长。

中国物流学会特约研究员杨达卿认为，在渠道下沉上，顺丰速运有可能遇到投入和产出比的问题，乡镇市场发展不平衡，需求层次不一，价格敏感型客户居多。对于“通达系”企业来说，承压较重的是底层加盟商，“通达系”企业仍是轻投融模式。但顺丰速运长期以来采用直营模式，相对负重多些，需要对区域市场进行筛选，也需要适当用一些基于技术平台的轻模式。例如，“顺心捷达”的加盟模式，就改变了过去顺丰速运直营模式的重投入，使其逐步向轻资产、重管理和重服务的新生态转变，为其下沉农村市场打下基础。

【思考】

（1）什么是物流营销渠道？

（2）顺丰速运采用了哪种类型的营销渠道？

案例分析

过去 10 年，中国快递从经济“黑马”成长为“骏马”，业务量从 2013 年的 92 亿件增长到 2022 年的 1 105.8 亿件，发展质量明显提升。

不过，仍有很多快递业务没有直通到乡镇，无法满足农村群众的需求。在国家邮政局发展研究中心副研究员王岳含看来，末端利润微薄，成本高企，在政策红利驱使下，快递“进村容易驻村难”现象的确经常出现，增强造血能力依旧是农村寄递物流建设的必闯难关。

解决快递下乡的最后一公里，还须解决农产品上行，农村快递乱收费等问题。另外，如何将农村物流与供销体系融合才是下沉市场发展起来的关键。

素养园地

当快递开始承载城市的基本功能，成为现代化生活的基础服务，农村的物流和配送显然成了难题。如何做好快递投递末端服务，怎样让快递下乡普惠于千家万户，是关乎百姓生活品质的民生问题。中国特色社会主义进入新时代，我国社会主要矛盾转化为人民日益增长的美好生活需要和不平衡不充分的发展之间的矛盾，这种不平衡和不充分，包括城镇和乡村之间的差距。

“增进民生福祉，提高人民生活品质。”为了解决快递最后一公里问题，多家电商平台协同快递公司在物流末端建设上投入大量研发资金；在国家层面，我国也制定诸多政策推动农村最后一公里建设。让“小”快递服务好“大”民生，在城镇化不断发展的今天，我国大力推行乡村振兴，努力缩小城乡差距，打破二元对立结构。正如当年“村村通高速”，如今的“村村通快递”——打通快递最后一公里——将会是连接城乡的新桥梁。

知识准备

一、物流营销渠道的概念和种类

（一）物流营销渠道的概念

商人中间商与代理中间商

物流营销渠道是指物流企业在将其物流服务提供给消费者进行消费的过程中所经历的一系列互相依存的中间环节（包括企业和个人），由这些中间环节所形成的通道就是物流营销渠道。物流营销渠道成员包括运输企业、货主、仓库、货运站场、配送中心、物流企业、各种代理商（如货运代理、船舶代理、报关报检代理、集装箱代理、转运代理等）、揽货点等。物流营销渠道的起点是物流服务提供者，终点是物流最终消费者（见图 5-11）。

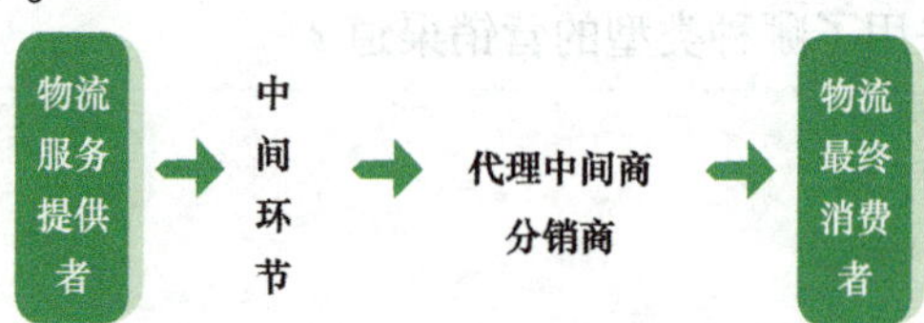

图 5-11　物流营销渠道的基本模式

课堂互动

1．物流营销渠道成员包括（　　）。

A．运输企业　B．货主　C．仓库　D．货运站场

E．配送中心　F．物流企业　G．各种代理商　H．揽货点

2．物流营销渠道的起点是物流________，终点是物流________。

3．________也称为经销商，是指从事商品交易业务，在商品买卖过程中拥有产品所有权的中间商。商人中间商又可分为________和________。

4．物流服务的特点决定了物流产品无批发商与零售商，物流中间商即代理商。（　　）

（二）物流营销渠道类型

1. 按有无物流中间商参与交换活动划分

按有无物流中间商参与交换活动划分，物流营销渠道可分为直接渠道和间接渠道。

（1）直接渠道。直接渠道是指物流企业直接向客户提供物流服务，而不经过任何中间环节的渠道。直接渠道有利于物流企业与客户进行信息交流与沟通，降低物流成本，并为客户提供个性化的物流服务。其缺点是在销售量小或者不稳定的情况下，不利于物流企业拓展市场，且销售成本高。

（2）间接渠道。间接渠道是指物流企业利用物流中间商将物流服务提供给客户的渠道。间接渠道有利于物流企业扩大市场覆盖面，缓解物流企业的资源压力，有利于物流企业之间的专业化协作。其缺点是不利于物流企业与客户之间的直接沟通。

课堂互动

1.（　　）是指物流企业直接向客户提供物流服务，而不经过任何中间环节的渠道。

A. 直接渠道　　B. 短渠道　　C. 间接渠道　　D. 长渠道

2. 中通快递、圆通速递、申通快递和韵达速递等快递企业采用的是直接渠道还是间接渠道？

2. 按流通环节的多少划分

按流通环节的多少划分，物流营销渠道可分为短渠道和长渠道。

（1）短渠道。短渠道是指没有或只经过一个中间环节的渠道，包括零级营销渠道和一级营销渠道，见图 5–12。

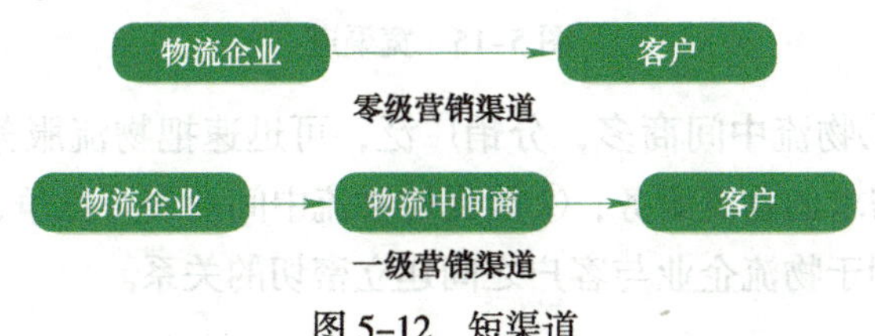

图 5–12　短渠道

短渠道的优点：①中间环节少，客户可以迅速获得物流服务；②物流企业能够及时了解客户需求，从而快速调整策略；③流通费用较低，有利于降低物流服务最终售价。其缺点是销售范围受到限制，不利于物流服务的大量销售。

（2）长渠道。长渠道是指经过两个或两个以上中间环节的渠道，主要包括二级营销渠道和三级营销渠道，见图 5–13。

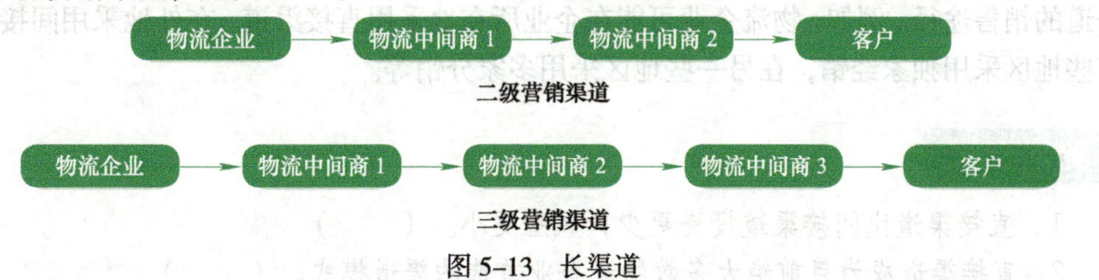

图 5–13　长渠道

长渠道的优点：①容易打开销路，开拓新市场；②能让物流企业减少资源占用，节省开支。其缺点：①流通环节较多，流通费用增加，物流服务最终售价可能会比较高；②物流企业对市场的控制力较弱。

3. 按同一级物流中间商的数目多少划分

按同一级物流中间商的数目多少划分，物流营销渠道可分为窄渠道和宽渠道。

（1）窄渠道。窄渠道是指物流企业在同一流通环节中，只选择少数同类物流中间商为自己销售物流服务的渠道，见图 5-14。一般来说，物流企业针对一些专业性较强或较贵重的货物提供物流服务时，适合采用窄渠道。

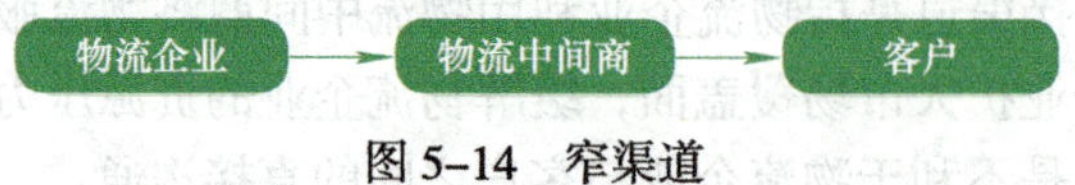

图 5-14 窄渠道

窄渠道的优点是物流中间商少，物流企业可以指导和支持中间商开展销售业务，有利于相互协作。其缺点：①分销面较窄，会影响物流服务的销售量；②若物流中间商选择不当，物流企业将会失去整个市场。

（2）宽渠道。宽渠道是指物流企业在同一流通环节中，使用较多物流中间商为自己销售物流服务的渠道，见图 5-15。

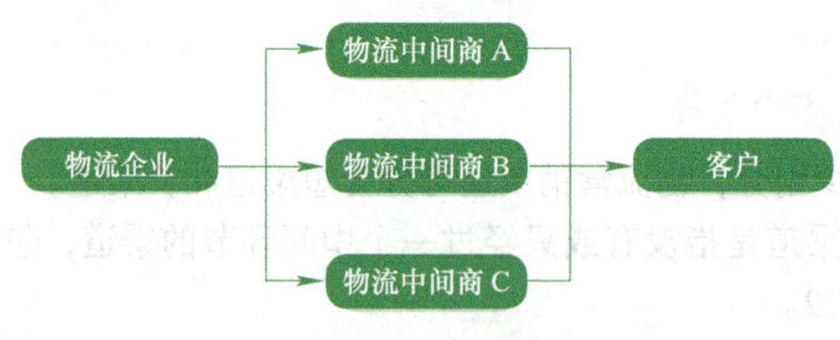

图 5-15 宽渠道

宽渠道的优点：①物流中间商多，分销广泛，可迅速把物流服务推向市场，使客户能够随时购买到符合其需求的物流服务；②能促使物流中间商展开竞争，从而提高物流服务的销售量。其缺点是不利于物流企业与客户之间建立密切的关系。

4. 按物流企业所采用渠道类型的多少划分

按物流企业所采用渠道类型的多少划分，物流营销渠道可分为单渠道和多渠道。

（1）单渠道。单渠道是指物流企业采用同一类型渠道分销其物流服务的销售途径，如全部采用自营网点直销或者全部交给代理商经销。

（2）多渠道。多渠道是指物流企业根据不同类型或不同地区的客户情况，选用不同类型渠道的销售途径。例如，物流企业可能在企业所在地采用直接渠道，在外地采用间接渠道；在有些地区采用独家经销，在另一些地区采用多家分销等。

课堂互动

1. 直接渠道比间接渠道投资更少，风险更小。（　　）
2. 直接渠道成为目前绝大多数物流企业首选的渠道模式。（　　）
3. （　　）是指物流企业直接向客户提供物流服务，而不经过任何中间环节的渠道。

   A. 直接渠道　　B. 间接渠道　　C. 线上渠道　　D. 线下渠道
4. 按物流企业所采用渠道类型的多少划分，物流营销渠道可分为（　　）。

   ①宽渠道　　②窄渠道　　③单渠道　　④多渠道

   A. ①②　　B. ②④　　C. ①③　　D. ③④

二、设计物流营销渠道

物流营销渠道设计是指物流企业通过对各种备选的渠道模式进行评估，创建全新的营销渠道，或改进现有渠道，从而实现营销目标的活动。

（一）影响物流营销渠道设计的因素

物流企业在设计营销渠道时，往往会受到各种因素的影响，这些因素主要包括以下几个方面。

1. 物流服务因素

物流服务因素是物流企业设计物流营销渠道时首先需要考虑的因素。物流服务的类型、档次等都会影响营销渠道的设计。例如，大众化的物流服务由于目标市场范围广，宜采用宽渠道、间接渠道；专业性强、档次高的物流服务，因其市场需求小、营销针对性强，宜采用窄渠道、直接渠道。

此外，物流服务产品所处生命周期阶段也会影响营销渠道的选择。一般来讲，物流服务产品处于投入期时，往往采用直接渠道；当物流服务产品进入成长期或成熟期时，可考虑采用间接渠道。对于生命周期较短的物流服务产品，应在投入期与成长期选择短而宽的营销渠道，利用较多的物流中间商迅速占领市场。

2. 物流企业自身因素

物流企业的资金实力、销售能力、管理能力等都会影响物流营销渠道的设计。

（1）资金实力。资金雄厚的物流企业，可以自己组织分销队伍进行销售，可采用直接渠道，也可采用间接渠道；而财力较弱的物流企业则只能依靠物流中间商进行销售，多采用间接渠道。

（2）销售能力。物流企业在销售力量、销售经验等方面具备较好的条件，可以采用直接渠道；反之，则必须借助物流中间商，采用间接渠道。

（3）管理能力。物流企业渠道管理能力的强弱会影响营销渠道的长度与宽度。如果物流企业能对物流中间商进行有效控制，则可采用较长、较宽的渠道；若无法有效地管理物流中间商，会影响物流服务的市场开拓，就应该采用较短、较窄的渠道。

3. 市场因素

物流市场复杂多变，对物流营销渠道的设计影响重大。物流市场因素主要包括目标市场的特点和竞争状况。

（1）目标市场的特点。目标市场的特点主要包括客户的购买习惯、目标市场的规模和地理分布等。若客户购买频率高、单次购买量少，物流企业应采用较宽的渠道。若目标市场规模很大、地理分布比较分散，应采用较宽、较长的渠道。若目标市场规模较小、地理分布比较集中，则应采用直接渠道或者短渠道。

（2）竞争状况。如果市场竞争不激烈，可采用与竞争者类似的营销渠道；如果市场竞争激烈，则应尽可能地采用与竞争者不同的营销渠道，以便能够在渠道建设上降低成本、扩大市场份额。

课堂互动

某物流企业对某地区的物流市场进行了调研，调研结果显示：该地区客户对其物流服务的购买量较大，但购买频率不高；该地区市场上提供同类物流服务的竞争者较少，且多采用较短、较窄的营销渠道。

请问：该物流企业在这一地区应采用什么样的营销渠道？为什么？

4. 中间商因素

物流中间商的销售能力、销售意愿、企业信誉、维护成本及其与物流企业经营目标的匹配程度，都会影响物流企业对营销渠道的设计。

5. 宏观环境因素

（1）经济形势。如果整个社会经济形势良好，物流企业对营销渠道的选择余地就较大；而如果经济不景气，市场需求下降，物流企业应尽量减少不必要的流通环节，采用较短的渠道。

（2）法律法规。各个国家的有关法律法规对营销渠道的设计也有重要影响。例如，《中华人民共和国反不正当竞争法》《中华人民共和国反垄断法》《中华人民共和国税收征收管理法》等，都会影响营销渠道的设计。

课堂互动

1．影响物流营销渠道设计的物流企业自身因素不包括（　　）。

A．资金实力　　B．销售能力　　C．企业形象　　D．管理能力

2．影响物流产品渠道设计的因素包括（　　）。

A．物流服务因素的影响　　B．物流企业自身因素的影响

C．市场因素的影响　　D．支付能力

（二）物流营销渠道设计的内容

物流企业设计的营销渠道，不仅要保证能为目标客户提供准确、及时的物流服务，而且要保证其销售效率高、费用少，能为企业带来最佳的经济效益。物流营销渠道设计的内容主要包括以下几个方面。

1. 渠道目标

渠道目标包括物流企业预期达到的客户服务水平（如何、何时、何处为目标客户提供服务）和物流中间商的职能等。不同的渠道目标对物流企业渠道设计的要求也不同。如果物流企业的目标是扩大市场覆盖面，则应采用较长和较宽的渠道；如果物流企业希望有效控制渠道，就应该采用较短和较窄的渠道，以掌握渠道主动权。

2. 渠道长度

物流企业应从自身实力、经营方式、市场状况和客户所需物流服务的水平、特点等方面考虑，明确是否要使用物流中间商。如果决定使用物流中间商，还要进一步决定选用什么

类型和规模的物流中间商。由于各地区的情况不同，物流企业在不同地区、不同市场需选择不同类型的物流中间商。

3. 渠道宽度

渠道宽度是指渠道的每个层级使用同种类型物流中间商的数目。渠道宽度主要取决于物流服务本身的特点、市场容量的大小和需求面的宽窄等。根据渠道宽度的不同，物流企业可选择以下三种渠道形式。

（1）密集型分销渠道。密集型分销渠道是指物流企业在同一渠道层级上选用尽可能多的物流中间商来销售物流服务的渠道。密集型分销渠道的优点是可以使自己的物流品牌充分显露，使物流服务在目标市场上随处可买，从而达到广泛占领目标市场的目的。其缺点包括：①市场竞争激烈、价格压力大，易导致市场混乱；②物流企业需向物流中间商提供一定的支持，这会使得物流企业的渠道费用增加；③由于物流中间商的数目较多，物流企业管理营销渠道的难度较大等。

（2）独家分销渠道。独家分销渠道是指物流企业在特定市场上只选择一家物流中间商销售其物流服务的渠道。通常情况下，物流企业会规定物流中间商不得再经营其他竞争性产品，以便控制物流中间商的经营业务，调动其经营积极性。这种渠道的优点包括：①有利于提高物流服务质量；②有利于提高物流企业的经营效率，节约费用，降低销售成本；③有利于防止竞争者进入同一市场，从而提高物流企业的竞争力等。其缺点包括：①对物流中间商的依赖性太强，市场覆盖面窄；②放弃了一部分潜在客户等。

（3）选择性分销渠道。选择性分销渠道是指物流企业在某一层级上选择少数精心挑选的、最合适的物流中间商销售其物流服务的渠道，是介于密集型分销渠道与独家分销渠道之间的渠道。选择性分销渠道的优点包括：①可以节省开支，提高营销效率；②通过优选物流中间商，可以维护物流企业和物流服务的声誉，对市场加以控制等。其缺点包括：①物流企业难以在营销环境宽松的条件下实现多种经营目标；②物流企业要为物流中间商提供较多的服务，并承担一定的市场风险等。

课堂互动

（ ）是指物流企业在特定市场上只选择一家物流中间商销售其物流服务的渠道。

A．密集型分销渠道　　B．独家分销渠道

C．广泛型分销渠道　　D．选择性分销渠道

4. 渠道成员的权利与义务

物流企业通过某种形式与渠道成员建立合作关系，必然要明确各渠道成员的权利与义务。其涉及的内容主要包括价格政策、销售条件和其他权利与责任。

（1）价格政策。价格直接涉及各渠道成员的经济利益，物流企业必须慎重对待。物流企业通常采取的做法是制订价格表和折扣明细表，对不同的物流中间商按照其任务完成情况给予不同的折扣。

（2）销售条件。物流企业应制订销售条件并严格执行，主要包括支付条件和销售保证。物流企业为鼓励渠道成员尽早付款，应给予其一定的付款折扣。对由某些原因造成的物流服务价格下降，物流企业应该提供“降价保证”，以消除渠道成员的顾虑。

（3）其他权利与责任。物流企业和物流中间商应通过一定形式明确双方的权利和责任，如业务范围、人员培训、信息沟通和广告宣传等。

（三）物流营销渠道的评价标准

物流企业在设计营销渠道之后，会形成若干渠道设计方案。为了从中选择能够满足企业长期经营目标的最佳方案，物流企业需要对各种可供选择的方案进行评价，评价标准包括经济性标准、控制性标准和适应性标准。

1. 经济性标准

获取利润是物流企业开展营销活动的出发点，因此，经济性标准是评价物流营销渠道最重要的标准。物流企业应预测和比较各营销渠道可能带来的销售收入和成本支出，选择能为其带来最大利润的营销渠道。

2. 控制性标准

在营销渠道中选择使用物流中间商无疑会增加物流企业的控制难度，这是一个不容忽视的事实。物流中间商是独立的企业，有自己的经营目标，在销售过程中可能会为了自身利益而损害物流企业的利益。因此，物流企业在评价营销渠道时，应考虑自己对渠道的控制能力。

3. 适应性标准

物流企业设计的渠道不仅要适应不同地区客户的消费需求和购买特点，还要适应本企业物流服务的特点。

课堂互动

评价物流产品渠道是否符合企业的长期发展目标的标准包括（　　）。

A. 经济性标准　　B. 控制性标准　　C. 适应性标准　　D. 促进标准

三、管理物流营销渠道

物流企业建立了营销渠道之后，就要对渠道实施管理。渠道管理工作主要包括对渠道成员（主要指物流中间商）的选择、激励、评价，以及渠道调整和渠道冲突管理等。营销渠道管理的实质是解决渠道中存在的矛盾冲突，提高渠道成员的满意度和积极性，进而提高渠道效率。

（一）选择渠道成员

在选择渠道成员时，物流企业要对物流中间商进行分析与评估，以确定是否选择该物流中间商。一般来讲，物流企业要评估物流中间商的目标市场适应性、销售能力和意愿、费用、信誉等。

1. 目标市场适应性评估

该项评估包括以下内容：①经营地点的适应性，即物流中间商的经营地点与目标市场的接近程度；②目标市场客户购买习惯的适应性，即物流中间商所提供的服务与客户希望得到的服务的适应程度；③物流中间商与物流企业的适应性，即两者的合作程度。

2. 销售能力和意愿评估

物流企业选择渠道成员是为了促进物流服务的销售，因此要评估物流中间商销售能力的强弱。但是，销售能力强的物流中间商可能会因为同时销售多家企业的物流服务，而对本企业物流服务的销售意愿不强，这样也无法增加销售量。反而一些中小规模的物流中间商会尽全力推销本企业的物流服务，其销售量可能会更大。因此，物流企业要综合评估物流中间商的销售能力和销售意愿。

3. 费用评估

费用评估是指对选择和维持物流中间商所需费用的评估。进行费用评估有利于物流企业保留盈利能力强的物流中间商，淘汰盈利能力差、费用高的物流中间商。

4. 信誉评估

信誉评估主要包括对物流中间商在物流市场上的知名度和美誉度的评估。物流企业可以通过物流中间商的合作者、服务对象来了解其信誉，以便选择信誉良好的物流中间商。

（二）激励渠道成员

为了更好地实现营销目标，物流企业应当给予物流中间商一定的激励，以此调动物流中间商的销售积极性，并通过这种方式与物流中间商建立良好的合作关系。物流企业对物流中间商的激励主要包括以下两个方面：

1. 强化与物流中间商的合作关系

物流企业要激励物流中间商，首先要尊重物流中间商的独立性，将其看作本企业的“客户”与其建立利益共享、风险共担的合作关系。

物流企业和物流中间商的合作关系是一个逐步强化的过程。一般来说，在双方合作刚刚开始时，偏向于松散型买卖关系，物流企业应通过努力使其转变为紧密型合作关系，再创造条件升华为利益共同体的战略联盟关系。

2. 开展形式多样的激励活动

物流企业应将物流中间商的利益与其经营的物流服务的销售额挂钩，以合理的差价或佣金比例调动其积极性；开展形式多样的激励活动，尽可能地满足物流中间商合理的利益要求，以促进销售。激励形式既包括物质激励，也包括精神激励。例如，配合物流中间商进行联合促销，向物流中间商提供旅游奖励，评选最佳物流中间商等。

同步案例　C 物流企业的“代理人俱乐部”

C 物流企业是一家国际物流企业，在德国、意大利、英国、法国等国家的各个重要港口都拥有自己的代理点，目前提供的货运服务项目主要有空运进出口、国际海运进出口、仓储、机场清关和贸易代理等。该企业一直将代理人视为合作伙伴，希望与代理人建立长期的合作关系，于是建立了“代理人俱乐部”。

C 物流企业根据代理人每年发货量的大小，选择 30～50 家企业，然后让每家企业确定 1～2 人为俱乐部成员。俱乐部成员可以享受 C 物流企业提供的一系列优惠政策，如乘机时可以优先登机、免收超重行李费等。此外，C 物流企业会经常主动拜访代理人，而不是等着他们上门。

（三）评价渠道成员

评价渠道成员的目的是发现渠道中存在的问题，以便对物流中间商进行有效监督和控制，加强合作关系，从而提高渠道效率。物流企业要根据一定的标准定期对物流中间商进行评价，评价内容主要包括销售量、销售利润、售后服务、与本企业的合作状况，以及同时经销其他竞争品的状况等。对于达不到标准的物流中间商，应首先分析原因并采取补救措施，再考虑是否将其从渠道中剔除。

（四）渠道调整

在物流营销渠道管理过程中，物流企业需要根据每个物流中间商的具体表现、市场变化和营销目标的变化，对营销渠道进行调整。调整的目的是使物流中间商更好地配合物流企业做好营销工作，从而实现物流企业的营销目标。

调整营销渠道的方式主要有以下几种。

1. 增减渠道成员

增减渠道成员即增减渠道中的个别物流中间商。在调整时，物流企业既要考虑增减某个物流中间商对物流企业盈利的直接影响，也要考虑由此可能引起的间接反应，即渠道中其他成员的反应。

2. 增减一条渠道

各方面的变化常常使物流企业感到只变动营销渠道中的成员是不够的，有时必须变动一条渠道才能解决问题。因此，物流企业需根据实际情况增加或减少一条渠道，或者在增设一条新渠道的同时，减掉一条或两条原有的渠道。

3. 调整整个渠道结构

这是物流企业渠道调整方式中动作最大、波及面最广的一种方式。例如，物流企业将直接渠道改为间接渠道，将单渠道改为多渠道等。物流企业一般在两种情况下会做出此种调整：一是整体战略或策略调整，导致原有的渠道结构不适应；二是原有的渠道发生重大问题，无法继续使用。

（五）渠道冲突管理

渠道冲突是指渠道各成员之间、各渠道之间因为利益上的矛盾而发生的冲突。

1. 渠道冲突的类型

（1）水平渠道冲突。水平渠道冲突是指在同一渠道中，同一层级渠道成员之间的冲突。产生水平渠道冲突的原因大多是物流企业没有对物流中间商的数量和分管区域做出合理的规划，使物流中间商为了各自的利益而互相倾轧。如果发生了这类冲突，物流企业应及时采取有效措施，缓和并解决这些冲突；否则，就会影响物流中间商之间的合作和物流服务的销售。更重要的是，物流企业应未雨绸缪，采取相应措施防止这类冲突的出现。

（2）垂直渠道冲突。垂直渠道冲突是指同一渠道中不同层级渠道成员之间的冲突。例如，某些物流中间商可能会抱怨物流企业在价格方面控制太紧，留给自己的利润空间太小，且提供的服务（如广告）太少。

2. 管理渠道冲突的措施

渠道冲突会影响物流营销渠道的整体运行效率和质量。为了保证营销渠道的高效运行，物流企业要加强对渠道冲突的管理，具体管理措施如下：

（1）设定共同目标。物流企业要设定共同目标，并让渠道成员明确，只有在共同目标的指引下，双方才能共同实现利润最大化。

（2）保持良好沟通。物流企业与渠道成员之间要保持良好的沟通，使各方在客源市场和利益分配等方面达成共识。

（3）明确权责。物流企业可以制订合理的权责方案，明确各渠道成员的权利与责任，以此来协调甚至约束渠道成员的行为。

（4）互惠互利。物流企业在决策时要兼顾各方利益，做到互惠互利，以减少渠道成员之间、物流企业与渠道成员之间的矛盾与冲突。

知识拓展　渠道调整的原因

物流企业进行渠道调整的原因一般包括以下几个方面：

（1）原有营销渠道未达到发展的总体要求。物流企业发展战略的实现必须借助于企业的分销能力，原有的营销渠道如果存在设计缺陷、渠道成员选择不当、渠道管理不足等问题，均会促使物流企业对其进行调整。

（2）客观条件发生变化。物流企业设计的营销渠道在当时的条件下是比较科学的，但如果各限制因素发生了某些重大变化，使得营销渠道不适合现有的条件，那么物流企业就必须对营销渠道进行调整。因此，物流企业应该定期对影响营销渠道的各种因素进行监测和分析。如果物流企业能够准确预测和把握这些因素的变化情况，则应提前对营销渠道进行调整。

（3）物流企业的发展战略发生变化。营销渠道的设计是围绕物流企业的发展战略进行的，当物流企业的发展战略发生变化时，营销渠道也要随之进行调整。

（4）发生与渠道成员的合同到期、变更和解除等情况时，物流企业需要对营销渠道进行调整。

（资料来源：王粉萍，刘辉．物流营销实务 [M]．大连：大连理工大学出版社，2018）

课堂互动

物流企业渠道调整方式中动作最大、波及面最广的一种方式是（　　）。

A．增减渠道成员　　B．增减一条渠道

C．调整整个渠道结构　　D．更换物流中间商

素养园地

职业生活中的道德规范即职业道德，是指从事一定职业的人在职业生活中应该遵循的具有职业特征的道德要求和行为准则。职业，不仅是我们谋生的手段，而且是我们完善自我、实现自身价值的舞台。在这个舞台上，我们应该善待本职、热爱本职、敬重本职，做到爱岗敬业。

爱岗敬业要求我们在工作中做到乐业、勤业、精业。乐业，是我们内心热爱并热

心于从事的职业，把干好工作当作快乐的事。勤业，指忠于职守，认真负责，刻苦勤奋，不懈努力，在岗一分钟负责六十秒。精业，指对本职工作业务纯熟，精益求精，使工作成果尽善尽美，不断有所进步、有所创新。作为快递从业人员，要遵守和践行职业道德，对经手的每一份包裹、每一件快递认真负责，细致核对，规范操作，恪尽职守。

四、网络分销

（一）网络分销的含义

网络分销是指企业充分借助互联网，在生产者与消费者之间建立电子商务平台，基于该平台开展的分销活动。与传统分销渠道相比，网络分销渠道只存在一级分销，也就是说，只存在一个电子中间商，这个中间商仅仅对交易提供交易活动的支持。网络分销充分利用了互联网的渠道特性，在网上建立产品的分销体系，通过网络把商品分销到全国各地。这个平台能够为买卖双方提供交易信息，在互联网技术的助力下还能够实现交易效率的提高和交易行为的专业化，从而实现规模经济。

（二）网络分销的形式

网络分销具体包括网络代理、网络批发、网络代销等形式。

1. 网络代理

网络代理一般是面向企业网店的。网络供应商建立自己的网络批发商城，展示产品。网络代理商通过与供应商建立分销关系，在代理商自己的网店上展示供应商的产品，当客户在代理商的网店下单，代理商直接请求供应商发货。供应商收取代理费和产品的成本价，而代理商获取产品的差价利润。

2. 网络批发

网络批发一般是面向个人网店、实体店铺和网上专业店铺的。网络批发与传统的货品批发形式是一样的，只不过是通过网络的形式进行批发。网络分销商把自己的货品通过自己创建的网上分销平台展示出来，网络分销会员对选中的商品直接在网上下规定数量的订单，付款拿货或压款经销。

3. 网络代销

网络代销一般是面向个人网店的。网络分销商会将自己的产品通过自己创建的网上分销平台进行展示，网络分销会员先选定心仪的产品，而后把产品的图片和信息添加到自己开设的网店内。当有客户需要时，网络分销会员负责介绍产品并促成交易，交易成功后，网络分销商代为发货。网络分销会员主要获得差价收入。

（三）网络分销的优势

与传统的分销模式相比，网络分销越来越受到企业的重视，通过网上分销系统，物流企业可以节约更多的成本，并且利用有限的资源，突破时间、地点的限制，获得更多的利益。

1. 用户优势

截至 2022 年 12 月，我国网民规模已达到 10.67 亿，较 2021 年 12 月增长 3 549 万，互联网普及率达 75.6%，因此，通过网络分销无疑可以向更多人传递自己的产品和服务。

2. 成本优势

网络分销是以网络为平台的，企业可以利用有限的资源，使用较低的成本进行有效的控制，实现利益最大化。

3. 推广优势

在网络上，网络分销拥有充足的空间和市场进行品牌宣传、产品推广，只要客户能上网，就有可能达成交易。

4. 效率优势

网络分销可以使客户在最短的时间内用最便捷的方式获得服务，提升用户体验；同时，高效的运作方式可以使物流企业在相同的时间内销售出更多产品和服务，获得更多的收益，提升企业的运作效率。企业提高效率后，还可以开发各种渠道及代理，扩大网络分销市场。

知识拓展 网络营销的起源

网络营销产生于20世纪90年代，是一种借助互联网媒体，以新的方式、方法和理念，通过一系列网络营销策划，制定和实施营销活动，可以更有效地促成交易的新型营销模式。简单地说，网络营销就是以互联网为主要手段，为达到一定的营销目的而进行的营销活动。

随着互联网影响的进一步扩大，人们对网络营销理解的进一步加深，以及网络营销推广的成功案例越来越多，人们已经开始意识到网络营销的诸多优点并越来越多地通过网络进行营销推广。

网络营销不单单是一种营销手段，更是一种文化，一种信息化社会的新文化，引导媒体进入一个新的模式。

模块四 设计物流服务促销策略

案例导入 京东物流“链物节”热身备战“双十一”

2019年10月11日—18日，京东物流联合全国千家门店发起的以“穿红就打折”为主题的京东物流“链物节”，涵盖DQ、OPPO、罗森便利店、京东专卖店、京东便利店、中国联通、卓越科技等众多知名品牌。在此次“链物节”活动中，消费者可享受“穿红进店可享低至5折的优惠”“穿红寄快递立减3元”和“使用京东服务＋立减20元”等多个福利。

在此次活动中，京东物流不仅设置了“穿红就打折”这种形式感强的互动活动，还邀请了2019年夏天深受年轻人喜爱的旅行团乐队担任活动推广大使，同时通过制作有趣的创意视频，将活动的核心概念和具体信息传递给消费者。此次“链物节”通过京东物流与消费者的互动，不仅让消费者实实在在地享受到折扣，进一步加深了消费者对京东物流业务的感知，同时也揭开了2019年“双十一”活动的序幕。

【思考】

（1）什么是促销？促销有哪些功能？

（2）京东物流的促销活动体现了促销的哪些功能？

案例分析

物流企业在推出物流服务的过程中，除了以其良好的服务和信誉吸引客户以外，还会进行一系列的促销活动，主要采用的促销方式有广告促销、人员推销、营业推广和公共关系等，同时企业还需承担经济责任、环境责任和社会责任。

知识准备

一、物流服务促销和促销组合

物流服务促销是指物流企业在经营过程中，为了获得更多的客户，把企业所能提供的一切有用信息，如物流服务的内容、方式、特色、价位等信息，传递给客户的一种经营活动。促销工作的核心是沟通信息，企业为了促进销售，在企业与中间商和消费者之间建立起稳定、有效的桥梁，实现有效的信息沟通，将物流企业提供的物流服务等信息传递给客户，从而引起物流服务需求的产生。

物流企业在促销中可以使用的方式有很多，按照信息传递的载体，可以把促销分为人员促销和非人员促销两大类，具体包括广告促销、人员推销、营业推广、公共关系四种主要方式。

物流服务促销组合是一个物流企业的总体营销传播计划。促销组合就是有目的、有计划地对广告促销、人员推销、营业推广和公共关系进行综合运用。

如何从中选择和组合，使营销获得成功，是物流企业营销的重点和难点。

同步案例　“双十一”德邦快递这样营销

继2019年号召大家“‘双十一’别为难快递小哥”之后，2020年德邦快递更进一步，打出了一套营销组合拳 。

在一首名为“‘双十一’大件快递收货指南”的欢快歌曲中，德邦快递用灵动活跃、记忆度极高的“洗脑”旋律和诙谐易懂接地气的歌词，直击“大件快递”这一存在已久的行业痛点，向人们阐释了自己的解决方案：高质量的末端交付服务。

在漫画《去年的大件快递vs今年的大件快递》里，德邦快递横跨时间，将2020年德邦快递大件快递服务与往年用户感知的普通快递服务对比——从收件到派件、从分拣到运送，德邦快递通过专业包装、智能分拣、无忧派运、送装一体服务，让一台大屏电视从仓库顺利送达并安装在用户家。

此外，德邦快递还呈现了《“双十一”必备收货秘籍》趣味图文，让收货烦恼一“扫”而光。

“双十一”快递行业鏖战不止，德邦快递却不急不躁，始终聚焦自身大件快递优势，并通过扎实服务和创新营销，构建属于自己的护城河。

课堂互动

1. 物流服务促销的目标是________________________。
2. 物流服务促销的方式包括________、________、________、________。
3. 物流服务促销只能引起消费者的兴趣。（ ）
4. 物流产品促销的作用在于（ ）。
   A. 提供产品销售信息　　B. 突出产品特点，提高竞争能力
   C. 创造需求，扩大销售　　D. 反馈信息，提高经济效益
   E. 树立企业形象，培养品牌忠诚度

二、物流服务广告促销

（一）广告的概念

“广告”一词源于拉丁语，有“注意”“广而告之”之意。广告作为一种传递信息的活动，是企业在促销中普遍重视且应用最广的促销方式。市场营销学中探讨的广告，是一种经济广告，即广告主以促进销售为目的，付出一定的费用，通过特定的媒体传播商品或劳务等有关经济信息的大众传播活动。该定义包含以下几个要点：

（1）是以广大消费者为广告对象的大众传播活动。

（2）以传播商品或劳务等有关经济信息为其内容。

（3）通过特定的媒体来实现，广告主需要支付一定的媒体占用费。

（4）目的是促进商品销售，进而获得较好的经济效益。

同步案例　中国邮政寄递广告片亮相央视频道

2019年9月1日19点43分，中国邮政寄递广告片亮相CCTV-1综合频道。

该广告片以“美好轻松寄，更快更安全”为主题，展示了中国邮政EMS可用手机下单，并在线寄件、查件、收件的服务方式；中国邮政EMS通达全球200多个国家和地区的服务能力；中国邮政EMS覆盖全国6 000多条线路，可实现“今天寄，明天到”的服务承诺。该广告片在展示中国邮政EMS服务内容的同时，还彰显了其企业使命，这支广告片在央视多个频道循环播出，打造了中国邮政EMS的崭新形象。

（二）物流服务广告促销的步骤

物流服务广告促销的步骤主要有明确广告目标、编制广告预算、确定广告内容、选择广告媒体和评价广告效果，见图5-16。

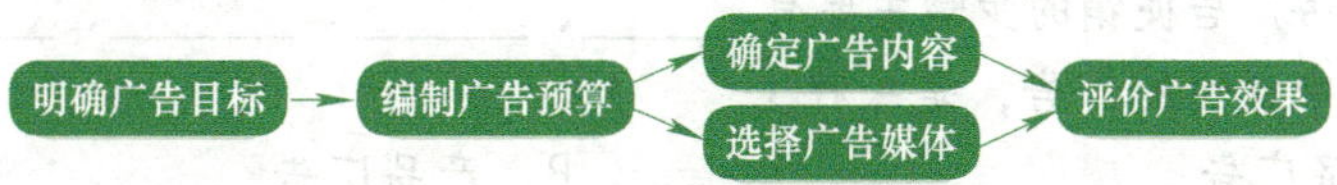

图5-16 物流服务广告促销的步骤

1. 明确广告目标

物流企业要想取得良好的广告效果，必须有的放矢。一般来说，物流企业的广告按照目标可分为以下三种类型：

（1）告知型。告知型广告一般用于物流服务产品的投入期和成长期，主要目的是将物流服务产品信息告知客户，宣传物流企业的形象，从而激发客户的购买欲望。

（2）说服型。当物流服务产品处于成长期或成熟期，面临激烈的市场竞争时，物流企业就应该采用说服型广告。通过强调品牌之间的细微差别，培养客户对该品牌的偏好，从而说服客户购买本企业的物流服务。

（3）提醒型。当物流企业具有一定的知名度或物流服务产品处于成熟期时，可采用提醒型广告。其目的在于加深客户对物流企业或物流服务的记忆，提醒客户购买本企业的物流服务。

课堂互动

在实际生活中，你是否见过这三种类型的广告？请具体说明。

2. 编制广告预算

物流企业做商业广告是一种付费宣传，必须围绕目标控制成本，因此需要编制广告预算。物流广告预算一般包括物流市场调研费、广告设计费、广告媒体使用费和广告公司佣金等。

3. 确定广告内容

广告内容是指广告传递的信息，主要包括要传递哪些信息和如何传递信息（要有什么样的创意）。不同物流企业的广告应该有不同的风格，这样才能引起目标受众的关注，获得良好的广告效果。

4. 选择广告媒体

媒体是客户和物流企业沟通的媒介。物流企业选择广告媒体时，需要考虑媒体形式、物流服务特点、媒体费用，另外还要考虑当地的法律法规、文化习惯、目标受众接触媒体的习惯等。

5. 评价广告效果

评价广告效果一般从沟通效果和销售效果两方面进行。物流企业通过评价广告效果，一方面可以衡量广告带来的客观结果，另一方面可以为以后的广告活动提供参考价值。

课堂互动

1．物流服务广告促销的步骤主要有________、________、________、________、________。

2．营销学中探讨的广告，是一种（　　）。

A．经济广告　　B．产品广告

C．地区广告　　D．网络广告

三、物流服务人员推销

（一）物流服务人员推销的概念

人员销售是销售人员帮助和说服购买者购买某种商品或劳务的过程。物流服务人员推销是指物流服务企业通过工作人员与一个或一个以上可能成为购买者的人交谈，作口头陈述，以推销服务，促进和扩大服务的销售。

运用此策略有两个关键点，一是要加强物流推销人员培训，提升其综合素质和专业技能。二是要加强市场调研和客户研究，了解客户需求，并满足客户需求。

（二）物流服务人员推销的特点

1. 针对性强

物流服务人员推销的主要形式是与客户的直接沟通。推销人员可以根据客户的实际需求，有针对性地从某个侧面介绍物流服务的特点及功能，抓住有利时机促成交易；也可以根据客户的态度和特点，有针对性地采取必要的协调行动，满足客户的需要。

2. 有效性强

物流服务人员推销过程是推销人员直接将产品和服务“推”给客户的过程，通过展示产品或服务、议价、谈判来达成交易，并在这个过程中指导产品或服务的应用、解答质疑，使推销人员与客户之间建立起长期的关系，比非人员推销更富有人情味，因而常能当场成交，成功率较高。

3. 双向信息传递性

在推销过程中，推销人员一方面把企业信息、物流服务信息及时、准确地传递给目标客户，另一方面还可以把市场信息，客户的要求、意见、建议反馈给企业，为企业调整营销方针和政策提供依据。

4. 成本可控性

物流服务人员推销的成本虽然较大，但是企业可以通过调整销售队伍的规模自由控制推销成本。

5. 管理困难

由于有些企业推销人员文化素质较低，加之推销人员队伍不稳定，流动率高，企业很难进行管理。与一般人员促销相比，物流服务人员推销对促销人员要求较高。

（三）物流服务人员推销的步骤

物流服务人员推销的步骤见图 5–17。

图 5–17 物流服务人员推销的步骤

1. 寻找潜在客户

寻找潜在客户即寻找对物流服务有需求或者购买欲望的个人或企业集团，寻找方法包括调查访问、电话或者邮件咨询、行业协会统计资料、参加专业展会或者会议、举办技术研讨会等。

2. 准备阶段

准备阶段包括五个方面：准备自己（包括外表、服饰、举止、表情、心态等）、准备服务（熟悉自己推销的物流服务，准备详细的文字、图片、视频资料）、准备企业（熟悉企业的历史、文化、特色等）、准备市场（熟悉物流市场、市场细分、竞争对手、市场容量、客户地理分布、需求特点、市场短期发展趋势）、准备客户（了解客户背景、特长、需要、购买动机、实力与信用）。

3. 拜访客户

拜访客户包括拟订访问计划、约见客户、接近客户、演示洽谈、处理异议。

4. 成交签约

推销活动的目的就是促成交易，签署协议。推销人员应该在推销过程中抓住客户通过表情、体态、语言及行为等表现出的各种成交意向，促成交易。

5. 售后服务

签约并不意味着交易的结束，推销人员应该跟踪服务，保证服务质量，及时解决服务问题，促进客户重复购买。

课堂互动

1. 应用物流服务人员推销的两个关键点在于＿＿＿＿＿＿＿＿＿、＿＿＿＿＿＿＿＿。
2. 物流服务人员推销的特点包括＿＿＿＿、＿＿＿＿、＿＿＿＿、＿＿＿＿、＿＿＿＿。
3. 物流服务人员推销的步骤主要包括＿＿＿＿、＿＿＿＿、＿＿＿＿、＿＿＿＿、＿＿＿＿。

四、物流服务营业推广

（一）物流服务营业推广的概念

物流服务营业推广也称物流服务销售促进，它是物流企业用来刺激早期需求或强烈的市场反应而采取的各种短期性促销方式的总称。诸如陈列、展出与展览表演和许多非常规的、非经常性的销售尝试。

（二）物流服务营业推广的特点

1. 方式灵活多样

根据针对的对象不同，物流服务营业推广的方式也多种多样，物流企业可根据具体产品或服务的性能、客户心理和市场状况等，进行设计和调整。

2. 针对性强，效果明显

物流企业根据需要可以开展针对客户、物流中间商、推销人员的营业推广活动，调动相关人员的积极性。营业推广能很快地、明显地收到增加销量的效果，它不像广告和公共关系手段需要一个较长的时期才能见效。

3. 临时性和辅助性

物流服务营业推广虽然能在短期内取得明显的促销效果，但是它一般不能单独使用，常常要与其他促销手段相配合。对物流企业来讲，人员推销、广告促销属于常规性的促销方式，而营业推广则是一种非常规性的促销方式，它具有临时性和辅助性的特点。

（三）物流服务营业推广的方式

物流企业可根据营业推广的对象采用不同的方式，具体如下。

1. 针对客户的营业推广

物流企业通常可以采用以下方式刺激客户购买行为：

（1）降价或增加服务而不加价。

（2）赠送促销，如向客户免费赠送一项增值服务。

（3）提供优惠券。

（4）组合促销，以比较优惠的价格（低于分开购买各物流服务的价格之和）提供组合物流服务。

（5）抽奖促销，客户购买一定数量或金额即可抽奖。

（6）提供会员优惠。

同步案例　德邦快递助力学子轻松返校

德邦快递针对校园托运个人市场的巨大需求进行了市场调研，以不断完善其校园托运策略，为年轻的学生群体提供专业的大件快递托运服务。

2020 年 4 月，为了帮学生们“减负”，助力开学季，德邦快递推出了“学业有成，轻装上阵”优惠活动：2020 年 4 月 15 日至 5 月 31 日，全国的学生只要在德邦快递微信公众号下单寄件，都可以领到一张“每满 10 元减 1 元专享券”；湖北的学生从湖北用德邦快递寄件，还可领到一张“8.8 折专享券”。

针对学生们担忧的校园快递“最后一公里”的问题，德邦快递推出“大件快递 3.60”产品，并且承诺：重量不超过 60kg 的快递，均免费送上楼。

素养园地

全心全意为人民服务，是物流从业人员的责任和使命。

物流从业人员的素质要求有：为服务对象着想，提供热情、周到、耐心的服务，使服务对象有“宾至如归”的感受；熟练掌握服务技能，提供高质量的服务。作为物流从业人员，只有不断提高自身文化素质和业务水平，才能胜任自己的工作，更好地为他人带来满意的服务。

2. 针对物流中间商的营业推广

物流企业通常采用合作广告、销售会议、销售提成、购买折扣等方法鼓励物流中间商积极分销物流服务。

3. 针对推销人员的营业推广

物流企业通常采用奖金、销售竞赛、免费培训等手段提高推销人员的销售积极性。

（四）物流服务营业推广的步骤

一般来讲，物流服务营业推广的步骤包括确定推广目标、选择推广方式、制订推广方案、实施推广方案和评价推广效果，见图 5-18。

图 5-18　物流服务营业推广的步骤

1. 确定推广目标

物流企业首先要明确营业推广所要达到的目标。这一目标既要与物流企业的总体营销目标相匹配，也要符合所选目标市场的特点。例如，针对客户的营业推广目标是吸引潜在客户尝试购买物流服务、鼓励客户重复购买本企业的物流服务；针对物流中间商的营业推广目标是吸引物流中间商与物流企业合作；针对推销人员的营业推广目标是鼓励推销人员积极销售物流服务。

2. 选择推广方式

为实现营业推广目标，物流企业应该对目标市场类型、营销目标、竞争环境、物流服务特点、各种推广方式的成本和效率等进行分析，从而选择适当的营业推广方式。

3. 制订推广方案

物流企业应根据确定的推广目标和推广方式制订科学、切实可行的营业推广方案。营业推广方案是对物流企业营业推广活动的具体安排，包括推广规模与强度、推广对象、推广途径、推广时机、推广时间、推广费用等内容。

4. 实施推广方案

营业推广方案制订好之后，物流企业要有条不紊地组织实施。在实施前，可以先进行小规模测试，以防止发生重大失误；在实施过程中，也要进行必要的控制，发现问题及时解决，不断改进推广方案，力求达到最佳推广效果。

5. 评价推广效果

物流企业可以采用多种方法对营业推广的效果进行评价，常用的方法包括比较法、调查法和实验法等。物流企业对营业推广效果进行全面评价，有利于及时总结经验、吸取教训，从而改进营销工作。

课堂互动

1. 物流服务营业推广的步骤包括______、______、______、______、______。
2. 物流服务营业推广活动能单独使用吗？
3. 物流服务营业推广的特点包括（　　）。

A. 方式灵活多样　　B. 针对性强，效果明显

C. 临时性　　D. 辅助性

五、物流服务公共关系

（一）物流服务公共关系的概念

公共关系又称公众关系，简称“公关”。物流服务公共关系是指物流企业在市场营销活动中正确处理企业与社会公众的关系，以便树立企业的良好形象，从而促进物流服务产品销售的一种活动。

物流服务公共关系主要由物流企业、公众、传播三个要素构成，见图 5-19。物流企业是公共关系的主体，公众是公共关系的客体，传播则是沟通公共关系主体与客体的桥梁，这三者共存于同一个社会环境中。

图 5-19　物流服务公共关系的构成

（二）物流服务公共关系的特点

公共关系是社会关系的一种表现形态，物流服务公共关系与其他任何关系都不同，有其独特的性质。物流服务公共关系的特点表现在以下几方面。

1. 以公众为对象

公共关系是物流企业和与其相关的社会公众之间的相互关系。物流企业必须着眼于自己的公众，才能生存和发展。物流服务公共关系活动的策划者和实施者必须始终坚持以公众利益为导向。

2. 以美誉为目标

塑造形象是公共关系的核心问题。提高知名度和美誉度是物流企业的基本目标。

3. 以互惠为原则

公共关系是以一定的利益关系为基础的。物流企业在发展过程中要得到相关组织和公众的长久支持与合作，就要奉行互惠原则，既要实现本企业的目标，又要让公众获益。

4. 以长远为方针

物流企业要想给公众留下良好的印象，不是一朝一夕所能及的，必须经过长期的艰苦努力。公共关系的实践告诉我们，不能把公共关系人员当作“救火队”，而应把他们当作“常备军”，把公共关系当成一种长期性的工作。

5. 以真诚为信条

以事实为基础是公共关系活动必须切实遵循的基本原则之一。物流企业树立一个诚信的形象，才能取信于公众。唯有真诚，才能赢得合作。

6. 以沟通为方式

只有双向沟通的过程，才是公共关系的完整过程。物流企业进行公共关系活动，一方面要将有关产品及企业的各种信息准确、有效地传播给公众，争取公众对企业及企业产品的认知和了解；另一方面，还要向广大公众搜集有关物流企业产品的需求和反馈信息，为协调物流企业产品与公众需求打下良好基础。

（三）物流服务公共关系的步骤

物流服务公共关系的步骤主要包括确定公关目标、确定公关对象、选择公关方式、制订公关方案、实施公关方案和评价公关效果，见图 5–20。

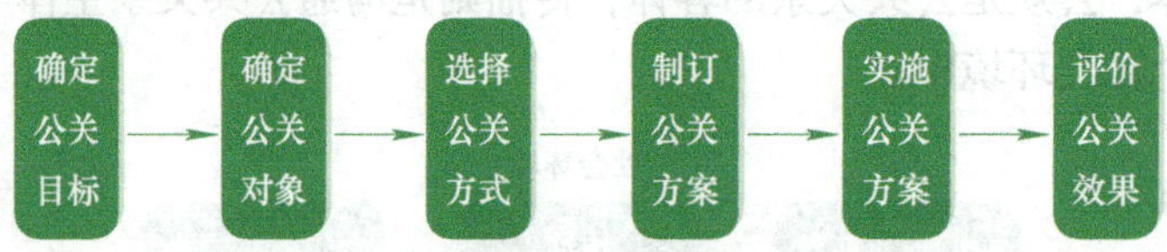

图 5–20　物流服务公共关系的步骤

1. 确定公关目标

物流企业应在调查研究的基础上，根据企业营销的总目标和公众对企业的意见来确定具体的公关目标。公关目标通常包括提升物流企业知名度、可信度，减少公众对物流企业的误解，消除不当事件的负面影响等。

2. 确定公关对象

公关对象取决于公关目标，不同的公关目标决定了公关对象的侧重点不同。例如，公关目标是提高客户对本企业的信任度，那么公关对象就应该是客户；如果物流企业与社区出现摩擦，其公关活动就应该针对社区公众进行。

3. 选择公关方式

选择公关方式时必须考虑特定的市场环境和相关的文化背景，以及公关活动的费用预算、公关活动的时机等。

4. 制订公关方案

物流企业应在考虑上述因素的基础上制订科学、切实可行的公关方案，对物流企业的公关活动做出具体安排。

5. 实施公关方案

物流企业在实施公关方案的过程中，应确保能有效控制各项工作的完成进度，及时发现公关方案实施过程中的偏差甚至错误，并进行调整与纠正。

6. 评价公关效果

公关效果的评价方法主要有以下几种：

（1）展露度衡量法。通过统计公关活动在新闻媒体上的展露次数和时间，了解公关活动的影响。

（2）态度改变衡量法。考察公关活动后公众对物流企业或品牌的知晓度、理解度和态度偏好方面的变化情况，从中了解公关效果。

（3）销售评估法。通过比较公关活动前后物流服务的销售量与利润等的变化情况，了解公关效果。

（四）物流服务公共关系的具体策略

在实践中，常用的物流服务公共关系策略有以下几种。

1. 利用新闻媒体进行宣传

利用新闻媒体宣传物流企业和物流服务是一种较常用的公关策略。物流企业可以向新闻媒体投稿，召开记者招待会、新闻发布会、新产品信息发布会，或邀请记者写新闻通讯、人物专访、特稿等，来宣传物流企业及其物流服务的信息。

2. 参加各种活动

物流企业可通过赞助文体活动、福利事业或市政建设等，扩大物流企业的社会影响力，提高企业知名度与美誉度，赢得社会公众的信任和支持。

3. 刊登公共关系广告

公共关系广告包括介绍物流企业历史的广告、节假日庆贺的广告、对同行的祝贺广告、向公众致意的广告、鸣谢广告等。这种广告有助于宣传企业的整体形象，增加公众对物流企业的了解，进而推动物流服务的销售。

4. 开展各种专题活动

专题活动包括展览会、周年庆典活动、对外开放参观活动、有奖答题活动等。物流企业可以通过开展各种专题活动加强与外界公众的联系，扩大企业的影响力，从而树立良好的企业形象。

同步案例　圆通速递成立 20 周年，设立“圆梦基金”

2020 年 5 月 28 日，圆通速递举办成立 20 周年庆祝大会。大会上，圆通速递宣布成立 1 亿元的“圆梦基金”，用于帮助退伍军人、大学生等就业创业。

通过此次周年庆典活动，圆通速递不仅加强了与其他企业和公众的联系，还提升了企业的形象。

5. 危机事件处理

在物流企业经营过程中，危机事件常有发生，如客户投诉、安全事故、对企业不利的信息传播等。这些事件往往会使物流企业的信誉下降，销售额下跌。在发生危机事件时，物流企业公关人员应该及时做好公关工作，表达出处理危机的诚意和与公众沟通的意愿，化“危机”为“机会”。

6. 导入企业形象识别系统

在当前的市场竞争中，物流企业形象的塑造至关重要，企业形象识别系统（Corporate Identity System，CIS）已成为推动企业发展的一种动力。采用 CIS 可以使物流企业将其经营理念、企业文化等，通过动态和静态的传播方式传递给社会公众，从而树立良好的形象，使客户对物流企业及其物流服务产生好感。

素养园地

随着社会经济的不断发展，在市场经济条件下，塑造良好的企业形象对企业的发展至关重要。企业形象是企业内外对企业的整体感觉、印象与认知，是企业状况的综合反映，是企业精神文化的一种外在表现形式，是社会公众与企业接触交往过程中所感受的总体印象。树立良好的企业形象不仅可以使企业得到社会公众的信赖和支持，还有利于企业产品占领市场，增强企业的筹资能力；有利于企业吸引人才，增强企业的凝聚力，打造品牌效应，塑造企业的核心竞争力。

课堂互动

1. 物流服务公共关系主要由________、________、________三个要素构成。
2. 物流服务公共关系的基本特点包括（　　）。

A. 以公众为对象　　B. 以美誉为目标

C. 以互惠为原则　　D. 以长远为方针

E. 以真诚为信条　　F. 以沟通为方式

3. 物流服务公共关系有哪几个步骤？

单元小结

本单元主要讲述物流服务品牌策略、物流服务生命周期策略、物流服务定价策略、物流营销渠道策略以及物流服务促销策略；简要介绍了物流服务产品和组合，物流服务定价的目标、程序和方法，物流营销渠道概念、种类、影响因素、网络营销等内容。

单元评价

内容		评价		
学习目标	评价项目	自我评价	组间评价	教师评价
专业知识（20分）	物流服务产品策略	得分及备注：	得分及备注：	得分及备注：
	物流服务定价策略			
	物流服务渠道策略			
	物流服务促销策略			
专业技能（45分）	有针对性采取各种策略	得分及备注：	得分及备注：	得分及备注：
	各种策略组合运用			
	制定策略实施方案			
职业意识（20分）	团队合作、创新精神	得分及备注：	得分及备注：	得分及备注：
	积极主动			
	服务、质量意识			
	安全规范操作意识			
通用能力（15分）	沟通协调能力	得分及备注：	得分及备注：	得分及备注：
	语言表达能力			
	解决问题能力			
教师建议：		评价总汇： A．优秀　B．良好 C．基本掌握　D．没有掌握 （参考标准：得分＜60分为没有掌握，60分≤得分＜70分为基本掌握，70分≤得分＜80分为良好，得分≥80分为优秀）		
个人努力方向：				

巩固与提高

一、名词解释

1．物流服务产品
2．物流服务组合
3．习惯定价法
4．撇脂定价策略
5．物流服务营销渠道
6．直接渠道

7. 营业推广
8. 公共关系

二、简答题

1. 简述品牌的作用。
2. 物流服务进入成熟期时，物流企业可以采取哪些营销策略？
3. 物流服务定价方法有哪几种？
4. 举例说明物流服务定价策略的含义及应用。
5. 物流服务营销渠道评价标准是什么？
6. 影响物流营销渠道设计的因素有哪些？
7. 公共关系的具体策略有哪些？
8. 简述人员推销的步骤。

三、案例分析

（一）快递连续涨价为哪般

2021年“双十一”，快递涨价比往年来得早一些。10月中旬，中通、圆通等多家快递公司宣布涨价称，从11月1日起，每票派费上调0.1元，由发件方支付。

要知道，这已经是快递企业在2021年“双十一”未到来前的第二波涨价。第一波则是在国庆假期结束后。9月28日，中通、圆通、极兔、韵达等几家快递均发布一则《关于规范快递市场服务价格的通知》，将于10月8日起对低于实际运作成本的快递价格进行规范。不过，第一波涨价调整主要集中于上海，并没有大范围扩散。

问题来了：进入10月快递接连涨价究竟是不是“油价上涨”所致？快递涨价潮背后反映了什么问题？这次快递涨价后，还会再降价吗？

在“双十一”期间，人工、燃油、包装材料等成本上涨是市场需求突然大增所致，当需求供不应求时，涨价是必然的。这是旺季快递涨价的常规原因。

2021年旺季快递涨价所蕴含的意义与往年略有不同。往年可能快递企业比较在意的是抢占市场份额、通过低价抢夺更多业务量，其他如服务质量、维稳网点、维护快递员合法权益都是其次。2021年在相关政策引导下，市场份额反而居于次要地位，服务质量、维稳网点、维护快递员合法权益成了核心关注焦点。

因此，从2021年开始，国家相关部门出台相关政策管制快递市场无序价格战，呼吁行业做好快递员群体合法权益保障工作，为的是促进行业良性健康发展。

快递涨价是大势所趋，涨价直接目的就是对冲成本压力，保利润、保稳定，帮助快递企业迈出低价竞争的第一步，并且这一步需要和服务质量同步提升，毕竟价格提高的前提是服务质量的提升，下一轮比拼的就是服务质量。

早前一位行业资深人士曾表示，从行业角度考虑，在经历价格“恶战”后，快递价格偏离其价值匹配度，末端网点入不敷出的困境时有发生，应该鼓励快递行业的自主调价行为，这有利于企业之间服务质量的对比提升，增强企业综合竞争力，促进行业整体进步。

该资深人士称，除了调整价格，快递行业也需要通过科技、管理手段降低成本，提高服务能力。

思考：

1. 价格的决定因素有哪些？

2. 从一般意义上来讲，物流资费涨价利弊分别有哪些？你认为当前物流行业健康有序发展主要依赖什么因素？

（二）零环节物流

三联物流描摹的是这样一幅图画：王先生想买冰箱，于是他来到居所附近的一家三联家电连锁店，这家以陈列各类家电产品为主要功能的连锁店更像现在的汽车展示厅。在销售人员的帮助下，王先生大致了解了各种品牌冰箱的性价比，并打算购买A厂家生产的冰箱B。王先生下的订单通过这家连锁店的信息采集系统迅速传送到三联家电总部的ERP系统中，并通过系统接口自动传送到厂家的信息系统。冰箱B生产完成后，由专业物流配送人员根据订单上留下的地址送到王先生家。这是一个基于异常通畅“信息流”的过程，这个过程物流所涉及的环节减到了最少，三联称此为“零环节物流”。

思考：

1. 结合案例，谈谈何为“零环节物流”？

2. 结合案例，谈谈三联物流采用的是哪种营销渠道？该渠道有何益处？

四、实训练习

实训目标

通过实例，掌握并能够应用物流服务定价策略和技巧。

实训内容

从超市的货架上随手取下一瓶洗发水，想想这瓶洗发水从流水线下线后，会被多少辆卡车运转到多少个物流配送中心？需要历经多少环节才被送上货柜？更重要的是，需要怎样做才能够更经济地将这瓶洗发水送到零售店里去？

某洗发水生产企业在激烈的市场竞争中需要考虑产品定价体系中的物流服务价格，现在请分析一瓶洗发水物流服务费的定价情况，给出一个合理的定价方案。

实训步骤

（1）6人一组，组长分工；确定定价目标。

（2）搜集选定洗发水生产企业不同时期的价目表。

（3）调查分析各个时期的物流环节和影响价格的因素。

（4）根据定价目标，用合理的定价方法制定物流价格。

实训考核

形成调研报告，并提供适宜的定价方案。以PPT形式分组报告。

单元六

提升物流客户满意度

知识目标

- 了解客户满意度的含义和重要性。
- 理解客户满意指标。
- 掌握客户满意度的评价方法。

技能目标

- 能设计客户满意度指标。
- 能对客户满意度进行评价。
- 初步具备客户满意度战略策划的能力。

素质目标

- 通过学习客户满意度，树立“以客户为中心”的经营理念，强化责任意识，发扬中国物流精神。

思维导图

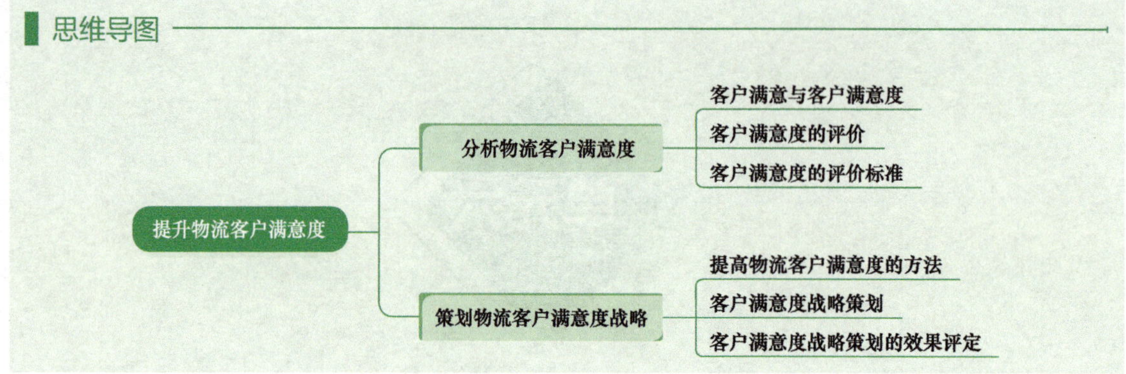

模块一　分析物流客户满意度

案例导入　盒马“5km 1小时送达”服务升级新零售生鲜配送大战

2023 年 3 月 30 日，许多曾经享受不到生鲜超市免费配送上门服务的“盒马边缘人”迎来了一个好消息。盒马宣布全国各地的门店配送范围由原先的 3km 扩展到 5km，并提供最快 1 小时送达服务。盒马针对新增的配送区域，调整门店拣货布局，科学计算配送链路，并在冻品和热食订单中增加效果更好的保温材料，保证服务质量。同时，原先约 3km 范围内最快 30 分钟送达服务保持不变。这也是盒马自成立以来首次配送扩区。

近年来，随着社会的发展和客户需求的提升，线上下单线下配送逐渐成为大型连锁超市的标配。除盒马外，麦德龙、沃尔玛、大润发等超市都在全国多地开放了消费送货上门的服务，大部分的配送范围为 5km。盒马此时扩大配送范围相当于补齐了这一能力短板。

【思考】为什么盒马要扩大配送范围？

案例分析

客户及其需要是企业建立和发展的基础，满足客户的需要，是企业战胜竞争对手的最好手段，是企业成功的关键。客户满意是企业长远发展、战胜竞争对手的有力工具。

知识准备

企业要想在一个客户身上挖掘更多的价值，主要通过提高客户的复购率和对企业进行口碑传播两种方式。但最根本的还是让客户满意。只有客户满意，他才可能多次购买企业的产品或服务，甚至将产品或服务分享给身边的人。物流企业要实现可持续发展，其物流服务需满足客户需求，使其满意。

一、客户满意与客户满意度

（一）客户满意的概念

奥利弗认为，客户满意是客户得到满足后的一种心理反应，是客户对产品或服务满足自己需要程度的一种判断，判断的标准是这种产品或服务满足客户需求的程度。换句话说，客户满意是客户对所接受的产品或服务过程进行评估，以判断其是否能达到他们所预期的程度。

亨利·阿赛尔认为，客户满意取决于商品的实际消费效果和消费者预期的对比。当商品的实际效果达到消费者的预期时，就会令客户满意；否则，就会导致客户不满意。

菲利普·科特勒认为，满意是指个人将对产品或者服务可感知的效果与他的预期值相比较后所形成的愉悦或失望的感觉状态。

综上所述，客户满意（Customer Satisfaction）是一种心理活动，是客户的需求被满足后形成的愉悦感或状态，是客户的主观感受。当客户的感知没有达到预期时，客户就会不满、失望；当感知和预期一致时，客户是满意的；当感知超出预期时，客户会感到“物超所值”“喜出望外”，就会很满意。

知识拓展　客户满意的特征

客户的满意主要表现为主观性、层次性、相对性、动态性和阶段性五个特征。

1．主观性

客户感受对象是客观的，但满意是建立在对产品或服务的体验之上的。所以，满意与否具有强烈的主观色彩。满意与否会受到客户自身条件，如文化背景、经验履历、经济地位、生活习惯、价值观念、个人需求及评价动机，甚至个人性格、好恶、情绪等非理性主观因素的影响。

2．层次性

客户满意是客户对企业提供的产品或服务的心理评价，该评价是多层次的，同时也具有多重指标。客户满意，从横向来看可以分为理念满意、行为满意、视听满意、产品满意和服务满意；从纵向来看可以分为物质满意、精神满意和社会满意。不同的客户的满意程度和满意层次会因时、因地、因人而异，变化多样。

3．相对性

客户通常对企业的产品或服务的技术指标和开发成本、生产服务成本等经济指标不熟悉，习惯于把购买的产品或服务与以前的消费经验进行比较，从而得出对产品或服务满意与否，而此满意或者不满意具有相对性。

4．动态性

客户需求的多样性导致客户对产品或服务的满意度也会随之发生变化。随着社会经济和文化的发展，客户的需求和期望随之增加和提升，相应的客户满意也会发生变化，甚至从满意转变为不满意。客户对企业产品或服务是否满意的评判是一个随时间推移、社会发展而变化的动态过程。

5．阶段性

客户对产品或服务的满意程度来自购物过程和产品的使用体验，取决于其过去多次购物或享受服务中的积累，因而具有阶段性。

（二）客户满意的意义

1. 客户满意是客户忠诚的基础

从客户的角度来讲，其没有理由让自己继续接受不满意的产品或者服务，也就是说，企业如果一次不能让客户满意，就很有可能得不到客户的再次眷顾与垂青。

一般来说，客户满意度越高，客户的忠诚度就会越高；反之，客户的忠诚度就会越低。所以，客户满意是形成客户忠诚的基础，是留住老客户的最好方法。

2. 客户满意是企业战胜竞争对手的最好手段

客户及其需要是企业建立和发展的基础，满足客户的需要，是企业成功的关键。如果企业不能满足客户的需要，而竞争对手能够使他们满足，那么客户很可能就会流失，而投靠能让他们满意的其他企业。因为“如果我们不关照客户，那么别人是会代劳的”。谁能更好地、更有效地满足客户需要，让客户满意，谁就能够拥有竞争优势，从而战胜竞争对手，赢得市场，生存发展下去。

3. 客户满意是企业取得长期成功的必要条件

客户满意可以提高企业的管理水平，节省企业维系老客户的费用，同时，满意客户的理念宣传还有助于降低企业开发新客户的成本，增强员工“客户满意”意识，提高其素质，树立企业的良好形象。可以说，客户满意是企业持续发展的基础，是企业取得长期成功的必要条件。

（三）客户满意度的概念

客户满意度（Customer Satisfaction Degree）是衡量客户满意程度的常用的感知性量化评价指标，由该指标可以直接了解企业或产品在客户心目中的满意级别以及能够期待他们未来继续购买的可能性。它是客户对产品质量或服务质量的真实体验在客户期望中的占比，因而客户满意度是由客户的预期和感知两个因素决定的。衡量客户实际满意度的大小，可以用一个简单的公式来描述：

$$c=\frac{b}{a}$$

式中，c 为客户满意度；b 为客户感知值，是客户在购买或者消费过程中，企业提供的产品或服务给客户带来的价值，它等于客户购买产品或服务所获得的总价值与客户为购买该产品或服务所付出的总成本之间的差额；a 为客户期望值，是指客户在购买、消费之前对该产品价值、服务价值、人员价值、形象价值、货币成本、时间成本、精神成本、体力成本等方面的主观认识或期待。

当 c 等于 1 或接近 1 时，客户的感受为“比较满意”；当 c 小于 1 时，客户的感受为“不满意；当 c 等于 0 时，客户的期望完全没有实现。一般情况下，客户满意度的值多在 0 到 1 之间，但在某些特殊情况下，客户满意度的值也可能大于 1，这意味着客户获得了超过其期望的满足感受。

一般用客户满意等级来表示客户满意度，即客户在购买或消费相关产品或服务后，所产生的满足状态层次。例如，根据心理学的梯级理论，我们可以把客户满意程度分为七个等级，即非常不满意、不满意、不太满意、一般、较满意、满意和非常满意。客户满意等级是相对的，满意虽有层次之分，但其界线模糊，从一个层次到另一个层次并没有明显的界线。

（四）客户满意度的衡量指标

通过客户满意度可以直接了解企业、产品或服务在客户心目中的满意级别。但满意是一个不确定的概念，因人而异。面对同样的产品或服务，有人满意，也有人不满意。一般来说，可以从以下六个方面的指标来衡量客户满意度。

1. 美誉度

美誉度是客户对企业的褒扬程度。借助美誉度，我们可以知道客户对企业所提供的产品或服务的满意程度。一般来说，持褒扬态度、愿意向他人推荐企业及其产品或者服务的客户，肯定对该企业提供的产品或服务是满意或者非常满意的。

2. 指名度

指名度是客户指名消费或者购买某企业的产品或服务的程度。如果客户在消费或者购买过程中放弃其他选择而指名购买、非此不买，表明客户对该企业的产品或服务是非常满意的。简而言之，指名度越高，客户的满意度越高。

3. 忠诚度

忠诚度是客户在购买了某企业的产品或者服务之后，愿意重复购买的程度。如果客户持续购买，一般表明客户是满意的。如果客户不再购买而改购其他企业的产品或者服务，表明客户很可能是不满意的。通常来说，客户对该企业产品或服务的重复购买次数越多，表明客户的满意度越高，反之则越低。

4. 容忍度

容忍度是指客户在购买或消费了某企业的问题产品或服务之后愿意包容、容忍的程度。一般来说，客户的容忍度越高，表明客户越满意；反之则越不满意。例如，当产品或者服务出现问题时，客户如果仍然能表现出容忍的态度（既不投诉，也不流失），那么表明这个客户对该企业是满意的；反之，如果客户购买企业产品或服务之后，产生很高的抱怨率或投诉率，则表明这个客户对该企业不满意。

5. 购买额

购买额是指客户购买企业产品或服务所支付的金额。一般而言，客户对某企业的产品或者服务的购买额越大，表明客户对该企业的满意度越高；反之，则表明客户的满意度越低。

6. 购买决策时间

一般来说，客户做出购买决策越迅速，购买决定时间越短，说明他对该企业的满意度越高；反之，则可能说明他对该企业的满意度低。

总之，客户满意是一种暂时、不稳定的心理状态。为此，企业应该经常性地测试，如可以经常性地在现有客户中随机抽取样本，向其发送问卷或者打电话、向客户询问其是否对企业的产品或者服务满意。若满意，达到了什么程度，哪些方面满意；若不满意，是对哪些方面不满意。如果客户的满意度普遍较高，则说明企业为客户提供的产品或者服务是受欢迎的，企业与客户的关系处于良性发展状态，企业应再接再厉；反之，则需再多下功夫、下大力气改进产品或者服务，提高客户满意度。

课堂互动

1．客户的满意度是由＿＿＿＿＿＿、＿＿＿＿＿＿两个因素决定的。

2．以下（　　）表明客户满意度超出期望。

A．感知值＞期望值　　B．感知值＜期望值

C．感知值＝期望值　　D．感知值≠期望值

3．以下对客户满意理解正确的是（　　）。

A．主观感受　　B．确定的概念

C．不稳定的心理状态　　D．单一固定的状态

4．客户满意是企业持续发展的基础，是企业取得长期成功的必要条件。（　　）

二、客户满意度的评价

客户满意度评价，就是通过适当的方式方法，获取满意度水平信息，在此基础上，运用统计分析工具，挖掘满意度数据信息，并与企业业务相关联，寻求业绩改进措施的过程。

物流是一个服务过程，所以大部分物流企业都是服务提供商。因而物流客户满意度评价是从客户角度研究客户服务过程质量，包括面向供应链终端客户服务满意度评价和面向供应链伙伴的服务满意度评价。它能使企业明确本企业的客户服务状况及其在服务方面需要解决的问题，了解客户对服务的需求和期望以及竞争对手的情况，进而便于企业建立更科学、更完善的激励机制和管理制度，最大限度发挥员工积极性和创造性，进一步提高客户服务水平和客户满意度。

（一）物流客户满意度评价内容

1. 评价客户近期所感受的服务质量

企业选择适当的客户，要求他们对近期接受的服务做出评价。评价的内容包括对当前经历的服务质量的总体评价、对服务个性化的评价和对服务可靠性的评价。

2. 评价客户预期的服务质量

企业要求客户配合回想以往消费该项服务的体验或口碑的影响，确定对该项服务的预期质量水平，评价的指标可包含对服务质量的总体期望、对服务个性化的期望值和对服务可靠性的期望值。

3. 评价客户感知价值

企业要求客户评价付出的成本与其所获得的服务质量是否对等，分析该项服务的优劣势。

4. 评价总体客户满意度

企业需要测定客户的总体满意度水平，所获得服务优于或劣于预期水平的差距以及客户所获得的现实服务与理想服务水平之间的差距。

5. 评价客户抱怨

建立长期良好的客户关系对于企业而言至关重要。通过客户的抱怨情况可以反映出企业与客户的沟通水平和管理水平。

6. 评价客户的忠诚度

客户的忠诚经常表现为客户对企业所提供的产品或服务的高度依赖，而该依赖源于其满意程度。通过客户获得产品或服务后再次购买产品或接受服务的倾向性，可以反映客户的满意度。

（二）物流客户满意度评价程序

1. 进行客户满意度调查

企业自己或者委托咨询、调查机构开展客户满意度调查，收集客户满意度的信息。通常使用问卷法、协调办公法、专家共评法等，其中问卷法是满意度调查最常用的方法，而协调办公法和专家共评法是最有价值的方法。

（1）问卷法。问卷调查法在物流客户满意度调查中被广泛使用，它能对合作伙伴由上至下各层级的管理者和员工进行调查。但问卷应不涉及企业机密、引起受访者顾虑、技术流程等问题。虽然问卷法有助于发现双方合作过程中的问题，但经常与协调办公法、技术分析法、专家共评法等组合使用。

设计问卷和调查是客户满意度评价的关键环节，客户满意度评价结果的准确性很大程度上是由调查问卷的设计是否妥当决定的。

1）抽样技术。客户满意度评价中的抽样技术主要包括抽样方式和样本量的确定。

① 抽样方式。客户满意度调查主要采用的是随机抽样的方式。随机抽样主要有简单随机抽样、等距抽样、分层抽样和整群随机抽样等方式。抽样时应根据调查对象的性质和研究目的的不同，选择不同的随机抽样方式。

② 样本量。样本量是指样本单位的多少。样本量的确定对总体的代表性、调查的费用和投入的人力都有重要的影响。样本量太小，会影响样本对总体推断的准确性和可靠程度；样本量过大，会造成不必要的人力和财力的浪费。

2）调查方法。根据抽样技术确定调查方法，传统的调查方法主要有面访调查、定点拦访、电话调查、留置问卷调查、邮寄问卷调查。随着现代信息技术的运用，出现了一些新的调查方法，包括网络调查、计算机辅助电话访问等。

3）调查问卷的设计。设计客户满意度调查问卷时，应精心设置调查项目和问题，可以采取直接提问式、间接提问式、排序式、引出式等方式，提出问题时应注意策略，不要涉及客户隐私，让客户不舒服或有取宠客户之嫌。同时项目不能太多，应根据近期发生的问题有重点地提出，设计的问卷结构应简洁明了，让客户容易回答。

常用客户满意度调查方法分析

（2）协调办公法。协调办公法是指合作双方聚在一起，共同了解和探讨合作过程中的服务不足，商讨解决问题的措施，完善服务方案的一种方法。它能互通信息，表达真实意愿，并及时进行评价，解决问题。

（3）专家共评法。专家共评法是指由专家组对物流伙伴的服务进行专业性综合评价，掌握服务的现状，发现影响服务质量提高的深层次原因，并制定解决方案和操作规程的一种方法。在影响供应链伙伴关系的服务质量因素中，有一些主观、人为因素，还有一些并不是员工所能解决的技术因素，此时就需要聘请专家进行共评。但该方法不能由物流企业单独开展，需要与各合作伙伴共同组建专家组、开展评价，这样各方才能受益。

2. 进行客户满意度对比分析

将收集到的客户信息及市场反馈信息等资料与历史数据对比、与竞争对手对比，分析存在的差距，找出优劣势，分析问题并寻求改进方案。

3. 实施改进方案，落实改进措施

企业积极实施改进方案，将相应措施严格落实到部门、人员。不仅企业领导要了解情况，更要让基层员工努力重视，贯彻到日常服务中，即时、真诚地为满足客户需求而工作。

4. 确认改进效果，不断提高客户满意度水平

企业对执行改进方案后的服务情况进行考核，分析存在的问题并提出相应的措施继续改善服务质量，满足客户需求，不断提高客户满意度。

课堂互动

1. 客户满意度评价的关键环节是________________。

2. 以下属于传统调查方法的是（　　）。

A. 网络调查　　B. 博客调查

C. 计算机辅助电话访问　　D. 定点拦访

3. 客户满意度评价只是定性研究的过程。（　　）

4. 物流客户满意度评价包括面向供应链终端客户服务满意度评价和面向供应链伙伴的服务满意度评价。（　　）

三、客户满意度的评价标准

企业一般构建一套衡量、评价和提高客户度满意度的指标体系，运用层次化结构，由表及里、深入清晰地表述客户满意度。建立客户满意度评价指标体系是实施客户满意度调查的核心环节，很大程度上也决定了调查结果的可靠性和有效性。

（一）建立客户满意度评价指标体系的原则

客户满意度评价指标体系是一个多指标的结构，是由一系列相互联系、能反映客户满意状态及其存在问题的指标构成的。在设计客户满意度评价指标体系时应从客户角度出发，准确把握客户需求。同时，客户满意度评价指标体系还应具有广泛性、相对独立性、可控性和可测量性。此外，设计评价标准时也要考虑竞争对手的特性，与竞争对手进行比较。

（二）客户满意度评价指标体系的构成

一般来说，将客户满意度评价指标体系划分为四个级别。客户满意度评价指标体系的一、二、三级指标见表6-1。四级为调查问卷上的问题。

表6-1 客户满意度评价指标体系

一级指标	二级指标	三级指标
客户满意度	企业/品牌形象	客户对企业或品牌的总体印象
		客户对企业或品牌的知晓度
		客户心目中企业或品牌与竞争对手相比是否具有独到之处
	客户预期	客户对产品或服务质量的总体预期
		客户对产品或服务质量满足需求程度的预期
		客户对产品或服务质量稳定性的预期
	产品质量感知	客户对产品质量的总体评价
		客户对产品质量满足需求程度的评价
		客户对产品质量可靠性的评价
	服务质量感知	客户对服务质量的总体评价
		客户对服务质量满足需求程度的评价
		客户对服务质量可靠性的评价
	价值感知	给定价格时客户对质量的评价
		给定质量时客户对价格的评价
		客户对总成本的感知
		客户对总价值的感知
	客户满意	总体满意度
		客户实际感受与服务水平相比较的满意度
		客户实际感受与预期服务水平相比较的满意度
		客户实际感受与竞争对手相比较的满意度
	客户抱怨	客户是否产生抱怨
		客户是否投诉
		客户对投诉处理结果的满意度
	客户忠诚	客户重复购买产品或服务的可能性
		客户能接受的涨价幅度
		客户是否能抵制竞争对手的拉拢
		会影响身边的其他人，从而形成一个客户群体

通过使用五级李克特量表或七级量表，将客户满意水平分为非常不满意、不满意、一般、满意、非常满意五级或非常不满意、不满意、不太满意、一般、较满意、满意、非常满意七级。相应的客户满意水平从最不满意的0分到非常满意的100分进行赋值。通过了解可以汇总计算每个评价指标的客户满意度评价值，也可以计算每个受访者对测量对象的态度总分，以了解不同被访者对受测对象的不同态度。

而影响物流客户满意度的因素很多，如客户服务失误响应、产品质量与可靠性、性价比、形象美誉度等。很多物流企业用物流服务的可得性、可靠性、响应度、可信度、专业性、个性化及有形性等常见指标来衡量，同时结合时代要求，新增许多现代化智慧技术指标。

素养园地

社会经济的持续快速发展和科技的进步，促使物流行业竞争日益加剧和物流需求不断提升。物流企业要紧跟时代潮流，发展智慧物流，坚持以客户为中心，想客户所想，急客户所急，解客户所难，为客户提供便捷、快速、优质、定制化的服务，提高客户满意度，实现物流企业的可持续发展。

课堂互动

1. 客户满意度评价指标体系是一个__________的结构。
2. （　　）属于同一级别评价指标。
   A. 客户忠诚　　B. 质量感知
   C. 价值感知　　D. 客户预期
   E. 客户对品牌的知晓度
3. 质量感知可以是产品质量感知，也可以是服务质量感知。（　　）

模块二　策划物流客户满意度战略

案例导入　华为助力物流行业转型

随着数字化转型和全球电子商务的快速发展，物流行业进入了一个新的快速增长期。而大数据、人工智能、物联网等技术的发展和应用，将为物流行业带来新一轮的产业革命。华为作为智慧物流解决方案的提供商，充分考虑物流行业客户的业务需求，给客户带来更好的网络体验。依托于华为 OceanConnect 物联网平台、NB-IoT（窄带物联网）、RFID（射频识别）等技术，将货车、货物、仓库资产、泊位等信息进行大数据分析和可视化管理，帮助企业在运输、配送及仓储等环节全面提升效率，实现物流管理的数字化、信息化和智能化。货物运输过程全程可视化，冷链监控提升运输安全和质量。供应商到货准时率大幅提升，提升物流效率。仓储管理数字化，更直观、更高效。借助区块链技术，华为构建了由生产商、仓储方、物流商、客户共同参与的区块链协作平台。未来，华为将持续助力物流行业实现数字化转型。

【思考】分析华为为何能成功打造物流行业“智慧引擎”，给客户带来更好的体验。

案例分析

企业要在市场中占有一席之地，需强化责任意识，以市场为导向，以客户为中心，满足其需求，提供具有特色、个性化的产品或服务，提升客户的感知价值，增强客户的满意感，进而促进企业的发展。

知识准备

在激烈的市场竞争中，如何通过提供高质量的物流服务，全方位满足客户需求，提高客户满意度，成为物流企业求得生存和发展的关键。

一、提高物流客户满意度的方法

(一)提供个性化产品和服务，打造和维护具有竞争力的服务品牌

随着消费需求的个性化、多样化发展，客户对能展现个性的产品和服务更加青睐。在保持一定规模生产的同时，针对不同客户的生产经营特点，为其设计并提供有针对性的、个性化产品和服务，使其满意，这是终端物流的责任和义务。为此，企业必须了解客户的真正需求，让客户亲自参与产品的设计过程，使其感受服务的量身定做，提高服务的柔性和敏捷度，做好后续服务。此外，物流企业须着力打造能充分体现自己核心竞争力的服务品牌，运用有效手段赋予品牌新的活力，维护品牌的地位；做好宣传，提高企业的知名度和美誉度，使客户感到享受的企业服务是价值的体现。

(二)实施客户关系管理

1. 增强客户体验

增强客户良好的体验感是培养客户信任感的有效方法。让客户来体验，通过细节服务和持续的关心，增强客户和企业间的向心力和凝聚力。对此，第一，企业要树立以客户为中心的服务理念，根据客户的需求对服务随时做出调整，避免教唆式的市场推广；第二，与客户倾心交谈，让客户享受消费过程；第三，要兑现向客户做出的一切承诺；第四，对服务质量加强考核，并采取积极有效的措施修正企业行为，保证服务质量的持续改进，提高客户的满意度。

2. 重视客户关怀

客户关怀就是指提供物流服务的企业对其客户从购买服务到购买服务后所实施的全过程、全方位服务活动，其重点在于客户所关心的产品和服务的质量。企业要理解、关心、爱护和尊重客户；通过创造客户的感觉效应，使客户在接受服务的过程中感到有所享受；为客户提供人性化设施；为其营造和谐关怀的环境。物流企业既要重视客户在购买前为刺激消费所做的所有铺垫，也要重视在购买中为客户提供的全面优质的服务，更要重视客户购买后的后续服务，促进客户信任的形成和巩固，使其成为忠诚客户。

3. 处理好客户抱怨和投诉

抱怨和投诉已成为现今企业发展过程中不可避免的因素。处理客户抱怨和投诉时，要以诚相待，站在客户立场考虑，坚持“让客户开心”，承诺和快速积极处理尤为重要。通常可以采取平抑怒气法、委婉否定法、转化法、承认错误法、转移法等方法来处理客户抱怨，以免将客户抱怨都转化为投诉。

4. 不断提升客户价值

客户价值是客户从拥有、使用产品或服务过程中获得的总价值与付出总成本的差，由客户从产品或服务中预期获得的所有收益和所花费的时间、精力以及支付的货币构成。客户价值与客户的感知有着密切的关系，成本越小，价值越大，客户越满意。同时，客户价值直接决定企业价值的流入，客户价值越高，客户的满意程度就越高，客户的回头率也随之提高；不仅如此，客户还会将其感受告诉周围的潜在客户，让他们成为企业的实际客户，从而使企业的价值流入加大。如果要提高客户价值进而提高客户满意度，要么在总成本不变的情况下增大客户总价值，要么在总价值不变的情况下降低客户总成本。

5. 强化内部客户管理

通过加强内部管理，重视员工的需求，实行“员工至上”的人本管理，建立良好的企业文化，通过各种方式，全面提高员工的业务素质，关心和爱护员工，调动员工的积极性，激发员工的奉献精神，由满意的内部客户即员工创造满意及忠诚的客户，进而提高外部客户的满意度。

（三）制定合理有效的服务质量标准

通过调节和引导客户期望，以合适的产品和服务满足客户需求，有助于提高客户满意度。合理有效的服务质量标准，主要体现在质量标准的可靠性、响应性、安全性、移情性和有形性上，通常用 7Rs 评价，即企业能否在合适的时间和合适的场合，以合适的价格，向合适的客户提供合适数量、质量的产品和服务，使客户的个性化需求得到满足，价值得到提升。

（四）开展增值服务，开发新的服务项目

创新、超常规、满足客户个性化需求是增值服务的本质特征。它借助完善的信息系统和网络，通过发挥专业物流管理人员的经验和技能，创造出新的价值。增值服务可以引导客户需求，实现客户增值新体验；可以对症下药，为客户提供一体化的物流解决方案；借助信息技术，实现增值服务承诺。企业通过不断调整产品和服务，淘汰老产品，完善具有发展潜力的产品，开发符合客户需求的新产品，既能为企业带来新的客户，又促使现有客户更加忠诚，自然也会提高客户对企业的满意度。

（五）建立良好的物流服务体系

良好的物流服务体系是强化物流服务质量，提高客户满意度的基本途径，通过优化物流服务设施的配置和完善物流服务作业体系，可为客户提供优质的服务，提高客户满意度。优良的现代物流服务体系除了要能向市场提供传统的服务内容，如运输、仓储保管、装卸搬运等业务外，还要能够提供物流系统设计服务、网络化物流服务、构建物流信息系统服务、生产支持服务等。

课堂互动

1. __________、__________、__________、__________和__________体现了合理有效的服务质量标准。

2. 物流服务体系包含了（　　）等服务内容。

A. 运输　　B. 仓储保管

C. 物流信息系统的构建　　D. 生产支持

3. 企业要提高客户满意度，可以引导甚至修正客户对企业的预期。（　　）

二、客户满意度战略策划

客户满意度战略是以市场为导向，以客户为中心，一切经营活动都以客户满意为准则的战略。在客户满意度战略指导下，企业要从客户的角度、用客户的观点，而不是企业自身利益和观点来分析客户的需求，通过发掘自身经营范围内的产品和服务，实现经营个性化，竭力提供优质服务，在产品、价格、销售等方面最大限度地满足客户需要，使客户满意。

1. 企业理念满意策划

物流企业要培植与客户之间的"共同利益"，树立"客户至上"的理念。坚持以客户满意为企业的经营宗旨、经营哲学和经营方针。在员工中树立全员的客户满意观，站在客户的立场上考虑和解决问题，提高客户的满意度，形成企业的无形资产。

2. 企业行为满意策划

物流企业要建立一套完善的行为运行系统，从客户的角度出发，全面为客户服务。企业通过收集内、外部客户信息，了解客户需求和欲望，让客户参与物流服务过程，建立共享信息系统，即时反馈需求和问题，持续改进、创新物流服务，建立服务补救系统，赢得客户满意的同时树立良好的企业形象，增强物流企业竞争能力，如图 6-1 所示。

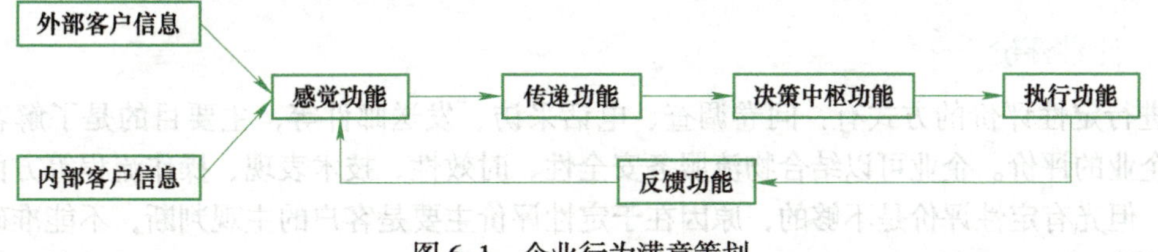

图 6-1　企业行为满意策划

3. 企业视听满意策划

物流企业通过建立企业视听系统，大力宣传企业。企业从名称、标志、标准色、标准字、企业象征图形等方面，尽可能让客户感到亲切，并渗透客户至上、客户满意的理念，让客户从各方面了解企业，使客户在整个物流服务中获得最大程度的满意。

4. 产品满意策划

物流企业严格按照ISO 9000质量体系标准进行管理，基于客户需求，结合市场行业动态，让客户在包装、价格、品牌等方面感到满意。

5. 服务满意策划

企业要树立服务理念，健全物流服务体系。物流企业应该在供应链一体化和客户服务管理理论基础上，针对客户现实的和潜在的需求，结合物流业务环节进行物流服务创新，开发多样化的增值物流服务，如承运人型增值服务、仓储型增值服务、货代型增值服务、信息型增值服务等。把“客户感动”经营理念深植于每个部门、全体员工内心。

素养园地

物流市场竞争日趋激烈，国外物流巨头纷纷进入中国，国内的物流企业将面临更加严峻的市场形势。消费者不再只追求获得企业所提供产品的优质功能和品牌，更追求高品质的服务。对依靠服务制胜的物流企业来说，应以客户满意（Customer Satisfaction，CS）战略为指导，不断创新，超越单一的物流服务，转向为客户提供增值服务，形成自己的特色，增强市场竞争力，发扬中国物流精神。

课堂互动

1．企业要将（　　）理念深植于员工内心。

A．客户至上　　B．客户满意　　C．客户感动　　D．营销万能

2．客户满意度战略策划可通过__________、__________、__________、__________和__________五方面进行。

3．良好的物流服务体系是开拓物流客户的基本途径，使客户满意的重要途径。（　　）

4．客户满意应符合社会道德、法律、社会责任。（　　）

三、客户满意度战略策划的效果评定

1. 定性评价

进行定性评价的方式有：问卷调查、电话采访、发送邮件等，主要目的是了解客户对物流企业的评价。企业可以结合物流服务安全性、时效性、技术表现、操作流程等方面设计问卷，但光有定性评价是不够的，原因在于定性评价主要是客户的主观判断，不能准确代替定量评价。

2. 定量评价

定量评价可以根据物流企业的特性，结合客户的关注点，分析物流企业的准时率、准确率、货物完好率、响应度以及客户的抱怨率等指标。通过直接的数据反映物流企业的服务能力，进而评估客户满意度战略的效果，让企业员工尤其是管理层看到战略的优势与劣势，有针对性地进行改进，提高客户满意度。

课堂互动

1．不可以用来衡量物流企业服务质量的指标是（　　）。

A．响应度　　B．准时率　　C．准确率　　D．服务价格

2．了解客户对物流企业评价的定性方式有发送邮件、问卷调查、电话采访等。（　　）

3．对客户满意度战略策划的效果进行评价时需将定性评价和定量评价相结合。（　　）

单元小结

本单元涉及知识点包括客户满意度的概念、衡量客户满意度的指标及评价方法、提高物流客户满意度的方法以及客户满意度战略策划等。

单元评价

<table>
<tr><th colspan="2">内　容</th><th colspan="3">评　价</th></tr>
<tr><th>学习目标</th><th>评价项目</th><th>自我评价</th><th>组间评价</th><th>教师评价</th></tr>
<tr><td rowspan="3">专业知识（20分）</td><td>客户满意度指标</td><td rowspan="3">得分及备注：</td><td rowspan="3">得分及备注：</td><td rowspan="3">得分及备注：</td></tr>
<tr><td>客户满意度的评价方法</td></tr>
<tr><td>提高物流客户满意度的方法</td></tr>
<tr><td rowspan="2">专业技能（45分）</td><td>设计物流客户满意度指标体系</td><td rowspan="2">得分及备注：</td><td rowspan="2">得分及备注：</td><td rowspan="2">得分及备注：</td></tr>
<tr><td>策划客户满意度战略</td></tr>
<tr><td rowspan="4">职业意识（20分）</td><td>团队合作、创新精神</td><td rowspan="4">得分及备注：</td><td rowspan="4">得分及备注：</td><td rowspan="4">得分及备注：</td></tr>
<tr><td>积极主动、勇于探索</td></tr>
<tr><td>服务、质量意识</td></tr>
<tr><td>安全规范操作意识</td></tr>
<tr><td rowspan="3">通用能力（15分）</td><td>沟通协调能力</td><td rowspan="3">得分及备注：</td><td rowspan="3">得分及备注：</td><td rowspan="3">得分及备注：</td></tr>
<tr><td>语言表达能力</td></tr>
<tr><td>解决问题能力</td></tr>
<tr><td colspan="2">教师建议：</td><td colspan="3" rowspan="2">评价总汇：
A．优秀　　B．良好
C．基本掌握　　D．没有掌握

（参考标准：得分＜60分为没有掌握，60分≤得分＜70分为基本掌握，70分≤得分＜80分为良好，得分≥80分为优秀）</td></tr>
<tr><td colspan="2">个人努力方向：</td></tr>
</table>

巩固与提高

一、名词解释

1. 客户满意度
2. 客户满意度战略
3. 客户关怀
4. 客户感知值
5. 7Rs

二、简答

1. 简述客户满意度的衡量指标。
2. 简述物流客户满意度评价内容。
3. 简述提高物流客户满意度的方法。
4. 简述物流客户满意战略策划。

三、案例分析

令业界遐想的“音需达”

近两年，抖音电商的发展速度可以用迅猛来形容，但仍然逃脱不了物流能力不足带来的问题。数据显示，抖音电商由快递原因导致的退货中，末端配送服务问题的占比超过50%。据悉，也有不少商家表示，店铺内90%的差评来自物流服务。抖音电商对整个字节的重要性不言而喻，而从“兴趣电商”走向“全域电商”，抖音电商正处于全力冲刺的阶段。

2021年在广东、云南、浙江等全国多个地区拿地建仓。2022年初，抖音测试了物流整合服务平台“音尊达”，并于9月份“音尊达”演变为“音需达”，具有派前电联、按需派送上门、专属客服等标签。“音需达”是抖音电商推出的快递服务，聚焦客户需求，因需服务，旨在降低因物流原因造成的退货率、投诉率，助力商家提高物流服务水平，并在一定程度上提升用户复购率。

“音需达”是为平台上的商家打造的一项增值服务，需商家自主开通。商家可按“商品+收货地区”的维度订购送货上门服务，针对订购该服务的商家订单，消费者在平台下单时，平台会透出送货上门的标识，快递服务商则据此在末端进行电联+送货上门，从而提升用户的快递收货体验。将消费者派前电商、送货上门、售后服务等需求可视化、标识化、区隔化，如派送中——送货上门打标、按需派送上门、派前电联；派送后——有商家专属客服、优先处理客诉、末端投诉获赔，最大维度保障商家与消费者权益。如此操作，可以提高销售转化率，不管是平台、商家，还是消费者，都会享受到一个好的物流服务与体验。

目前，音需达不仅链接中国最大垂直电商京东旗下的京东快递，还链接了中国最大开放物流平台菜鸟物流的生态合作伙伴圆通、中通、韵达，只为抖音用户提供高质量配送服务。

另外值得注意的是，若商家绑定“音需达”后发货时未选择指定的物流服务商履约，将被处罚10元/单。此外，末端未按标准履约，导致消费者不满、投诉等，平台将下发10元/单优惠券赔付消费者。

“音需达”在快递物流赛道刷满了存在感，或许也让菜鸟物流预感到未来竞争压力。

从客户满意理论角度解决以下问题：

1. 分析“音需达”成立的背景。
2. “音需达”是如何提高客户满意度的？
3. 如何评价抖音平台商家和抖音消费者对“音需达”的满意程度？

四、实训练习

实训目标

通过实例，学生能够对物流客户满意度评价设计合适的评价指标体系。

实训内容

“双十一”期间，班级同学们通过网络购物平台购买了一些日常用品、书籍。其收件地址均为学校菜鸟驿站。请同学通过调查，构建合适的客户满意度评价指标体系。

实训步骤

（1）6 人一组，组长分工。

（2）调查同学取件情况，小组内部认真研究、分析。

（3）根据调查结果设计合适的客户满意度评价指标体系。

实训考核

形成调研报告，并构建客户满意度评价指标体系。以 PPT 形式分组报告。

单元七

培育物流客户忠诚度

知识目标

- 掌握物流客户忠诚的含义、忠诚客户的类型及客户忠诚的影响因素。
- 理解客户流失的基本含义。
- 掌握客户流失的挽回策略。

技能目标

- 能够分析忠诚客户的价值。
- 具备培育忠诚客户的能力。
- 能够分析客户流失的原因并采取相应的措施。

素质目标

- 通过学习客户忠诚的含义、忠诚客户的类型及客户忠诚的影响因素，培养建立忠诚客户的理念。
- 通过学习客户流失的原因，深入体会企业抓创新、重质量、提供高质量服务的重要性。

思维导图

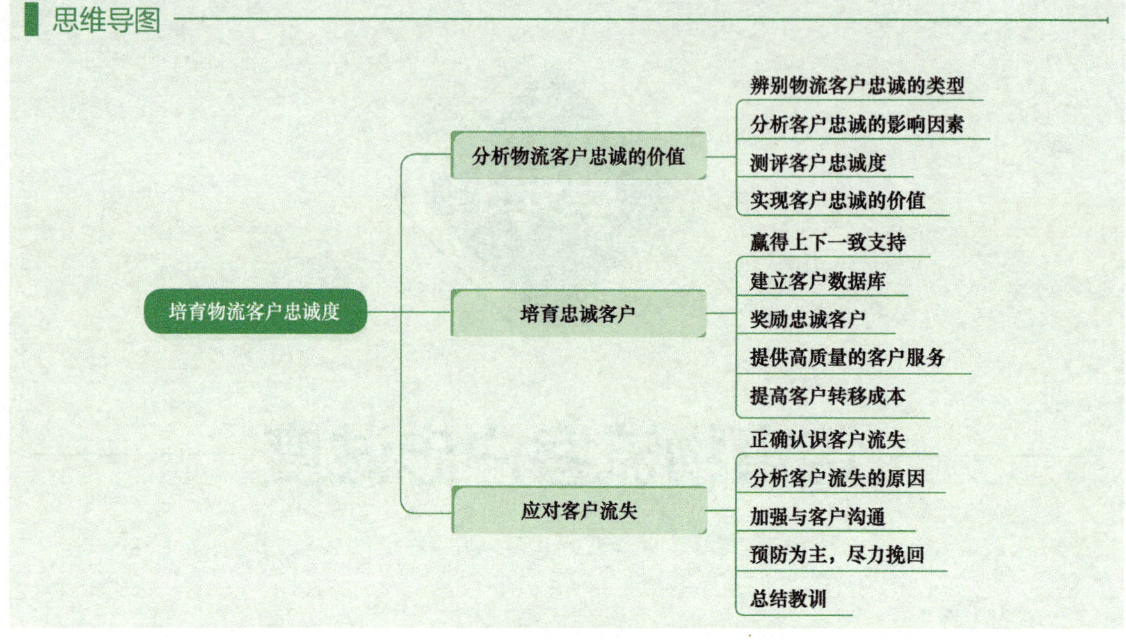

模块一　分析物流客户忠诚的价值

案例导入　京东打造行业一流的客户服务体验

2022 年，京东物流营收达 1 374 亿元，同比增长 31.2%；其中外部客户收入达 891 亿元，同比增长 50.8%，占总收入的 65%。2022 年，京东物流一体化供应链服务收入达 774 亿元，外部一体化供应链客户数量与单客户平均收入均保持良好增长。极致的客户服务体验亦推动业绩强劲增长，2022 年，快递、快运等其他客户收入达 600 亿元，同比增长 78.3%。良好的服务体验获得了众多消费者的肯定，在国家邮政局公布的 2022 年单季度快递服务公众满意度调查中，京东物流持续位居第一梯队，并在第三季度位居首位。

自 2007 年京东自建物流至今，京东物流的仓储网络已覆盖全国几乎所有的县（市、区）。财报显示，截至 2022 年 12 月 31 日，京东物流已在全国运营超过 1 500 个仓库，以及超过 2 000 个云仓，仓储网络总管理面积超过 3 000 万 m^2。此外，京东物流不断扩大高质量就业规模，包括德邦在内，京东物流已拥有超 37 万名一线员工。2022 年，京东物流一线员工薪酬福利支出达 446 亿元，近三年累计支出 1 065 亿元。

京东物流将凭借十余年积累的供应链基础设施、技术实力与行业洞察能力，抓住市场机遇，打造行业一流的客户服务体验，着力推动产业链供应链全环节的降本增效，为实体经济的高质量发展贡献力量。

【思考】京东物流的客户忠诚度为何如此之高？

案例分析

客户忠诚度，又可称为客户黏度，是指客户对某一特定产品或服务产生了好感，形成了“依附性”偏好，进而重复购买的一种趋向。

知识准备

一、辨别物流客户忠诚的类型

物流客户忠诚是指客户对物流企业产品和服务的心理偏爱并有持续性的购买行为，它是客户满意效果的直接体现。不同的物流企业所具有的客户忠诚差别很大，不同行业的客户忠诚也各不相同。物流客户忠诚可以划分为以下几种不同的类型。

1. 垄断忠诚

垄断忠诚是指客户别无选择下的顺从态度。这种客户通常是低依恋、高重复的购买者，因为他们没有其他的选择。

2. 惰性忠诚

惰性忠诚指客户由于惰性而不愿意去寻找其他的供应商。这些客户是低依恋、高重复的购买者，他们对企业并不满意。

3. 潜在忠诚

潜在忠诚的客户是低依恋、低重复购买的客户。客户希望不断地购买产品和服务，但是企业的一些内部规定或是其他的环境因素限制了他们。

4. 方便忠诚

方便忠诚的客户是低依恋、高重复购买的客户。某个客户重复购买是由于地理位置比较方便，这就是方便忠诚。这种忠诚类似于惰性忠诚。

5. 价格忠诚

对于价格敏感的客户会忠诚于提供最低价格的零售商。这种低依恋、低重复购买的客户是不能发展成为忠诚客户的。

6. 激励忠诚

企业通常会为经常光顾的客户提供一些忠诚奖励。激励忠诚与惰性忠诚相似，客户也是低依恋、高重复购买的类型。

7. 超值忠诚

超值忠诚即典型的感情或品牌忠诚。超值忠诚的客户是高依恋、高重复购买的客户，这种忠诚对很多企业来说都是最有价值的。

二、分析客户忠诚的影响因素

客户忠诚建立在多个要素之上，而不仅仅是建立在商家对客户偏好的记录上。要想建立客户忠诚，需要深入了解客户忠诚的各个要素。

1. 信任

信任是客户忠诚的一个决定性的因素。只有在客户产生了对产品、品牌和商家的信任之后，重复购买才能产生。

素养园地

客户信任是提高客户忠诚度和推动商业成功的关键。客户信任对于形成和培养核心受众至关重要。但企业如何才能赢得客户信任呢？要想赢得客户的信任，企业在提供产品或服务时一定要确保品质和服务质量；所提供的产品或服务应能满足客户需求。企业与客户之间的沟通是建立信任关系的重要渠道，企业应建立健全沟通渠道，加强对客户的了解，及时处理客户的反馈，保持与客户之间的良好互动。保护客户隐私是赢得客户信任的关键，在互联网环境下，客户越来越重视自己的隐私，企业应提高透明度和安全性，以体现企业的诚实和可靠，企业必须了解和尊重客户，并提供相关的、个性化的体验，提高客户忠诚度，并保留更多的客户。

2. 感知价值

影响建立客户忠诚的要素中，纯感知价值是仅次于信任的要素。感知价值是指客户在市场交易情况下，对于收益和成本的总体评价。

3. 情感

客户的所有购买决定都在某种程度上和情感因素有些联系。这种感情主要有信赖感、信誉感、自豪感和激情。

4. 客户的转移成本

客户的转移成本是客户为更换产品或服务的供应商所需付出的各种代价的总和，包括货币成本、心理成本、体力成本和时间成本。转移成本是阻止客户关系倒退的一个缓冲力，转移成本的加大有利于客户忠诚的建立和维系。

5. 企业员工的素质

员工的文化素质和个人修养，以及敬业精神等因素会影响客户忠诚。服务态度不佳、与客户发生争吵甚至打架等现象会严重影响企业形象，降低客户满意度，阻碍提高客户忠诚度的进程。

课堂互动

1．客户忠诚的影响因素包括（　　）。

A．信任　　　　　　　　　　B．感知价值

C．情感　　　　　　　　　　D．客户的转移成本

E．企业员工的素质

2．客户忠诚建立在商家对客户偏好的记录上。（　　）

3．客户从一个产品或服务的供应商转向另一个供应商时所产生的一次性成本叫作______。

三、测评客户忠诚度

1．做好客户忠诚度调查规划工作

获取客户信息是开展客户忠诚度测评工作的第一步。在此环节中，客服人员要与客户有意接触，收集市场状态、客户的经济状况、客户的时间需求信息及与企业交易方面的资料。客服人员要获取全面、系统、确切的客户信息资料。客户忠诚度信息收集计划表见表7-1。

表7-1　客户忠诚度信息收集计划表

调查对象		调查区域	
调查时间	年　月　日　至　　年　月　日		
调查小组成员			
调查方法	□电话访问　□邮寄调查　□电邮调查 □个别邀请调查　□其他		
调查内容			

2．客户忠诚度测评的主要指标

由于每个企业的情况都不一样，客户忠诚度指标的设计也会存在差异。在设计具体的测评指标时，客服人员要根据实际情况进行。客户忠诚度测评的主要指标有客户重复购买次数、客户购买量占其对该产品总需求的比例、客户对企业产品或品牌的关心程度、客户购买时的挑选时长、客户对产品价格的敏感程度、客户对竞争产品和品牌的关注程度、客户对产品质量事故的承受力、客户对产品的认同度。

3．编制客户忠诚度调查表

为了确保客户忠诚度调查计划的顺利开展，客服人员要设计科学而细致的客户忠诚度调查表（见表7-2）来辅助调查工作的开展。在设计调查内容时，应结合客户忠诚度的测评指标，从综合角度来考察客户忠诚度的表现，继而确定当前客户所处的忠诚阶段。

表 7-2　客户忠诚度调查表

客户反应	非常不同意	不太同意	基本同意	同　意	非常同意
相比具有相同功能的其他公司的产品，我会在这家公司的产品上花更多的时间和精力					
我总是把这个公司的产品推荐给我的朋友					
我将对其他人传达有关这家公司产品的积极、肯定的信息					
如果这家公司的产品出现质量或服务的缺陷，我能够体谅其过失					
我已经持续使用这家公司的产品多年了					
我很少考虑其他公司的产品					
从我开始使用该类产品到现在，基本上都在使用这家公司的产品					

课堂互动

1．客户忠诚度又可称为＿＿＿＿＿＿，是指客户对＿＿＿＿＿＿或＿＿＿＿＿＿产生了好感，形成了“依附性”偏好，进而重复购买的一种趋向。

2．客户忠诚度测评的主要指标有（　　）。

A．客户对竞争产品和品牌的关注程度

B．客户对产品质量事故的承受力

C．客户购买时的挑选时长

D．企业员工的素质

E．客户议价能力

3．由于每个企业的情况都一样，客户忠诚度指标的设计不会存在差异。在设计具体的测评指标时，客服人员不需要根据实际情况进行调整。（　　）

四、实现客户忠诚的价值

实现客户忠诚对提升企业的竞争能力至关重要，客户的忠诚度决定着企业的生存和发展。客户忠诚的价值主要体现在如下六个方面。

1. 增加企业综合收益

（1）增加基本利润。忠诚客户会持续不断地重复购买企业的产品或服务，并能放心地增加购买量或增加购买频率，从而能增加企业的销售量，为企业带来更大的利润。

（2）促进交叉销售。忠诚客户在面对企业推出的新产品时，很容易受“光环效应”的影响，自然对该企业的新产品或新服务产生信任和购买欲望，愿意尝试新产品或新服务。

（3）获取溢价收益。忠诚客户对价格的敏感度较低，承受力强，比新客户更愿意以较高价格来接受企业的产品或服务。

（4）赢得长期收益。忠诚客户相对于新客户来说更能为企业创造利润，因为客户忠诚于同一家企业的时间越长，他们就越舍得花钱。

2. 节省企业综合成本

忠诚的客户能节约企业的综合成本，包括节省客户开发成本、降低交易成本和降低服务成本。

（1）节省客户开发成本。在企业开发客户成本高、开发难度大的情况下，如果企业能够提高客户忠诚度，减少客户流失，就可以大大降低企业为弥补老客户流失而不断开发新客户的耗费，从而节省企业开发客户的成本。

（2）降低交易成本。由于忠诚客户比新客户更了解和信任企业，因此，企业对新客户必须支付的许多成本在忠诚客户那里都可以省去。另外，忠诚客户与企业交易的惯例化可使企业大大降低搜寻成本、谈判成本和履约成本，从而最终使企业的交易成本降低。

（3）降低服务成本。一方面，服务老客户的成本比服务新客户的成本要低很多；另一方面，由于企业了解和熟悉老客户的预期和接受服务的方式，因此可更顺利地为老客户提供服务，并可提高服务效率、减少员工的培训费用，从而降低企业的服务成本。

3. 确保企业收益稳定

客户忠诚比客户满意更能确保企业的长久效益。忠诚客户会持续购买本企业的产品和服务，给企业带来长久的收益。

4. 降低企业经营风险

相对固定的客户群体和稳定的客户关系有利于企业制定长期规划，集中资源提高产品质量和完善服务体系。同时，企业能够为老客户提供熟练的服务，也意味着更高的效率和更低的成本。此外，忠诚客户能主动提出改进产品或服务的合理化建议，提高企业决策的准确性。

5. 获得良好口碑效应

忠诚客户因为总是满意自己的选购经历，所以喜欢与人分享，他们会主动推荐，甚至积极主动地向亲朋好友介绍，从而帮助企业开发新客户。

6. 促进企业良性发展

随着企业与忠诚客户关系的延续，忠诚客户带来的效益呈递增趋势，这样就能够为企业的发展带来良性循环。

模块二　培育忠诚客户

案例导入　提高客户忠诚度对物流企业的长期发展非常重要

快递物流行业及相关延伸行业的价格战在极兔入驻中国市场后，火药味儿非常浓。为了摆脱价格战，各大快递、物流企业不断融资、上市，国家层面也出台不少政策对价格战进行干预。业务量和市场占有率都是这些企业追求的；国际货代市场也饱受国际环境的影响。在激烈的市场竞争中，留住客户，获得客户的支持，提高客户忠诚度，对于物流企业长期发展是非常重要的。

【思考】物流企业要靠什么手段来提高客户的忠诚度呢？

案例分析

良好的客户服务是建立客户忠诚度的最佳方法。企业需要思考如何提供高质量的客户服务。

知识准备

在竞争激烈的市场中，想要获得长期发展，就要维护好老客户，开发新客户，不断提高客户的忠诚度。企业可以从以下几个方面培育忠诚客户。

一、赢得上下一致支持

客户忠诚的核心原则是：企业首先要服务好自己的员工，赢得上下一致支持，然后才有可能服务好客户。企业可以从以下几方面来赢得支持。

1. 树立清晰的团队目标

团队目标是一个有意识地选择并能表达出来的方向。企业员工为实现团队目标，充分发挥自己的才能，促进组织的发展，可以从中获得一种成就感。

2. 塑造卓越的企业文化

卓越的企业文化是企业留住人才的法宝，它直接表现为产品质量、服务质量和管理质量，体现了企业的整体素质。

3. 开展有针对性的成员培训

企业围绕员工的需求、感知、认知、行为特点及环境对其行为的影响等方面，对员工进行全方位的培训，在内部营造一种全员学习的氛围，有助于企业业绩的提高。

4. 实行激励机制

建立一套比较适合企业发展的分配机制和激励机制，可以使广大员工的利益与企业的前途命运紧密结合在一起。

5. 对员工进行情感投资

企业要始终把员工的发展作为企业经营管理的重要目标，在企业内部营造一种尊重人、信任人、关心人、理解人的氛围，把信任、合作作为员工行动的标准。

6. 倾听并教导成员倾听

倾听员工的意见，并教导他们学会倾听客户的意见。

7. 实现信息共享

企业将有关企业战略、财务业绩和业务标准等方面的信息和员工共享，这就向员工传递了一个信号：企业信赖员工。员工自然会产生归属感，提高对企业的忠诚度。

8. 在员工之间建立信任感

企业员工要想各司其职，高效协作，信任感是至关重要的因素。企业员工应彼此相信对方的人品、个性特点、工作能力。

9. 倡导坦诚沟通

沟通是思想、态度和理念等的传递与接收，企业领导要在企业内部营造一种开放坦诚的沟通气氛，使员工之间能够充分沟通意见。

知识拓展 员工忠诚度的影响因素

1. 工资福利制度

良好的薪酬制度，保证了员工基本的物质需要。基本的物质需要得到满足后，才会有良好的职业忠诚度、企业忠诚度。

2. 企业的发展潜力

员工基本的物质生活需要满足以后，就会更加注重自己的职业发展。故其对企业的发展尤为看重，并渴望自己能与企业共同发展，实现双赢。

3. 企业的人力资源管理制度

人力资源管理是每个企业必修的一门重要课程，如何安排员工在合适的岗位上工作，激励员工，培训和考察员工等，都会在一定程度上影响员工忠诚度。

4. 培训机会和晋升空间

大多数员工都渴望在现有的基础上得到更好的发展，提升自己的工作水平和技能，更好地实现自己的价值。如果企业为员工提供培训机会和广阔的晋升空间，员工对企业的忠诚度会大大提升。

5. 领导的个人魅力

企业领导者的个人魅力会在很大程度上影响着员工的忠诚度。被领导者个人魅力吸引的员工的工作积极性更高，进而充分挖掘自己的潜能。

素养园地

忠诚是职场中最值得重视的美德，只有所有的员工对企业忠诚，才能发挥出团队的力量，才能拧成一股绳，劲往一处使，力往同处用，推动企业走向成功。企业的生存离不开少数员工的能力和智慧，更需要绝大多数员工的忠诚和勤奋。

企业在用人时不仅仅看重个人能力，更看重个人品质，而品质中最关键的就是忠诚度。在这个世界上，并不缺乏有能力的人，那种既有能力又忠诚的人才是每一个企业渴求的理想人才。

二、建立客户数据库

企业通过建立客户数据库，在分析处理客户信息的基础上，可以研究客户购买产品的倾向性，也可以发现现有经营产品适合的客户群体，从而有针对性地向客户提出各种建议，并更加有效地说服客户接受企业销售的产品。

（一）收集客户信息

客户信息是指客户喜好、客户细分、客户需求、客户联系方式等一些关于客户的基本资料。客户信息主要分为描述类信息、行为类信息和关联类信息三种类型。

客户信息收集指客户数据的采集、整理和加工。客户信息收集的渠道可以分为企业内部收集和外部收集两种方式。

1. 内部收集

内部收集主要是指收集本企业有购买记录的客户信息，以及企业通过有奖登记、折扣券、赠送礼品等各种不同形式的活动获得的客户信息。

2. 外部收集

外部收集主要是指从企业外部获取客户信息，包括通过市场调研、社交媒体分析、公共数据来源（如政府部门发布的行业报告或公共数据库）等方式获取客户信息。此外，与第三方数据提供商合作也是获取客户信息的重要途径。

（二）分析客户信息

企业和员工要根据工作的实际需要对收集来的客户信息进行分析。一般来说，客户信息分析主要从以下几个方面进行。

1. 客户构成分析

进行客户构成分析能够使营销人员及时了解每个客户在总交易量中所占的比例，以及客户的分布情况，并从中发现客户服务中存在的问题，从而针对不同客户情况采取不同的沟通策略。客户构成分析可用一系列表格来进行，见表7-3至表7-5。

表7-3 客户统计表

产品	地址	客户数量	销售额（比例）	平均每个客户年销售额	前3名客户名称及销售额	
					名称	销售额

表7-4 客户地址分类表

负责人			地区			
序号	客户名称	地址	经营类别	不宜访问时间	访问路线	备注

表7-5 客户与公司交易记录表

年度	订购日期	出货日期	批号	产品名称	数量	金额	备注

2. 客户经营情况分析

一般是在了解企业基本情况的基础上，通过对其财务报表的分析，揭示客户的资本状况和营利能力，从而了解客户的过去、现在和未来的经营情况，可用表 7-6、表 7-7 来反映。

表 7-6　客户收入汇总表

______年

<table>
<tr><td colspan="5">客户名称：</td><td colspan="2">编号：</td></tr>
<tr><td></td><td>总产值</td><td>销售收入</td><td>利润</td><td>税金</td><td colspan="2">创汇</td></tr>
<tr><td>上年实际</td><td></td><td></td><td></td><td></td><td colspan="2"></td></tr>
<tr><td>本年预计</td><td></td><td></td><td></td><td></td><td colspan="2"></td></tr>
</table>

表 7-7　客户财务状况分析表

<table>
<tr><td colspan="4">客户名称：</td><td colspan="3">编号：</td></tr>
<tr><td colspan="2">客户资本金合计</td><td></td><td colspan="2">客户资产总额</td><td colspan="2"></td></tr>
<tr><td rowspan="2">其中</td><td>国家资本金</td><td></td><td rowspan="5">其中</td><td colspan="2">流动资产总额</td><td></td></tr>
<tr><td>其他资本金</td><td></td><td colspan="2">流动资产余额</td><td></td></tr>
<tr><td colspan="2">客户负债总额</td><td></td><td colspan="2">固定资产总额</td><td></td></tr>
<tr><td rowspan="2">其中</td><td>流动负债</td><td></td><td rowspan="2">其中</td><td>固定资产净值</td><td></td></tr>
<tr><td>长期负债</td><td></td><td>生产设备净值</td><td></td></tr>
<tr><td colspan="2">客户资产负债率</td><td></td><td colspan="3">技术开发经费总额</td><td></td></tr>
</table>

客户的经营状况主要是通过计算客户偿还债务能力的一些参数来分析。客户偿债能力的大小，是衡量客户财务状况好坏的标志之一，是衡量客户运转是否正常的重要指标。

3. 客户对企业的利润贡献分析

客户资产回报率是衡量企业从客户处获利情况的有效指标之一。不同客户的客户资产回报率相差很大，这表明客户对企业利润贡献的大小不同。通过这一指标的分析，可以具体了解这种差距产生的原因。

客户对企业的利润贡献分析指标

客户偿债能力指标

课堂互动

1. 反映客户偿债能力的指标是（　　）。

A. 流动比率　　B. 速动比率
C. 现金比率　　D. 利润比率
E. 负债额

2. 客户信息主要分为__________、__________和__________三种类型。

3. 客户信息收集的渠道可以分为企业__________和__________两种方式。

4. 衡量客户经营能力的大小，常用指标有（　　）。

A. 经营手段灵活性　　B. 分销能力的大小
C. 资金是否充足　　D. 手中畅销品牌的数量

三、奖励忠诚客户

客户奖励计划是一项为客户提供的特殊计划，旨在建立和培养客户对品牌的忠诚度。忠实的客户是企业业务的未来，让客户保持忠诚是至关重要的，通过向那些经常购买企业产品的忠诚客户提供奖励，有助于提高客户忠诚度和回头率。企业可以通过以下七个方法奖励忠诚客户。

1. 制定奖励制度

当客户续签合同，购买产品或者介绍新客户时要给予一定的回报。制定奖励制度，提供免费的产品和服务作为奖励，或者允许客户可以换取积分。

2. 培养主人翁意识

当企业推出一项新的服务或新产品的时候，邀请企业最忠诚的客户成为测试用户，并听取他们的反馈。在帮企业完成相关测试的过程中，企业的忠诚客户会意识到自己与企业的品牌利益是相关的。

3. 提供增值服务

如果企业大部分的收入都来自一小部分的客户，那么就为他们提供增值服务，如在工作时间以外提供额外的服务，减免费用和运输成本等。

4. 让客户觉得自己是特别的

赋予客户专有特权，会让客户觉得受到重视；在向大众提供新产品或新服务之前，让客户提前预览和购买新产品或享受新的服务，会令客户产生优越感。作为一个更划算的选择，可以在电子邮件营销活动或者社会媒体活动中加入企业的忠诚客户。

5. 感谢客户的肯定

公司收到客户的信，表扬某位员工的表现时，记得马上联络客户，感谢他们愿意花时间给予肯定。

6. 个性化的礼品

留意客户的生日，送出符合他们的兴趣和爱好的礼物，有助于增进彼此之间的感情，从而提高客户的忠诚度。

7. 奖励推荐

对那些推荐朋友和同事的客户，可以给他们一些折扣和其他奖励。客户推荐对于企业业务发展来说是非常重要的，因此有必要通过奖励让现有的客户知道企业很重视他们的推荐。

知识拓展　对忠诚客户的奖励原则

只奖励忠诚客户；确保客户喜欢；采用实物奖励；确保企业有能力承担；注重长期效益；进行“合作奖励”。

四、提供高质量的客户服务

高质量的客户服务是建立客户忠诚度的最佳方法。客户服务的内容包括服务态度，回应客户需求或申诉的速度。要退换货服务等。要让客户清楚了解服务的内容以及获得服务的途径。企业要想提升客户体验，必须把与产品相关的服务做到位。

1. 主动提供客户感兴趣的产品或服务

针对客户的喜好提供一对一个性化的产品或服务已经成为趋势。可以设计一个程序，请客户填写他们最感兴趣的产品或服务，或是设计一个程序自动分析客户资料库，找出客户最感兴趣的产品或服务。

2. 针对同一客户使用多种服务渠道

研究表明，通过多种渠道与公司接触的客户的忠诚度，要明显高于通过单渠道与公司接触的客户。企业要整合多种渠道的资源和信息，了解客户在何时喜欢何种渠道，从而与客户建立广泛的联系，使客户的忠诚度不断攀升。

3. 获得和重视客户反馈

研究表明，客户反馈与客户对优质服务的感知是密切相关的。互联网时代的到来，已经改变了客户对优质服务的感知。客户开始期待企业能够提供全程的 24 小时服务。企业应以客户为中心，重视客户的反馈并落于实处，为客户提供更优质的产品和服务体验，进而提高客户忠诚度。

4. 做好客户再生服务

向流失客户销售产品的成功率要高于向新客户销售产品的成功率。企业应采取措施挽回流失的高价值客户。

5. 集中力量服务于“最可能忠诚的客户”

企业应该好好应用二八法则。企业的主要利润仅仅掌握在一部分客户手中，牢牢地抓住这部分客户，对于企业的利润增长和营销战略具有非同寻常的意义。

6. 让客户认同“物有所值”

企业必须想办法让客户认识到其购买的产品或服务“物有所值”。在客户的购买行为中，促使客户做出购买决定并不完全是因为产品本身的价值，客户对价值的感知是其是否购买的重要依据。当客户认为“物有所值”时，就会较为容易地做出购买决定。

7. 根据客户忠诚现状确定提升办法

客户忠诚于企业必然会处于某种状态，因此企业理解客户目前所处的状态，就能够清楚地认识到，如何才能够提升客户的忠诚度。

8. 化解客户抱怨

企业必须在不愉快的事情发生之前快速将其解决。若不愉快的事情已经发生，应尽量给客户一个倾诉抱怨的机会，让他们说出心中的不畅，同时尽量解决这些问题。

同步案例 惊喜服务

张小姐在“双十一”购买了一条裤子，但是由于快递爆仓，导致张小姐等了3天还未收到货，因此她非常郁闷并打电话给客服投诉。客服向她表示歉意，并给她减免10元运费。3天后，张小姐收到一个包裹，里面有一封道歉信和10元现金。张小姐非常感动，郁闷的心情一扫而光，并于当天又下了一笔订单。

【思考】从案例中可以得到什么启示？

五、提高客户转移成本

客户的转移成本是客户为更换产品或服务的供应商所需付出的各种代价的总和。它不仅包括货币成本、体力成本，还包括由于不确定性而引发的心理和时间成本。转移成本是阻止客户关系倒退的一个缓冲力，转移成本的加大有利于客户忠诚的建立和维系。

客户购买或使用企业的产品或服务的同时，也就与企业建立了某种程度的绑定关系。客户除了资金的投入外，也付出了时间和精力，也就是付出了转移成本。因此，转移成本是客户选择转移时所要考虑的主要因素之一。通过提高转移成本的方式留住有价值的客户是提高客户忠诚度的关键因素。例如，企业可以向有影响的客户提供特别优惠和折扣，在产品的设计中强化产品的独特性，向买方提供增值服务，来增加客户转移成本，留住更多的客户，实现客户忠诚。

模块三　应对客户流失

案例导入 顺丰高端客户流失的原因

顺丰2021年第一季度财报显示，顺丰在第一季度营业收入为426.2亿元，同比增长27.07%，归属于上市公司股东的净利润亏损9.89亿元，同比下降209.01%。亏损原因之一是时效件第一季度增速有所放缓。关于时效件下降，有观点分析称，办公电子化的出现导致了顺丰的高端客户流失，这部分业务恰是顺丰利润来源的重要渠道之一。

【思考】顺丰高端客户流失的原因是什么？顺丰该如何摆脱这一局面？

案例分析

客户流失会给企业带来损失。因此要了解客户流失的原因，采取应对措施扭转局面。

知识准备

客户流失是指本企业的客户由于对产品质量、服务水平、价格不满意等种种原因，而转向购买其他企业的产品或服务的现象。

一、正确认识客户流失

1. 客户流失会给企业带来负面影响

客户流失不断消耗企业的财力、物力、人力和企业形象，对企业造成巨大伤害。好客户的流失如同釜底抽薪，让多年投入客户关系维护中的成本与心血付之东流。

2. 有些客户流失是不可避免的

有些客户的流失很正常。他们对不同企业提供的产品或服务的差异根本就不在乎，转向其他企业不是因为对原企业不满意，只是想尝试一下新的企业的服务，或者只是想丰富自己的消费经历。对于这种流失，企业无能为力、很难避免，流失是必然的。

3. 流失客户有被挽回的可能

只要企业下足功夫，能够纠正引起客户流失的失误，有些流失客户还是有可能回归的。研究显示，向流失客户销售，每 4 个中会有 1 个成功；而向潜在客户和目标客户销售，每 16 个中才有 1 个成功。可见，争取流失客户的回归比争取新客户容易得多。

4. “亡羊补牢”为时未晚

如果深入了解、弄清客户流失的原因，企业就可以获得大量珍贵信息，发现经营管理中存在的问题，就可以采取必要措施及时改进，从而避免其他客户的再流失。

课堂互动

1. 客户流失是指本企业的客户由于对＿＿＿＿＿＿、＿＿＿＿＿＿、＿＿＿＿＿＿等种种原因，而转向购买其他企业的产品或服务的现象。

2. 当客户流失成为事实时，企业不应该去浪费资源挽回流失客户。（　　）

二、分析客户流失的原因

一般而言，客户流失的原因有以下几种。

1. 管理因素造成的流失

员工跳槽带走客户是客户流失的一个重要原因，尤其是企业高级营销管理人员的离职，更容易导致客户流失。此外，企业对管理细节的疏忽也会造成客户流失。

2. 营销因素造成的流失

由营销因素造成的客户流失包括由产品、价格和促销造成的客户流失。由产品造成的客户流失有可能是因为客户找到了更好的同类产品而转移，也有可能是因为出现了更好的替代品或产品质量不稳定而发生转移。客户也会因价格（通常是更低价）而转移购买，在激烈的市场竞争中，竞争对手为了能够在市场上获得有利地位，往往会以优厚条件来吸引客户，当竞争对手针对本企业的客户实施促销活动时，企业客户往往会被竞争对手抢走。

3．缺乏创新造成的流失

任何产品都有它的生命周期，随着市场的成熟及价格透明度的增高，产品带给企业的利润空间越来越小，产品带给客户的价值也越来越小。如果企业创新能力跟不上，不能给客户提供附加价值高的产品，客户就会转身购买技术更先进的替代产品或服务。

素养园地

创新对一个国家、一个民族来说，是发展进步的灵魂和不竭动力；对于一个企业来讲则是寻找生机和出路的必要条件。从某种意义上来说，企业不懂得改革创新，不懂得开拓进取，就会濒临灭亡。创新的根本意义就是勇于突破企业的自身局限，革除不合时宜的旧体制、旧办法，在现有的条件下，创造更多适应市场需要的新体制、新举措，走在时代潮流的前面，赢得激烈的市场竞争。

4．市场波动造成的流失

企业在发展过程中难免会出现一些波折，企业的波动期往往是客户流失的高发期。

5．店大欺客造成的流失

店大欺客是营销中的普遍现象，一些大企业苛刻的市场政策常常会使一些中小客户不堪重负而离去，或者抱着抵触情绪接受产品或服务，一旦遇到合适时机，就会远离。

6．诚信问题造成的流失

诚信出现问题也是客户流失的一个重要原因。有些企业喜欢向客户随意承诺条件，结果不能兑现承诺，让客户觉得企业没有诚信而放弃与其合作。

7．政治因素造成的流失

客户因不满意企业的政治立场与态度，或认为企业未承担社会责任而退出购买。

8．其他因素造成的流失

其他因素包括客户的采购主管、采购人员离职，客户搬迁，客户改行或破产等。

思考练习

客户第一、服务至上。这似乎是每一个企业的服务理念和口号，物流企业也不例外。那么，作为一名经营者和管理者，如何判断客户流失和分析客户流失率，真正找到病根对症下药呢？结合所学，说说自己的想法。

三、加强与客户沟通

1．向客户灌输长远合作的意义

企业与客户合作的过程中经常会发生很多短期行为，这就需要企业对其客户灌输长期合作的好处，指出企业与客户合作的目的是追求双赢，双方的长期合作可以保证产品销售的稳定，使双方获得持续的利润；还可以与企业共同发展，获得企业更大程度的支持。

2. 向客户描绘企业发展的愿景

企业应该向客户充分阐述自己企业的美好愿景，使客户认识到自己只有跟随企业才能够获得长期的利益，这样才能使客户与企业同甘苦、共患难，不会被短期的高额利润所迷惑，而投奔竞争对手。

3. 建立和客户的互动联系

企业通过互动、对话的形式来增进对客户的了解，知道什么时候为客户提供什么，怎样实现企业与客户的坦诚沟通，等等。

4. 经常进行客户满意度调查

企业通过定期调查，直接测定客户满意状况。了解了客户不满意所在，才能更好地改进，赢得客户的满意，防止客户流失。

5. 不断学习，不断提升

对客户进行关系管理是一个持续的学习过程，在这一过程中，营销人员要不断地学习新知识、适应客户的需要，实现企业与客户和市场三者的互动。

6. 将企业的信息及时传递给客户

企业应及时将企业的经营战略与策略的变化信息传递给客户，便于客户工作的顺利开展。同时把客户对企业产品、服务及其他方面的意见、建议收集上来，把其融入企业各项工作的改进之中。

7. 与客户互动对话

"与客户互动对话"要求企业不仅了解目标客户群的全貌，而且应当对每一个客户都要深入了解，这种了解是通过双方的交流与沟通实现的。

8. 优化客户关系

交易的结束并不意味着客户关系的结束，企业在实现销售后还须与客户保持联系，以确保他们的满意持续下去，不断优化客户关系。

四、预防为主，尽力挽回

(一) 防止客户流失的主要措施

在激烈竞争的市场，企业一旦发生客户流失，业绩会受到严重影响。客户流失后再进行挽回工作，企业不仅要消耗大量的资源，而且挽回结果也是未知的。所以，在客户关系维系方面，客户流失预警与防范工作要重于客户挽回工作。防范客户流失的工作既是一门科学，也是一门艺术。企业需要不断探索有效的流失防范措施。防范客户流失的主要措施如下。

1. 建立以客户为中心的客户关系管理机构

客户关系管理机构的职责是制订长期和年度的客户关系管理计划，制订沟通策略，定期提交报告，落实企业向客户提供的各项利益，处理客户投诉，维持同客户的良好关系。

2. 实施全面质量管理

客户追求的是较高质量的产品和服务，企业要实施全面质量管理，在产品质量、服务质量、客户满意和企业赢利方面形成密切关系。

3. 建立内部客户体制，提升员工满意度

在当今高度重视人力资源的今天，员工满意的重要性远远超出了客户的满意。只有让员工满意的企业，才能够更好地激发员工工作的热情和创造力，为客户提供更好的服务，最终给企业带来更大的价值。因此，企业要防止客户流失，就要提升客户满意度，而要提升客户满意度，首先要从建立内部客户关系体制来提升员工满意度。

4. 重视客户抱怨管理

企业与客户是一种平等的交易关系，在双方获得利益的同时，企业还应尊重客户，认真对待客户的抱怨。

5. 建立客户流失预警系统

对客户流失管理的一个有效方法就是建立客户流失预警系统。流失预警的目标是通过特定算法提取 CRM 中的数据，分析得出哪些客户具有较大的流失概率，从而对这些客户进行有目的、有区别的挽留工作，尽量减少客户流失带来的损失。

6. 制订客户流失解决方案

在客户流失预警系统分析的基础上，制订客户流失解决方案。客户流失解决方案包括四个步骤。

（1）发现挽留机会。建立客户流失预测模型，对现有客户进行流失倾向评估，按倾向高低进行判别。判别时，要结合客户价值进行分类，优先考虑中高价值客户的挽留。

（2）对圈定的客户进一步分类，分别制订有针对性的挽留策略。

（3）实施挽留措施。对筛选出的预警高危客户进行分析，针对不同高危客户开展回访，实施有效的挽留策略，对回访过程进行详细记录。

（4）评估挽留效果。分析挽留工作的成效，不断总结经验。

（二）客户流失挽回策略

客户流失会给企业业绩带来一定的影响，企业应对流失客户进行管理，尽可能挽回客户。但是，每一位流失客户不可能都是企业的重要客户，企业在资源有限的情况下，应该根据客户的重要性来区别对待流失客户，把资源重点放在能给企业带来赢利的流失客户身上，这样才能实现挽回效益的最大化。针对不同级别的流失客户，企业应该采取不同的挽回策略。

（1）那些对企业有重要价值的客户，企业需要深入分析客户流失的原因。若是由于企业的原因而导致重要客户流失，则需要针对流失原因，尽力弥补企业工作的失误，重新赢回客户。

（2）对那些较低价值客户，则需要分析是哪些原因造成了客户的流失。如果是企业主动放弃的较低价值客户，则不需要挽回；而对那些由于企业产品质量、服务等原因而流失的客户，企业则应分析原因，努力提高产品和服务质量，重新赢回客户。

（3）对那些无法给企业带来高价值，又是由于客户的原因而离开的客户，则应采取基本放弃的策略。

（4）对那些因为欺诈而离开的客户，企业应当终止和这些客户的关系。因为这些客户不仅不能给企业带来价值，还会占用企业资源，对企业有百害而无一利。

总之，对有价值的流失客户，企业应当竭力挽回，最大限度地争取与他们“重归于好”。对不再回头的客户也要安抚好，使其无可挑剔、无闲话可说，从而有效地阻止他们散布负面评价而造成不良影响。而对没有价值甚至是负价值的流失客户则应该彻底放弃。

课堂互动

1．防范客户流失的主要措施有（　　）。

A．实施全面质量管理　　B．重视客户抱怨管理

C．建立客户流失预警系统　　D．制订客户流失解决方案

E．建立以客户为中心的客户管理机构

2．制订客户流失解决方案的步骤包括（　　）。

A．发现挽留机会

B．对圈定的客户进一步分类，分别制订有针对性的挽留策略

C．实施挽留措施

D．评估挽留效果

3．那些对企业有重要价值的客户，应采取的挽救策略是（　　）。

A．弥补失误，重新赢回客户

B．见机行事，努力挽回

C．见机行事

D．基本放弃

五、总结教训

在营销手段日益成熟的今天，企业的客户群体仍然呈现一种很不稳定的现状，客户流失已成为很多企业所面临的问题，企业都知道失去一个老客户会带来巨大的损失，需要企业至少再开发几个新客户才能予以弥补。对任何一个企业而言，客户流失都是必然的，但是，这不意味着企业可以对客户流失听之任之；相反，企业应该积极开展客户流失调查，采取行动。

如何提高客户的忠诚度以防止客户流失是现代企业的管理人员以及营销人员一直致力解决的难题，客户的流失往往意味着企业目标市场的变更和调整，一不小心甚至会给企业带来致命的打击。由此可见，研究客户流失，防止关键客户流失对企业来说具有重要意义。

客户流失并不可怕，可怕的是企业不能因此重整旗鼓，把客户流失控制住。在客户流失前，企业要极力防范，实施全面质量管理、建立客户流失预警系统、提升员工满意度等防范措施。当客户与企业关系破裂，客户流失已成事实后，企业要采取挽回措施，针对客户流失的原因，采取措施，竭力挽救有价值的流失客户，最大限度地争取与这些客户“重归于好”。

单元小结

本单元涉及知识点包括客户忠诚的类型、影响因素、价值，培育忠诚客户的方法，客户流失的概念、原因、客户流失挽回策略等，介绍了测评客户忠诚度的步骤，建立客户数据库的步骤。

单元评价

<table>
<tr><th colspan="2">内　容</th><th colspan="3">评　价</th></tr>
<tr><th>学习目标</th><th>评价项目</th><th>自我评价</th><th>组间评价</th><th>教师评价</th></tr>
<tr><td rowspan="3">专业知识
（20 分）</td><td>客户忠诚的影响因素</td><td rowspan="3">得分及备注：</td><td rowspan="3">得分及备注：</td><td rowspan="3">得分及备注：</td></tr>
<tr><td>培育忠诚客户的方法</td></tr>
<tr><td>客户流失的挽回策略</td></tr>
<tr><td rowspan="3">专业技能
（45 分）</td><td>分析忠诚客户的价值</td><td rowspan="3">得分及备注：</td><td rowspan="3">得分及备注：</td><td rowspan="3">得分及备注：</td></tr>
<tr><td>培育忠诚客户</td></tr>
<tr><td>选择合适的策略应对客户流失</td></tr>
<tr><td rowspan="4">职业意识
（20 分）</td><td>团队合作、创新精神</td><td rowspan="4">得分及备注：</td><td rowspan="4">得分及备注：</td><td rowspan="4">得分及备注：</td></tr>
<tr><td>诚信意识</td></tr>
<tr><td>服务、质量意识</td></tr>
<tr><td>客户意识</td></tr>
<tr><td rowspan="3">通用能力
（15 分）</td><td>表达沟通能力</td><td rowspan="3">得分及备注：</td><td rowspan="3">得分及备注：</td><td rowspan="3">得分及备注：</td></tr>
<tr><td>人际交往能力</td></tr>
<tr><td>解决问题能力</td></tr>
<tr><td colspan="2">教师建议：</td><td colspan="3" rowspan="2">评价总汇：
A. 优秀　　B. 良好
C. 基本掌握　　D. 没有掌握
（参考标准：得分＜ 60 分为没有掌握，60 分≤得分＜ 70 分为基本掌握，70 分≤得分＜ 80 分为良好，得分≥ 80 分为优秀）</td></tr>
<tr><td colspan="2">个人努力方向：</td></tr>
</table>

巩固与提高

一、名词解释

1. 客户忠诚度
2. 客户的转移成本

3. 客户流失
4. 关联类信息

二、简答题

1. 客户忠诚的影响因素有哪些？
2. 简述实现客户忠诚的价值。
3. 如何奖励忠诚客户？
4. 简述防范客户流失的主要措施。

三、案例分析

东方甄选联手京东、顺丰完善供应链

东方甄选宣布与顺丰物流、京东物流达成合作伙伴关系，在北京、广州、杭州、郑州、成都5个城市，计划建立20个自营产品仓库，为自营产品提供面向全国的物流服务保障。在与顺丰物流合作后，东方甄选自营产品常温仓发货，已基本覆盖全国。冻品物流则以各仓为中心，覆盖周边区域。以北京冷冻仓为例，其可覆盖东北、华北地区。与京东物流合作后，东方甄选自营产品的同城订单可实现即日达或次日达，跨省订单承诺72小时送达。

此前，在新浪黑猫投诉平台上，不少消费者投诉东方甄选桃子发霉、牛筋丸胀袋、红枣发霉等问题。这也反映了东方甄选在品控和运输方面还存在问题，也说明了农产品的销售不同于一般产品的销售，其对物流和品质要求更高、更复杂。对东方甄选来说，商品的供应链问题给品牌的发展造成了极大的困扰。

完善供应链管理、优化仓储物流配送是推动东方甄选走向良性、长远发展的必要因素。对东方甄选来说，与物流公司的深入合作，能够有效解决物流配送问题，提升消费者满意度，留住忠诚客户，降低配送成本，利好平台将更多利润给到客户与产业链环节，利于维持东方甄选自营产品生态健康发展，对东方甄选平台的运营和自营产品的生态打造有极大的推动作用，绝对是当下最好的选择。

思考：

1. 简述客户忠诚的含义及影响因素。
2. 如何从客户忠诚度角度解读此案例？

四、实训练习

实训目标

通过实例，掌握防范客户流失的技术与方法。

实训内容

小王是一个物流业务员，2021年与一个客户成交了一笔300万元的物流业务，客户关系维护得很好。2021年底时，他跟客户联系业务时却一直没有消息，想着可能是年底忙就没有多想。2022年1月，他又发电子邮件给客户，只收到对方邮箱自动发送的回执，没有回复。当时以为客户忙，没有时间回复，况且根据客户往年的销售记录，2月和3月不是出货季节，小王就没有太在意。到了4月初，按照惯例客户应该下单了。于是小王就再次发送电子邮件，仍是只有回执，没回复；发传真也没反应。又过了两周，小王

就直接打了电话，是对方公司前台人员接的电话，说负责跟小王公司联系的业务代表元旦前请假回家生孩子了。小王当时就懵了，赶快问是谁接替她的工作。前台说是经理。联系上经理后，小王先客套性地询问了客户最近的销售情况，然后就直截了当地谈到了5月的物流业务。经理说货已到仓库，还反问“不是你们公司负责物流的吗？”小王就这样失去了他的业务。

请分析此情境中导致客户流失的原因，给出防范客户流失的措施，并针对已经流失的客户制订挽回措施。

实训步骤

（1）6人一组，组长分工。

（2）分析此情境中导致客户流失的原因。

（3）确定防范客户流失的措施。

（4）有针对性地制订流失客户挽回的详细方案。

实训考核

形成报告，以PPT形式分组报告。

改进物流客户服务质量

知识目标

- 了解物流客户服务质量的含义与要素。
- 理解物流客户服务质量的主要特点和内容。
- 掌握现代客户服务质量观。

技能目标

- 能够根据物流企业需要，构建适应企业要求的服务质量管理体系。
- 能够运用 PDCA 循环法改进物流客户服务质量。
- 能够对物流客户服务基本工作环节进行质量管理。

素质目标

- 通过学习物流客户服务质量的含义和要素，树立正确的客户服务质量观念，培养良好的客户服务态度。
- 通过了解国家出台的物流行业相关政策，深入体会国家致力于提升物流客户服务质量，促进物流行业高质量、可持续发展的决心。

思维导图

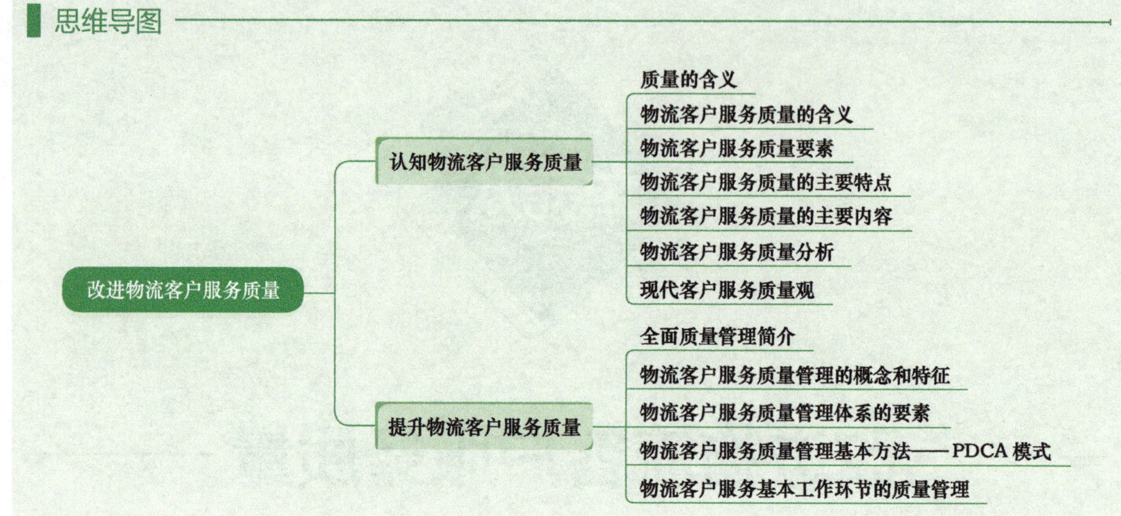

模块一　认知物流客户服务质量

案例导入　中国邮政速递物流服务

2019 年，中国邮政速递一位客户的包裹出现了送达延误的情况。客户投诉后，中国邮政速递迅速响应，积极与客户沟通，了解情况，并迅速启动内部调查。经过调查，发现是由于运输途中遇到了恶劣天气，导致包裹送达延误。中国邮政速递立即真诚地向客户道歉，并提出了合理的赔偿方案，包括全额退款和赠送优惠券。客户对中国邮政速递的积极回应和解决方案表示满意，并表达了对其服务质量的认可。

【思考】中国邮政速递的客户服务质量主要体现在哪些方面？

案例分析

中国邮政速递充分意识到一流的服务质量是企业生存发展的重要保证。客户不仅要求产品的质量好、可靠性高，而且要求有优质的服务。服务质量管理在现代企业经营管理中具有重要地位，对企业形象和信誉有关键影响。

知识准备

质量是企业生存和发展的根本。正确、全面地理解质量的概念，对企业经营决策和提高经济效益，具有极其重要的意义。

一、质量的含义

质量是指实体的一组固有特性满足明确和隐含需要的程度。

1. 实体

实体是指可以单独描述和研究的事物。实体可以是某活动或过程，可以是某产品，可以是某单位、某体系、某人，也可以是上述各项的任意组合。每一个实体都应有清楚的界定和描述。质量并不局限于产品和服务，而是一直扩展到活动、工程、组织和人，即所有事物的质量。

2. 需要

需要一般指客户的需要，也可以指社会的需要及第三方的需要。在很多情况下，需要会随着时间而变化，这就意味着要对质量进行定期评审。需要一般有以下两种形式。

（1）明确需要。它一般指在合同条件下，特定客户对实体提出明确需要，这种需要常以合同、契约等形式明确规定。

（2）隐含需要。它是指客户或社会对实体的期望，或指那些虽然没有通过任何形式给予明确规定，却为人们普遍认同的，无须事先申明的需要。

素养园地

党的二十大报告提出“加快构建新发展格局，着力推动高质量发展”。当前，我国很多企业能坚持质量优先，增强质量竞争力，注重名牌效应，打造全球领先品牌，发挥了质量对我国经济建设的影响力。例如，华为、格力电器、吉利汽车等已经成为中国品牌的重要代表，为全社会和中国企业界树立了榜样。

二、物流客户服务质量的含义

物流客户服务质量是指物流企业在向客户提供服务过程中，以客户为中心，通过高质量的服务方式和服务内容，满足客户的需求和期望，提高客户的满意度和忠诚度的能力。

物流客户服务质量的含义可以从以下几个方面解读。

1. 客户导向

物流客户服务质量是以客户为中心的，企业需要充分理解客户的需求和期望，通过服务创造价值，提高客户的满意度和忠诚度。

2. 服务要素

物流客户服务质量包括服务态度、服务内容、服务速度、服务效果等多个要素，这些要素共同构成了物流客户服务质量的内容。

3. 综合性

物流客户服务质量不是单一的指标，而是一个综合性的概念，需要从多个方面进行评估和提升。

4. 持续性

物流客户服务质量的提升是一个持续性的过程，需要企业不断地进行改进和创新，以适应市场和客户需求的变化。

三、物流客户服务质量要素

物流客户服务质量要素可以分为交易前客户服务质量要素、交易中客户服务质量要素和交易后客户服务质量要素三大类。

1. 交易前客户服务质量要素

交易前客户服务质量要素包括以下几个指标。

（1）库存可得率。这是指企业及时满足客户需求的能力，当需求超过库存可得率时就会发生缺货。

（2）目标交付时间。这是指企业计划或承诺的产品交付时间。

（3）信息能力。这是指企业满足交易前客户咨询、询价谈判、培训等需求的能力。

2. 交易中客户服务质量要素

交易中客户服务质量要素具体包括以下几个指标。

（1）下订单的方便性。这是指客户通过多种方式进行订货的可能性和每种方式的方便程度。

（2）订单满足率。这是指一定时期内满足订单的数量与订单总数的比率。

（3）订货周期的一致性。这是指订货周期的波动情况。

（4）订货周期。这是指客户从下订单到接收货物、完成货款结算的实际时间。

（5）订单处理正确率。这是指一段时期内无差错的订单处理总数与订单总数的比率。

（6）订单跟踪。这是指对订单货物所处状态进行跟踪的能力。

（7）灵活性。这是指满足客户加急发货或延迟发货的可能性及企业应对突发事件的能力。

（8）货损率。这是指在物流服务作业过程中发生损坏或灭失的货物金额数与货物金额总数的比率。

3. 交易后客户服务质量要素

交易后客户服务质量要素具体包括以下几个指标。

（1）票据的正确性和及时性。这是指回单、发票等票据的正确性和及时性。

（2）退货或调换率。这是指一定时期内退货或调换的货物总量与发送货物总量的比率。

（3）客户投诉率。这是指客户投诉的次数与总的服务次数的比率。

（4）客户投诉处理时间。这是指企业对客户投诉进行调查、采取补救措施，达到客户要求的总时间。

课堂互动

1．物流客户服务质量的含义可以从（　　）方面解读。

A．客户导向　　B．服务要素　　C．综合性　　D．持续性

2．交易前客户服务质量要素的评价指标有（　　）。

A．运输短缺　　B．库存可得性　　C．目标交付日期　　D．信息能力

3．交易中客户服务质量要素的评价指标有（　　）。

A．目标交付时间　　B．订单满足率

C．订单跟踪　　D．票据的正确性和及时性

4. 交易后客户服务质量要素的评价指标有（　　）。
A. 退货或调换率　　B. 客户投诉率
C. 货损率　　D. 客户投诉处理时间

四、物流客户服务质量的主要特点

物流客户服务质量的特点如下。

1. 主观性

物流客户服务质量是由客户主观评价的，因为不同客户对服务质量的期望和评价标准可能不同，因此具有一定的主观性。

2. 过程性

物流客户服务质量是通过一系列的服务过程来实现的，包括订单处理、运输、仓储、配送等多个环节，因此具有明显的过程性特点。

3. 整体性

物流客户服务质量是整体性的，即包括了物流服务的所有方面，如运输、仓储、包装、信息反馈等，而不是单一的某一方面。

4. 标准性和动态性

物流客户服务质量有一定的标准性，即可以通过一定的指标和标准来进行评估，但同时也具有动态性，因为客户的需求和期望随时可能发生变化。

5. 广泛性

物流客户服务质量涉及多个环节和多个参与者，包括供应商、物流服务提供商、客户等，因此具有广泛性，需要多方合作。

6. 同步性

物流客户服务质量需要不同环节之间的协同配合，包括订单处理、运输、仓储等环节，各环节之间需要同步进行，确保整体服务质量的一致性。

7. 起伏性

物流客户服务质量可能存在起伏，即服务质量在不同时间、不同地点、不同情境下可能会有不同的表现，需要及时监控和调整。

8. 不确定性

物流客户服务质量受到多种因素的影响，包括供应链变动、交通状况、天气等，因此具有一定的不确定性，需要及时应对和解决。

五、物流客户服务质量的主要内容

物流客户服务质量的主要内容如下。

1. 技术质量

技术质量是物流客户服务结果的质量。服务结果，是客户在服务过程结束后的“所得”，即客户“接受了什么服务”。物流技术质量一般可以用具体形式度量。客户对物流服务过程结束后获得的结果非常关心，这是构成企业物流客户服务质量的重要一环。

2. 功能质量

功能质量是物流客户服务过程的质量，指服务人员在提供服务过程中的表现。服务人员的行为、态度、仪表、着装，甚至一言一笑、举手投足，都直接影响客户的感知，这就是物流客户服务质量的功能质量，即客户是“如何得到服务的”。在这方面很难有客观标准，基本上是一个主观的经验过程，即主要取决于客户接受服务过程中的感受。不同的人或同一个人在不同的时间、地点和条件下，都可能有不同的感受。

物流技术质量是客观存在的，而物流功能质量则是主观的，是客户对过程的主观感受。客户评价物流客户服务质量好坏的依据是客户所获得的物流客户服务结果和所经历的服务感受，两者综合在一起才形成完整的感受。

大部分企业将物流技术质量视为物流客户服务质量的核心，集中企业资源提高物流客户服务的技术质量并以此作为企业竞争的主要因素。但随着竞争的加剧，企业同样应重视提供物流客户服务的过程，以提高物流客户服务的功能质量来作为企业竞争取胜的手段。

六、物流客户服务质量分析

客户实际享受的物流服务的质量是由物流企业的一系列经营管理决策和经营管理活动决定的。在服务过程中，由于物流活动涉及客户、管理人员、企业员工等多个主体，物流服务往往难以充分达意和有效实施，从而造成服务传递中的种种差距，影响服务质量。导致物流客户服务质量问题的原因有以下五个方面。

1. 管理人员认识的差距

不同管理人员对物流客户服务质量的认识可能存在差异，包括对服务标准、绩效指标、营销沟通等方面的认识。这可能导致在实际操作中存在服务质量的差异，需要通过统一的培训和沟通，提升管理人员对服务质量的一致认识。

2. 质量标准的差距

质量标准的差距通常指物流企业在实际操作中与设定的质量标准之间存在的差异，主要表现为以下几个方面：

（1）内部标准与外部标准的差距。物流企业在质量管理中设定了一套内部标准，但这些标准与外部行业标准、法律法规要求等存在差距。例如，企业对产品损坏的接受程度、操作流程的合规性等方面的标准可能与客户、合作伙伴或监管部门的要求不一致，从而导致质量标准的差距。

（2）标准的执行差距。即使物流企业在质量管理体系中设定了明确的标准，但在实际操作中，员工可能未能按照标准执行，导致质量标准的差距。例如，操作流程的规范性、员工的技能水平、设备的维护保养等方面可能存在执行不到位的情况，从而影响质量标准的实施。

（3）不同环节的标准差距。物流企业在仓储、运输、配送等环节可能设定了不同的质量标准，但这些标准之间可能存在差距。例如，仓储环节对产品的储存条件、货物的安全性要求较高，而运输环节对交付时间、运输工具的条件要求较高，这些不同环节的标准差距导致整体质量标准不一致。

3. 服务绩效的差距

物流企业在实际执行客户服务时，不同员工或团队之间的服务绩效可能存在差距。例如，不同员工对客户需求的理解、服务态度和服务水平可能不一样，导致客户体验不一致，从而影响客户对服务质量的评价。

4. 营销沟通的差距

物流企业在与客户沟通时，不同员工或团队之间的沟通方式、沟通内容和沟通效果可能存在差异。例如，对客户需求的及时反馈、信息传递的准确性、服务承诺的兑现等方面可能存在差距，从而影响客户对企业的评价。

5. 客户期望的服务与实际享受服务之间的差距

客户对物流企业的服务期望可能与实际享受到的服务之间存在差距。例如，客户期望获得高质量、高效率的服务，但在实际操作中可能存在服务不及时、不准确等情况，从而导致客户对服务质量的评价不符合期望。

物流客户服务质量分析

综合以上因素，物流企业需要通过对管理人员认识的统一、质量标准的明确、服务绩效的提升、营销沟通的加强以及与客户期望的匹配等方面的努力，不断提升客户服务质量，满足客户需求，提升客户满意度。

七、现代客户服务质量观

由于仅仅依靠成本和技术优势，很难长久地保持竞争优势，因此服务企业要得到持续发展，就不能仅仅依靠单一优势。特别是通过大量实践的积累，人们对质量本质的认识不断深化。国际标准化组织对质量的定义及内涵的界定，使人们对质量这个客观事物有了新的认识和看法，形成了新的质量观。经过对服务质量认识过程的考察，现代的客户服务质量观大致可以概括为以下几点。

（1）市场竞争由价格竞争转向服务质量竞争，对服务业而言，21 世纪是一个强调服务质量的世纪。

（2）服务质量就是要满足需要，首先是客户的需要，同时要兼顾其他受益者的利益。质量观从过去符合性能规范型转变为满足需要的客户型。

（3）服务质量是服务企业生存发展的第一要素。服务企业要生存发展，首要条件是提供的服务能在市场中转化成价值，被客户所接受。而客户能否接受服务的决定性因素是服务质量。

（4）提高服务质量是最大的节约，在某种程度上，服务质量好等于成本低。

（5）企业看待服务质量要有一个立场上的转变。服务企业不能仅仅从服务提供者的角度来看待服务质量，应从提供者转换到客户和其他受益者的立场上来看待服务质量，只有这样才能提供满足需要的服务。

（6）服务质量的提高主要取决于科学技术的进步，其中包括科学的管理。服务企业只有不断开发和利用新技术，提供新的服务，给客户更多的附加价值，才会提高服务质量。

（7）服务质量主要有设计、供给、关系三个来源及功能质量和技术质量两方面内容。

模块二　提升物流客户服务质量

案例导入　德邦物流多举措提升客户服务质量

为了提升物流客户服务质量，德邦物流采取了一系列措施。

（1）客户关怀热线。德邦物流设立了24小时客户关怀热线，为客户提供全天候的服务支持。客户可以通过热线查询运单信息、咨询服务问题、提出投诉和建议等，实现了即时响应和解决客户问题的目标。

（2）定制化服务。德邦物流根据客户的特定需求，提供定制化的物流解决方案，包括特殊包装、配送时效的保障、定时定点送达等服务。通过满足客户个性化需求，提升了客户的满意度和忠诚度。

（3）系统化管理。德邦物流引入先进的信息技术，建立了完善的物流管理系统，实现了订单管理、运单跟踪、运力调度等业务的全程可控。

（4）培训与提升。德邦物流注重员工培训与提升，定期组织培训课程，提升员工的服务意识、沟通技能、问题解决能力等。

【思考】德邦物流是如何提升客户服务质量的？

案例分析

本案例中，德邦物流提升客户服务质量的措施，首先是设立客户关怀热线，可以实现客户问题的即时响应和解决，增强了客户的满意度和忠诚度。其次是定制化服务，满足了客户个性化需求，加强了与客户的合作关系，提高了客户黏性。第三是系统化管理，通过信息技术的应用，实现了业务流程的自动化和数字化，提高了业务操作的效率和准确性。最后是员工培训与提升，提高了员工的服务意识、沟通技能和问题解决能力，从而提升了服务人员的服务质量。德邦物流的这些服务举措不但赢得了客户的信任，更实现了企业与客户的双赢。

知识准备

物流服务是发展和维持全面质量管理的主要组成部分，持续改善服务质量是物流服务的重要目标之一。对物流管理者来说，构筑完善的物流服务质量管理体系，保证和控制物流服务全过程的高质量，提供让客户满意的服务是他们应尽的职责。

一、全面质量管理简介

1. 全面质量管理的概念

全面质量管理（Total Quality Management，TQM），是质量管理发展的最新阶段。全面质量管理是基于组织全员参与的一种质量管理形式。具体地说，全面质量管理就是以质量为中心，全体职工以及有关部门积极参与，把专业技术、经营管理、数理统计和思想教育结合起来，建立起产品的研究、设计、生产、服务等全过程的质量管理体系，从而有效地利用人力、物力、财力、信息等资源，以最经济的手段生产出客户满意的产品，使组织、全体成员及社会收益，从而使组织获得长期成功和发展。

2. 全面质量管理的基本特点

全面质量管理具有十分丰富的理论内涵，其基本特点如下。

（1）全面质量管理是一种管理途径，既不是某种狭隘的概念或简单的方法，也不是某种模式或框架。

（2）全面质量管理强调组织必须以质量为中心来开展活动，其他管理职能不可能取代质量管理的中心地位。

（3）全面质量管理必须以全员参与为基础。不仅要求组织中所有部门和所有员工积极投入质量活动，同时要求组织的最高管理者坚持强有力和持续的领导、组织、扶持和开展有效的质量教育和培训工作，不断提高全员的素质。

（4）全面质量管理强调组织的长期成功，而不是短期的效益或哗众取宠的市场效应。这就要求组织要有一个长期的富有进取精神的质量战略，建立并不断完善其自身的质量管理体系，培育并不断发扬其企业文化，使组织的运营建立在提高自身素质和实力的基础上，以此保证组织经营的成功。

全面质量管理是现代市场经济的产物。近年来，我国一些企业倡导走质量效益性发展的道路，以质量求效益，以质量求发展，坚持质量第一的思想，坚持企业效益与社会效益相统一，坚持近期利益与长远利益相统一，从而使企业获得长期稳定的发展和效益，是符合国情的一条现实之路。

知识拓展　美国的质量管理模式

美国企业的质量管理方法主要是全面质量管理，其基本内容是：公司全体员工及其有关部门同心协力，综合运用管理技术、专业技术和科学方法，经济地开放、研制、生产和销售用户满意的产品。

美国全面质量管理思想的特点有：

（1）普遍重视质量管理，他们认为，质量好的产品是消费者选出来的，消费者的“选票”就是“钱”。

（2）强调产品质量的综合特性，产品必须有过人之处。

（3）推崇预防为主。

（4）强调高层管理人员的质量管理职能。

（5）重视质量指标的完成（他们将质量指标分解到每道工序、每个人、追求百分之百的合格率）。

课堂互动

1．全面质量管理要求以（　　）为中心。

A．产量　B．利润　C．质量　D．效益

2．全面质量管理理论的基本特点是（　　）。

A．它是一种管理途径

B．强调组织必须以质量为中心来开展活动

C．以全员参与为基础

D．强调组织的长期成功

3．全面质量管理是以（　　）为基础的质量管理形式。

A．协调部门利益　B．组织全员参与

C．规范作业流程　D．明确管理职责

二、物流客户服务质量管理的概念和特征

1. 物流客户服务质量管理的概念

物流客户服务质量管理就是依据物流系统运动的客观规律，为了满足物流客户的服务需要，通过制定科学合理的基本标准，运用经济办法开展的策划、组织、计划、实施、检查和监督、审核等所有管理活动的过程。

2. 物流客户服务质量管理的特征

（1）系统性。质量是一个系统过程，它渗透在企业的每一个环节。

（2）全员性。质量被认为是物流企业里每个人的责任。涉及企业物流活动的相关环节、相关部门的相关人员共同努力，才能保证实现全面的质量管理。

（3）目的性。质量应以满足客户需要而存在，不只是企业为了占领市场或提供生产效益的需要。

（4）先进性。现代质量管理和改进，需要有新的技术手段，包括从质量设计到改进的计算机辅助手段。

（5）广泛性。质量改进必须有各阶层的人员参与，这些人员不仅包括本企业员工，也包括社会各阶层人士，没有他们的参加和帮助是不可能改进质量的。

（6）全面性。物流客户服务质量的影响因素是综合、复杂、多变的，涉及方方面面。

素养园地

2017 年 3 月 15 日，质检总局、国家发展改革委、交通运输部、商务部、工商总局、中国保监会、国家铁路局、中国民用航空局、国家邮政局、中华全国供销合作总社、中国铁路总公司等 11 部门共同出台《关于推动物流服务质量提升工作的指导意见》，该意见提出了我国物流业服务质量的发展目标：基本建立规范有序、共建共享、运行协调、优质高效的现代物流服务质量治理和促进体系，物流行业服务能力和水平明显提升，优质服务、精品服务比例逐步提高；培育形成一批具有国际竞争力的大型本土物流企业集团和知名物流服务品牌，树立并强化“中国物流”优质服务形象。

三、物流客户服务质量管理体系的要素

物流服务的质量管理有两大基本职能，分别是质量保证和质量控制。质量保证是以维护客户的利益、让客户满意为目标的，这也是物流服务质量管理的根本目标；而质量控制是以保证物流服务的全过程达到既定的质量标准为目标的，是质量保证的基础。只有以健全的质量管理体系为依托，采用科学的管理方法，才能够实现物流服务质量管理的这两大基本职能。

物流服务质量管理体系是指企业或组织在进行物流业务运作时，建立的一套完整的管理体系，用于监控、评估和改进物流服务质量。按照全面质量管理的思想，物流服务质量管理体系应当具备以下要素。

1. 质量管理体系结构

质量管理体系结构是进行物流服务质量管理的基本框架，在这个框架中应当明确质量管理的层级关系、各部门的目标、职责和权限等，通过组织结构的形式将管理过程中的各个环节、各种资源协调起来，使其相互配合、相互协调，成为一个完整的质量管理体系。质量管理体系结构见图 8–1。

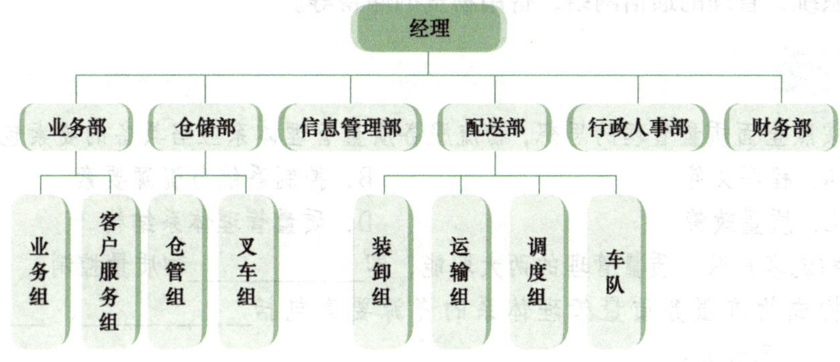

图 8–1　质量管理体系结构

2. 质量政策

质量政策是企业进行物流服务管理的根本依据，应当为物流服务质量管理提供明确的宗旨和方向。质量政策应当明确企业物流服务水平、质量管理的方针和目标、质量保证措施、人力资源政策及激励制度等内容，同时应当采取有效的措施，保证其被企业的全体员工所理解。客户满意的程度是很难度量的，质量管理者必须根据客户的需求，并结合企业内外部环境，制定出一系列可识别的物流服务质量管理目标。同时，应当将企业的质量管理目标层层细化，直至形成具体操作过程的质量管理规范。

3. 程序文件

物流服务质量管理的每一个环节都应当形成程序文件。程序文件既是对物流服务质量管理过程的描述，又是进行质量保证和质量控制的依据。通过严格执行程序文件，可以使服务质量始终处在受控状态，降低各环节出现质量问题的可能性。程序文件没有固定的格式，应当根据企业的管理模式、企业开展物流活动的具体特征及质量管理体系的结构形式制订。

4. 控制系统

由于环境的不确定性，计划的执行情况与期望目标总是会有差异的。控制的过程就是要使二者保持一致，确保所期望目标实现的过程。

5. 资源要素

构成物流服务质量管理体系的资源要素包括信息资源、人力资源和物质资源三部分。

（1）信息资源。服务质量体系需要服务质量信息系统的支持。对信息资源的投资，就像对其他物质资源的投资一样，都是为了提高和加强服务企业的竞争优势。以高质量服务著称的组织通常很善于把握客户的想法，并能把来自客户的质量反馈信息加以处理，使之成为质量控制和改进的依据。

（2）人力资源。人是服务企业最重要的资源，几乎所有的服务都由服务企业的员工来提供。能否实施有效的质量管理，人的因素是具有决定性的。由于服务是一种情绪性的工作，管理好服务体系中的人力资源必须做到三点：合适的岗位、激励制度与及时的培训。

（3）物质资源。所有的服务企业提供客户服务，建立完善的服务质量体系都要对基础设施及设备建设投入大量的资金，这些基础设施及设备包括：基本的装修和服务工具，有关客户的信息系统，管理的通信网络，备用物资的储备等。

课堂互动

1．按照全面质量管理的思想，物流服务质量管理体系应当具备的要素包括（　　）。

A．程序文件　　B．控制系统与资源要素

C．质量政策　　D．质量管理体系结构

2．物流客户服务质量管理的两大职能，即__________和质量控制。

3．构成物流服务质量管理体系的资源要素包括__________、__________和__________三部分。

四、物流客户服务质量管理基本方法——PDCA 模式

物流客户服务质量管理的 PDCA 模式运用“PDCA 管理循环”推动整个质量工作系统的运行。

1. PDCA 管理循环的含义

PDCA 管理循环又称戴明循环，是美国质量管理专家戴明博士首先提出的，它是全面质量管理所应遵循的科学程序。全面质量管理活动的全部过程就是质量计划的制订和组织实现的过程，这个过程就是按照 PDCA 循环，不停顿地、周而复始地运转的。

PDCA 是 Plan（计划）、Do（执行）、Check（检查）和 Action（处理）的首字母的组合，PDCA 管理循环就是按照这样的顺序进行质量管理，并且不停循环下去的科学程序。具体如图 8-2 所示。

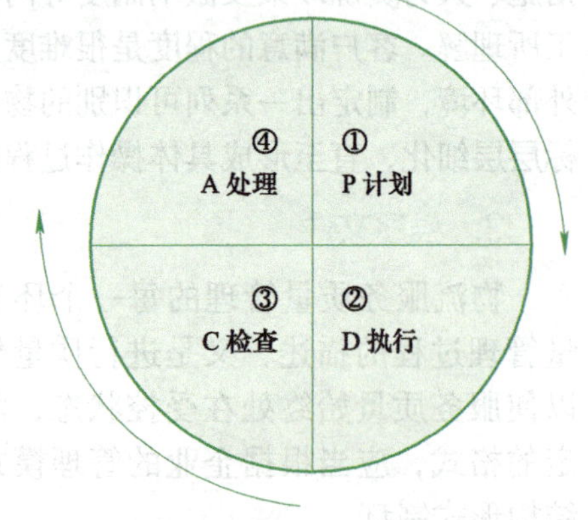

图 8-2　PDCA 管理循环

2. PDCA 管理循环的四个阶段

戴明循环强调自主、主动管理，即立足于企业内部，详细分析本企业目前存在什么主要问题，然后改进，特点是自我超越。PDCA 管理循环主要有如下四个阶段。

第一阶段是计划。它包括分析现状、找出存在问题的原因、分析产生问题的原因、找出其中主要原因、拟订措施计划、预计效果五个步骤。它以满足客户的要求并取得经济效益为目标，通过调查、设计、试制，制定技术和经济指标、质量目标，以及达到这些目标的具体措施和方法。所以计划阶段就是制定质量目标、活动计划、管理项目和实施方案。

第二阶段是执行。根据预定计划和措施要求，努力贯彻和实现计划目标和任务。所以执行阶段就是要按照所制订的计划和措施去实施。

第三阶段是检查。对照执行结果和预定目标，检查计划执行情况是否达到预期的效果，哪些措施有效，哪些措施效果不好，成功的经验是什么，失败的教训又是什么，原因在哪里，所有这些问题都应在检查阶段调查清楚。所以检查阶段就是对照计划，检查计划执行的情况和效果，及时发现和总结计划实施过程中的经验和问题。

第四阶段是处理。巩固成绩，把成功的经验尽可能纳入标准，进行标准化，对遗留问题转入下一个 PDCA 管理循环去解决。

3. PDCA 管理循环的八个步骤

作为推动工作、发现问题和解决问题的有效工具，PDCA 管理循环由以下八个步骤构成，如图 8-3 所示。

图 8-3　PDCA 管理循环步骤

（1）找出问题。分析现状，发现问题。

（2）分析原因。根据存在的问题，分析产生质量问题的各种影响因素，并逐个因素加以分析。

（3）确定主因。分析产生质量问题的主要原因。

（4）制定措施。针对主要原因，制定解决措施，提出改进计划并预计其效果。计划和措施应尽量做到明确具体，并确定具体的执行者、时间进度、地点、部门和完成方法等。

（5）执行计划。按计划的要求去做。

（6）检查效果。把执行结果与要求达到的目标进行对比。

（7）标准化。对成功经验加以肯定，予以标准化或制成作业指导书，便于今后工作使用。

PDCA管理循环的实际运用

（8）处理遗留问题。对于失败的教训也要总结，以免重复出现。对于没有解决的问题，应转入下一个 PDCA 管理循环中解决。

课堂互动

通过学习 PDCA 管理循环，以后我们在处理生活或学习问题时，就可以参照同样的处理方法，甚至可以触类旁通，寻找到更加快捷的处理方法。在班级管理中，针对早上迟到现象，应如何采用 PDCA 管理循环去进行解决？

____

____

____

____

五、物流客户服务基本工作环节的质量管理

物流客户服务基本工作环节的质量管理包括：运输过程质量管理、仓储过程质量管理、库存过程质量管理。

1. 运输过程质量管理

运输过程质量可以通过以下几个指标进行管理。

（1）平均运送时间。平均运送时间通常是指一段时间内货物从运输起点到运输终点的多次运输所消耗的平均时间。当涉及一种以上运输方式时，应当按照门到门运送时间来衡量。

（2）运送时间的变化率。运送时间的变化率是评价运输服务不确定性的指标，指在各种运输方式下多次运输所消耗时间的波动情况，可以通过实际运送时间与平均运送时间的比较来衡量。

（3）货物损坏率。货物损坏率是指一定时期内货损总金额与货运总金额的比率。

（4）装载效率。装载效率是指车辆实际装载量与车辆装载能力的比率。

（5）运力利用率。运力利用率是指一定时期内实际运输量与总运输能力的比率，以吨公里为单位来衡量。

（6）运输费用水平。运输费用水平是指运输费用总额与货物价值总额的比率。

2. 仓储过程质量管理

仓储过程质量可以通过以下几个指标进行管理。

（1）货物完好率。货物完好率是评价仓储服务绩效的基本指标，可以表示为

$$货物完好率 = \left(1-\frac{一定时期货物损坏灭失金额}{该时期仓储货物总金额}\right)\times 100\%$$

（2）仓库利用率。仓库利用率指仓库实际存储的货物数量或体积与仓库可存储货物数量或容积之间的比率。

（3）货物错发率。货物错发率指一定时期内货物出现错发的总量与该时期货物吞吐量之间的比率。

（4）货损货差赔偿率。货损货差赔偿率指一定时期内由于货损货差赔偿的总金额与该时期业务收入总金额之间的比率。

（5）设备时间利用率。设备时间利用率指一定时期内全部设备实际工作时数与设备总工作能力之间的比率。

（6）仓库吞吐能力实现率。仓库吞吐能力实现率指一定时期内仓库的实际货物吞吐量与仓库设计吞吐量之间的比率。

3. 库存过程质量管理

库存过程质量可以通过以下几个指标进行管理。

（1）库存周转率。企业的库存周转率可以在一定程度上反映库存管理的水平，可以表示为

$$库存周转率=\frac{一定时期内出库金额}{同期平均库存金额}\times 100\%=\frac{一定时期内出库金额\times 2}{期初库存额+期末库存额}\times 100\%$$

（2）库存结构合理性。库存结构合理性是反映企业库存产品或原材料的种类、数量是否合理的指标，可以表示为

$$库存结构合理性=\left(1-\frac{长时间无需求的积压货物总额}{库存货物总额}\right)\times 100\%$$

（3）供应计划实现率。供应计划实现率指一定时期内实际供应货物总金额与计划供应金额之间的比率。

通过以上指标对物流服务的主要活动进行绩效评价，可以较为全面地反映企业实际所达到的物流服务水平。

课堂互动

1. 运输过程质量可以通过______、______、______、______、______和______六个指标进行管理。

2. 仓储过程质量可以通过______、______、______、______、______和______六个指标进行管理。

3. 库存过程质量可以通过______、______和______三个指标进行管理。

单元小结

本单元涉及知识点包括质量的含义，物流客户服务质量的含义、要素、主要特点和主要内容，物流客户服务质量分析，现代客户服务质量观；阐述了全面质量管理的概念、基本特点，物流客户服务质量管理的概念和特征；介绍了物流客户服务质量管理体系、物流客户服务质量管理的方法——PDCA 管理循环法。

单元评价

内　容		评　价		
学习目标	评价项目	自我评价	组间评价	教师评价
专业知识（20分）	物流客户服务质量的含义与要素	得分及备注：	得分及备注：	得分及备注：
	物流客户服务质量的主要特点			
	物流客户服务质量的主要内容			
专业技能（45分）	构建物流客户服务质量管理体系	得分及备注：	得分及备注：	得分及备注：
	运用 PDCA 循环改进物流客户服务质量			
	能够对物流客户服务基本工作环节进行质量管理			
职业意识（20分）	客户导向思维	得分及备注：	得分及备注：	得分及备注：
	文明服务意识			
	诚信意识			
	创新意识			
通用能力（15分）	沟通协调能力	得分及备注：	得分及备注：	得分及备注：
	团队协作能力			
	解决问题能力			
教师建议：		评价总汇： A. 优秀　　B. 良好 C. 基本掌握　　D. 没有掌握 （参考标准：得分＜60分为没有掌握，60分≤得分＜70分为基本掌握，70分≤得分＜80分为良好，得分≥80分为优秀）		
个人努力方向：				

巩固与提高

一、名词解释

1. 物流客户服务质量
2. 技术质量
3. 功能质量
4. 全面质量管理
5. PDCA 管理循环

二、简答题

1. 简述物流客户服务质量的主要内容。
2. 简述物流客户服务质量管理的特点。
3. 简述现代客户服务质量观。
4. 物流客户服务质量管理体系应具备哪些要素？

三、案例分析

佛山物流公司先进的一体化服务

佛山物流公司是佛山物流业的旗帜企业。多年来，佛山物流公司都锁定食品物流这一块来经营，为多家企事业提供了先进的物流一体化服务，积累了丰富的经验。其中最为成功的一个案例，就是为××味业提供的仓储配送业务。××味业的产成品从生产线下来，直接通过大型拖车进入佛山物流仓库。佛山物流公司通过信息系统进行货物库存信息跟踪、出入库管理、业务过程管理、运输监控，并能自动生成各种数据报表，与××味业实行实时信息共享，满足了××味业“安全、及时、准确”的配送要求。通过佛山物流仓储配送服务，××味业可以集中精力发展主业，增强了企业在该行业中的核心竞争力。通过佛山物流公司先进的物流信息管理系统，××味业可以快速、准确、简便地下单，确保配送计划、库存计划等的顺利完成。

在产品逐渐趋向无差异化的形势下，佛山物流公司的最佳做法就是突显服务的差异。物流服务对于物流公司来说至关重要，也正是佛山物流公司安身立命之所在。佛山物流公司通过了 ISO 9001 质量管理体系认证，这是对其优质服务的一种肯定。优质的管理，优质的服务，优质的服务态度，这是佛山物流公司对客户的承诺。佛山物流公司有一套完整的管理细则和操作规范，并根据每个客户个性化的要求，制定服务方针。有时候因客户原因造成的问题，佛山物流公司也会主动去解决，不会推卸责任，不会找理由。佛山物流公司不但关注直接客户的服务，而且也关注客户的客户，这对直接客户的业务会起到很关键的作用，也因为这一点，客户都对佛山物流公司非常满意，公司的业务量也就多了起来。

思考：

1. 佛山物流公司是如何为××味业提供一体化物流服务的？
2. 佛山物流公司安身立命的法宝是什么？

四、实训练习

实训目标

通过实例，掌握改进物流客户服务质量的相关方法或技巧。

实训内容

寻找物流企业调研，根据企业的各种统计资料、原始记录、客服日记、订货合同、客户来函等，了解物流企业在客户服务过程中的质量管理是如何进行的，以及如何进行物流服务质量的改善与提高。

实训步骤

（1）全班分组：5 人一组。

（2）分析物流企业在客户服务过程中的质量管理是如何进行的。

（3）提出改善与提高物流服务质量的方法。

实训考核

学生根据所学知识及调查情况，写出小组报告，以 PPT 形式分组汇报。

评估物流营销绩效

知识目标

- 理解物流营销绩效评估的内容。
- 掌握物流营销绩效评估的流程和方法。

技能目标

- 能够运用物流营销绩效评估的基本方法和程序，评估当地某个物流项目的物流营销绩效。
- 能够从评估指标、评估流程、评估方法等方面评析当地某个物流项目营销绩效评估的得失，并设计更合理的评估指标、评估流程和评估方法体系。
- 能够撰写物流营销绩效评估报告（包括绩效改进计划）。

素质目标

- 通过学习物流营销绩效评估，树立公平、公正、科学、效率的价值观。
- 通过实训调研，收集和分析绩效信息，培养实事求是、诚信立身的职业素养。

思维导图

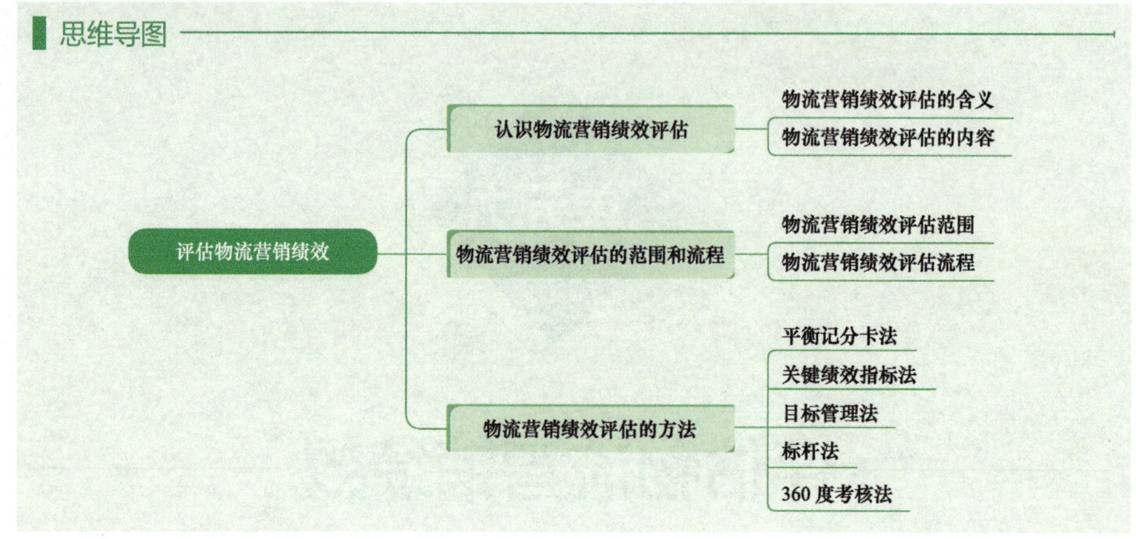

模块一　认识物流营销绩效评估

案例导入　A 公司优化升级物流营销策略

A 公司近几年大力发展物流业务，在激烈的市场竞争环境中，公司的营销观念落后，市场定位不明确，物流品牌意识淡薄，客户流失率居高不下等问题逐步显现。面对新市场开发工作的困难局面，A 公司需要优化升级现有的营销策略，构建更加科学、更能满足用户需求的营销策略体系来提升物流业务的市场竞争力和影响力。当前 A 公司需要对物流服务项目的营销绩效进行调查、分析和评估，完成物流营销绩效报告，以便接下来制订绩效改进措施和绩效评估反馈。

【思考】A 公司如何开展物流营销绩效的评估呢？

案例分析

A 公司要完成物流营销绩效的评估首先需要制订计划，明确评估指标和标准，明确评估的主体，还要对评估的主体进行培训，收集公司物流绩效信息，然后选择适合该企业的评估方法开展评估工作，在评估完成后撰写绩效评估报告，以便公司进一步优化物流营销策略。

知识准备 

一、物流营销绩效评估的含义

物流营销绩效评估是指在物流营销的组织和管理过程中，根据特定的指标和衡量标准，对营销的各个方面进行评价和判断，如工作过程、组织效率、实际效果及其对企业的贡献或价值等。

物流营销绩效评估既是一个连续的过程，也是企业制定物流营销策略的重要依据。科学、有效的物流营销绩效评估，能有效判断物流营销策略实施的效果，能综合反映物流工作质量的好坏，评测物流营销活动的效率，找出物流营销策略中存在的问题并及时优化，也为后续的物流营销活动提供有价值的参考。

二、物流营销绩效评估的内容

物流营销绩效评估的内容构成一个完整的物流营销绩效评估体系，它包含多个权重不同的指标，是对物流绩效进行定性、定量分析的关键和基础。

1. 客户认知度

（1）客户满意度。客户满意是客户忠诚的前提，客户对物流服务的知晓度可以通过客户满意度水平来体现。客户满意度是客户满意度指标，一般通过访问调查和对客户进行问卷调查，就可以得到这些数据。

（2）企业知名度。企业知名度是客户知晓某一品牌或企业名称所具有的广泛性。客户在选择物流服务时，相较于陌生的企业和品牌，通常会选择熟悉的企业或品牌，这些企业或品牌在行业中享有较好的口碑，信用度较高，可以给予客户消费信息和保障。

2. 客户行为

客户行为决定物流营销的成败，是物流企业营销决策的依据。客户行为的研究有助于物流市场营销能力的提升，也有助于物流市场营销策略的层次和有效性的提升。

（1）新增客户量。新增客户量是指某一周期内新增客户的数量。新增客户量可以通过客服系统统计得出，客户数量的不断增加表示物流企业收入的增多以及物流营销策略的成功。

（2）客户投诉。客户投诉是指客户以口头或书面形式表达对物流企业管理和服务质量的不满，提出异议及索赔要求的行为。例如，物流分拣人员的暴力分拣，销售人员结算价格与报价不符，配送时间与承诺的有差异等情况均会导致客户投诉。绝大多数客户投诉都是为了解决问题，有效解决客户投诉可以赢得客户的信任和忠诚度。

（3）客户忠诚度。客户忠诚度又称客户黏度，是指客户因为客户情感忠诚、行为忠诚、意识忠诚等因素对产品或服务产生好感，从而产生的一种依赖性偏好。这项指标侧重于对客户行为趋向性的评估，能够有效反映企业在经营活动中的优势。客户忠诚度越高，重复购买产品或服务的可能性就越大。

素养园地

物流企业的绩效评估需要管理者与员工在思想上保持一致性，为了物流营销绩效评估工作达到预设的目标，需要企业人员具备团队精神、沟通协调能力、职业责任感和脚踏实地的工作态度。

3. 中间商

中间商是指在物流系统中参与供需双方之间交易，促使交易成功的经济组织或者个人。中间商是沟通供需双方的重要纽带，是可以调节供需关系的重要环节。

（1）中间商满意度。中间商满意度高可以促进长期合作，促进物流企业和客户的沟通，有利于企业了解客户需求、市场情况，以便今后决策。

（2）中间商投诉。中间商的投诉可能代表大多数客户的意见，带有大客户投诉的性质，需要物流企业及时沟通和处理，能够做到快速响应，解决中间商投诉的实际问题。

（3）准时交货。准时交货指标反映出物流企业配套的生产或者服务能力是否能够达到要求，准时交货不仅可以建立良好的客户关系，而且可以节省双方的交易成本。

4. 市场竞争

通过物流企业市场竞争力的评估，可以了解企业在同行内的营销实力，明确与竞争企业之间的差异，知悉物流企业营销策略对市场环境的适应能力。这方面的指标包括市场份额、客户满意度和物流服务质量。

5. 营销创新

物流企业营销的创新能力是竞争力的核心，营销创新主要通过新服务数量、新服务收益等指标来衡量。

（1）新服务数量。新服务数量的多少可以说明物流企业对市场需求和竞争的反应，新服务数量越多，说明物流企业对市场需求的敏感度越高，对市场变化的适应能力也就越强。

（2）新服务收益。新服务收益说明了客户对物流企业新服务的接受情况，收益越大，说明新服务的市场认可度就越高。

知识拓展 “考课”制度

现代绩效管理理论起源于西方，但绩效管理思想在中国古代早已出现。我国从西周时期就运用职官“考课”制度对政府官员进行考核和监督。“考课”制度在一定时期内，也作为古代职位升降和赏罚的有效依据和手段。中国古代的“考课”制度与现代绩效管理的绩效计划、绩效指标、绩效评价和绩效结果应用等内容极为相似。

6. 财务

财务维度的评价指标与物流资产管理水平、收益和成本控制等因素有关，主要对销售额，利润率和市场营销花费三个方面进行评估。物流企业的营销行为最终通向财务目标，财务效果是物流企业营销效益的最终体现，是物流营销决策和执行所产生的结果。财务评价指标越高，表明物流企业具有更强的销售能力和更强的市场竞争力。

模块二　物流营销绩效评估的范围和流程

案例导入 建立科学合理的物流园区评价模式，促进现代物流业的可持续发展

国家发改委综合运输研究所所长汪鸣在“一带一路”国际合作高峰论坛上表示，物流行业作为国民经济大动脉系统，自 2013 年“一带一路”倡议提出后，将迎来巨大的发展机遇。“一带一路”的重启，在刺激物流产业发展和升级的同时，也对国内现代物流架构起到了一定的支撑示范作用。

作为物流产业合作的载体，物流园区承载着不同类型物流企业的多种物流设施和物流功能，对接整合了各类产业链，物流园区的运营状况好坏直接代表着这一区域的物流发展水平。因此，建立科学合理的物流园区评价模式，才能更好地促进现代物流业的可持续发展，在“一带一路”的大背景下，对物流园区目前的运营水平进行准确的评价。

（资料来源：蒋康莉，吴价宝．“一带一路”倡议下物流园区绩效综合评价研究 [J]．物流科技，2019，42（03）：135-140. 有删改）

【思考】物流园区进行绩效评估大致要经过哪些流程？

案例分析

物流营销绩效评估是一个收集信息、分析信息、反馈结果并改进的过程，包含制订评估计划、确定评估主体、收寄绩效信息、实施绩效评估、撰写评估报告等环节。

知识准备

一、物流营销绩效评估范围

物流营销绩效评估是指在物流营销的组织管理过程中，根据特定的指标和测量标准，对营销运作过程的各个方面进行评价和判断，如对工作过程、组织效率、实际效果及其对企业的贡献或价值等进行评定和判断，得出评估结论，以改善物流营销组织绩效的过程。

二、物流营销绩效评估流程

（一）制订评估计划

为了确保物流企业或项目营销绩效评估工作的顺利进行，首先需要制订评估计划。评估计划的主要内容包括评估的目的、评估的时间、评估的对象、评估的步骤等。同时成立评估小组，小组成员一般包括行业专家、学者、企业外部管理专业人士和企业内部各部门的决策者与营销人员。他们的工作主要是对评估的过程进行监督和指导，核实评估的最终结果并对结果进行整理、分析和反馈，以便持续改进。

（二）确定绩效评估标准

物流企业营销绩效评估常用的绩效评估标准有历史标准、预算标准、行业标准等内容。

1. 历史标准

历史标准是建立在企业以往业绩基础上的考核标准。通常采用与历史前一年绩效、与历史同期绩效和与历史最高绩效作比较三种方式。历史标准的数据容易获取，具有真实性和可靠性，但局限于纵向比较，缺乏企业在行业中竞争力的评价，企业内部环境的改变也会影响历史标准的某些因素，导致评价结果的偏差。

2. 预算标准

预算标准是企业依据内外部环境通过全面预算系统对周期需要实现的绩效水平进行科学的预测。企业在制定预算标准时，会客观地考虑到企业的历史水平、企业的现状、竞争企业，以及企业所要面对的内外部环境等多方面的因素。以预算标准分析企业实际绩效可以剖析出企业工作中存在的不足，以便进一步改善。但是企业经营内外部环境多变，很难做到准确、全面的预算，因此预算标准不适用于无法量化的指标或非财务性指标。

3. 行业标准

行业标准是将行业平均水平、行业先进水平、行业认证标准等作为业绩考核标准。行业标准的使用便于企业进行横向比较，了解企业与同行业其他企业之间的差距，明确企业在竞争环境中的地位，有利于激励企业。但在使用行业标准时，竞争者的关键性信息比较难获得，所以在信息不全面基础上确定的评价标准会影响评价结果的准确度。

有效的绩效评估标准的特点：基于工作而非基于工作者设立；具体化，易于操作；被评估者充分参与制定的结果；具有一定的灵活性；被评估者的实际能力相符。

同步案例 销售物流绩效评估体系实例

某企业的销售物流是重要的经营效益来源，该企业在面对激烈的市场竞争时，为了最大限度地满足客户需求，提高产品服务质量，对企业销售物流营销绩效进行了评估，所建立的销售物流绩效评估体系见表9-1，整个指标体系的构建为物流营销绩效评估夯实了基础。

表9-1 销售物流绩效评估体系

物流绩效评估体系要素	具体内容	
评估主体	某制造企业	
评估目标	评估销售物流服务是否符合企业的要求；改进内部物流活动效率和效果，提高物流绩效	
评估客体	某通信设备制造企业生产阶段物流系统	
绩效目标	与物流战略、企业战略、营销战略融合而定	
评估指标	客户	客户满意度
		需求满足程度
		应急处理能力
		服务响应及时率
		客户投诉率
	业务流程	发货及时到货率
		产品递送差错率
		信息及时准确率
		绿色包装使用率

（续）

物流绩效评估体系要素	具体内容	
评估指标	物流营销	客户关系
		营销信息收集能力
		营销信息传递效率
		企业品牌传播能力
		产品促销
		定价合理
	财务	物流资产管理水平
		物流总成本
		物流资产收益率
		物流资产负债率
	学习与发展	物流人员能力素质
		员工培训率
		员工满意度
		新技术开发数
		新技术应用成功率
评估标准	依据企业物流战略，参考行业标准加以确定	
评估方法	依据评估目标、指标体系的构成及企业数据完成情况而定	

（三）确定绩效评估指标

物流营销绩效评估指标是对物流企业营销工作的过程、效率和成效等方面进行评估的依据。物流营销绩效评估指标的选择要科学合理，涉及重点工作的指标可以设置成量化指标或效化指标。量化指标是指数量化指标，效化指标是指成效指标，在实际评估工作中，无法量化的指标可以采用效化指标。但所有指标都需要有科学依据，对重点工作的指标要进行仔细的校正和确定，以保证评估工作达到预期的目标。

（四）确定评估主体

评估主体可以是企业自己，也可以外聘。企业自评一般由企业成立专门的组织进行评估，也有的先请营销部门自评。外聘主体可由专业人员担任，也可由专家担任。为了使考核制度的制定和实施更加科学、合理、客观、可行，可对考核员进行培训和指导以提高考核能力，保证考核过程的正常进行。培训内容大体为：避免评估误差培训、绩效信息获取方法培训、绩效评估指标体系培训和物流营销绩效评估反馈培训等。

（五）收集绩效信息

物流营销绩效评估信息的收集需要遵循客观、准确、及时、持续、经济、适用的原则，需要有一定的针对性。物流营销绩效评估信息收集的主要内容涉及多个方面，如目标信息、完成信息、对手信息、业绩突出的行为表现、业绩存在问题的行为表现等。收集信息的方法主要有观测法、工作记录法、部门汇报法、相关部门反馈法等。

（六）实施绩效评估

由于绩效考核结果往往会与某些利益挂钩，必须保证考核的公正性和客观性，避免在绩效考核过程中出现偏差。绩效考核如果执行不当，可能会造成各种利益冲突和内部矛盾，甚至影响物流企业的整体效益。绩效评估中常见的人为误差有评估标准理解误差、晕轮效应误差、新近效应误差、从众心理和趋中倾向误差等。

避免误差的方法：制定客观、明确的绩效评估标准；选择合适的评估人员，并严格培训；建立绩效评估申诉制度；加强对评估结果的评审。

知识拓展　绩效评估报告的基本要求

引用的数据务必真实、来源可靠；结构严谨、层次分明；主题突出，观点鲜明；分析到位，逻辑严密；语言简练、生动活泼、清楚易懂，善于运用图表说明问题；格式设计美观大方；重点突出阅读人关注的主要议题。

（七）撰写绩效评估报告

绩效评估报告是物流企业营销绩效评估完成后，对评估指标各项数据进行汇总、分析和整理而形成的书面文件。评估报告的主要内容包括：摘要、目录、研究背景、研究目的、评估小组构成、评估数据来源、评估标准、评估方法、评估结论和改进意见等。

（八）绩效反馈

绩效考核的反馈对物流营销队伍有着重要的激励作用，有效的考核结果对物流营销队伍了解存在的问题，认识当前的优势、劣势和发展潜力，提高工作水平都有很大的帮助。

素养园地

物流营销绩效评估工作需要参与人员熟练掌握绩效评估的流程，具备良好的逻辑思维能力和组织能力，良好的写作能力和较高的计算机操作能力，在评估工作中能够遵循公平、公正、诚信等原则。

同步案例 某仓储物流中心建设项目绩效评估报告思维导图

某仓储物流中心建设项目绩效评估报告思维导图见图9-1。

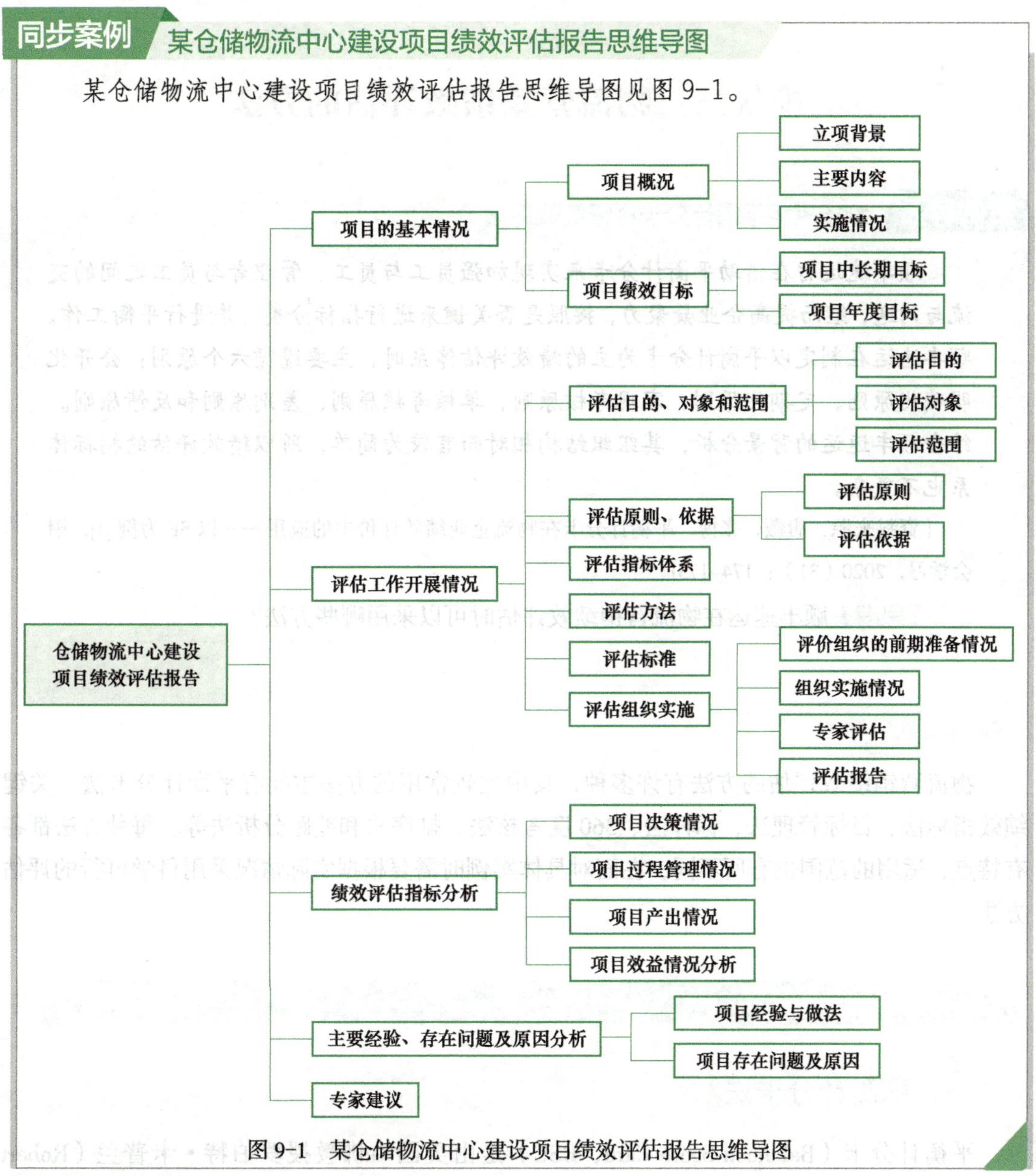

图9-1 某仓储物流中心建设项目绩效评估报告思维导图

课堂互动

1．评估计划的主要内容包括（　　）。

A．评估的目的　B．评估的时间　C．评估的对象　D．评估的步骤

2．常用的绩效评估标准包括（　　）。

A．历史标准　B．预算标准　C．国家标准　D．行业标准

3．物流营销绩效评估的培训有（　　）。

A．避免评估误差培训　B．绩效信息获取方法培训

C．绩效评估指标体系培训　D．评估方法培训

模块三　物流营销绩效评估的方法

案例导入　顺丰采用平衡计分卡进行绩效评估

顺丰速运旨在借助平衡计分卡来实现加强员工与员工、管理者与员工之间的交流与沟通，继而提高企业凝聚力，按照是否关键来进行指标分类，并进行平衡工作。顺丰速运在制定以平衡计分卡为主的绩效评估体系时，主要遵循六个原则：公开化明确化原则、定期化原则、客观考核原则、单核考核原则、差别原则和反馈原则。结合顺丰速运的背景分析，其组织结构相对而言较为简单，所以绩效评估的指标体系也不复杂。

［资料来源：唐薇，张博．平衡计分卡在物流企业绩效评价中的应用——以 SF 为例 [J]．财会学习，2020（31）：174–175］

【思考】顺丰速运在物流营销绩效评估时可以采用哪些方法？

案例分析

物流营销绩效评估的方法有许多种，其中比较常用的方法主要有平衡计分卡法、关键绩效指标法、目标管理法、标杆法、360 度考核法、排序法和差距分析法等。每种方法都各有特点，适用的范围也有所不同，在面对具体案例时需要根据实际情况采用科学可行的评估方法。

知识准备

一、平衡计分卡法

平衡计分卡（Balanced Score Card，BSC）是由美国哈佛教授罗伯特·卡普兰（Robert Kaplan）和复兴全球战略集团创始人戴维·诺顿（David Norton）提出的一套系统战略管理系统。

（一）平衡计分卡的含义与基本框架

平衡计分卡以企业的愿景和战略为导向，分别从财务、客户、内部业务流程、学习与创新四个维度制定绩效目标和绩效考核指标，从而对绩效进行管理和考核，促进企业战略和愿景的达成，是一种战略管理制度，也是一种绩效考核制度。平衡计分卡四维指标相互联系、相互支撑，其基本框架是一系列因果关系，见图 9–2。

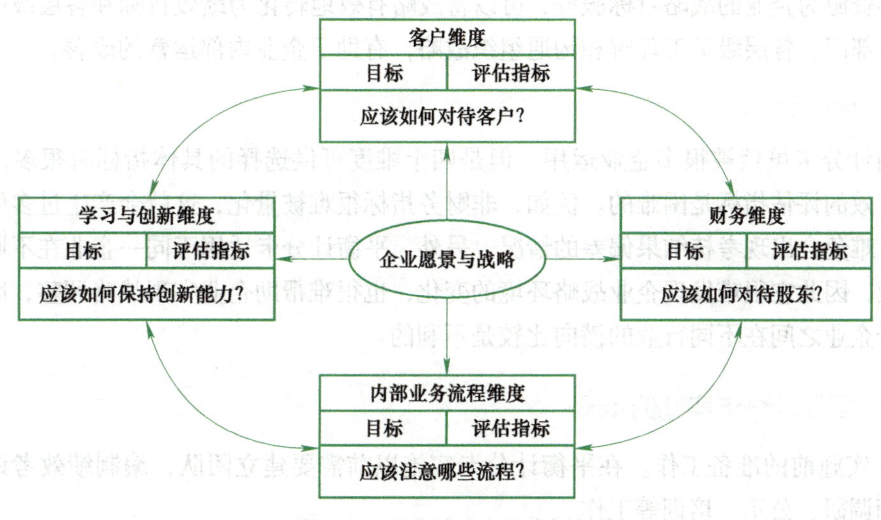

图 9-2 平衡计分卡基本框架

1. 财务维度

财务维度是企业其他三个维度的归宿，它包含了企业盈利能力指标、企业风险控制能力指标、企业运营效率指标、企业创新能力指标等，能够直接反映物流营销策略的实施是否能够获得经济收益。

2. 客户维度

客户是现代物流企业的利润来源，企业关注的重点是客户需求。客户维度的指标包含多项指标，包括客户对物流服务的满意程度指标、客户留存率指标、市场份额留存率指标、客户保护率指标和客户盈利率指标等。

3. 内部业务流程维度

企业内部流程绩效指标是评估物流营销绩效必不可少的，能够对内部流程的反应速度和运作质量进行衡量，包括内部业务流程的质量指标、正点运输率指标、货物差错率指标、单位物流成本指标、货损赔偿率和订货交货时间指标等。

4. 学习与创新维度

学习与创新维度是其他三个维度目标的推进剂，为了弥补企业实际运营能力与实现突破性业绩所需能力的差距，企业需要设定关键指标，以强化员工的技术技能水平和管理素养等，这些指标必须具备，或者必须提高。学习与创新维度的指标包括员工的满意度、员工素质指标、员工忠诚度指标、组织结构能力指标、信息可用度指标等。

（二）平衡计分卡的优缺点

1. 平衡计分卡的优点

平衡计分卡不仅能将企业的愿景和战略转化为系统的可执行目标和绩效评估指标，还能帮助管理者建立营销与财务、营销与产出的关系。它可以避免企业的短期行为，保证组织的全部资源为企业的战略目标服务，可以将战略有效地转化为绩效目标和各层级的行动，有利于各部门、各层级员工理解和沟通组织战略，有助于企业内部运营的改善。

2. 平衡计分卡的缺点

平衡计分卡虽然被很多企业运用，但是四个维度可供选择的具体指标有很多，如何从中选择有效的评估指标是困难的。例如，非财务指标很难被量化，这就会产生过多的考核主观因素，难免会出现考核结果偏差的情况。另外，平衡计分卡适用于同一企业在不同时期的纵向比较，因此它很难发现企业战略环境的变化，也很难帮助企业实现战略调整，因此这种方法对于企业之间在不同行业的横向比较是不利的。

（三）平衡计分卡实施的步骤

（1）实施前的准备工作。在平衡计分卡实施以前需要建立团队，编制绩效考评方案，做好前期调研、公示、培训等工作。

（2）明确企业愿景，开发战略地图。物流企业的愿景与战略应该对每个部门都有意义，并且可以用指标来衡量。

（3）建立一个平衡计分卡工作小组或委员会，对企业的愿景和战略进行解释，并在四个维度制定特定的目标。

（4）平衡计分卡设计四个维度的绩效评价指标应该与物流企业密切关联，指标要具有科学性、可行性、现实性等特征。

（5）加强企业内部沟通，采用各种渠道和方式让各个层次的员工都了解企业的愿景、战略地图和衡量指标，将报酬奖惩与平衡计分卡挂钩。

（6）经常采纳员工意见，对企业战略改进的衡量指标平衡计分卡进行不断修正。

二、关键绩效指标法

（一）关键绩效指标的内涵

关键绩效指标（Key Performance Indicator，KPI），是指通过对组织内部某一流程的输入端和输出端的关键参数进行设置、取样、计算、分析，衡量流程绩效的一种目标式量化管理指标。关键绩效指标是一种将企业战略目标分解为可操作工作目标的工具，是企业绩效管理的基础。

关键绩效指标法与重要的管理原理“二八法则”一脉相承，企业项目在价值创造过程中，遵循“二八法则”的原理，即 20% 的骨干员工创造了 80% 的企业价值；而“二八法则”对于每一位员工也同样适用，那就是 20% 的关键行为完成了 80% 的工作任务。所以，一个企业 80% 的价值是由 20% 的员工贡献出来的，80% 的员工的工作是由 20% 的关键行为来执行的，所以我们一定要抓住这 20% 的关键员工和行为去分析、衡量，这样才能把握住绩效考核的重点。

关键绩效指标法能让部门主管清楚部门的主要职责，并以此为依据，对部门人员的绩效衡量进行清晰的界定。做好绩效管理工作，关键是要建立清晰可行的 KPI 体系。关键绩效指标法将绩效的考核简化为对几个关键指标的考核，将关键指标作为考核标准，将员工的绩效与关键指标进行对比，在一定程度上可以说是目标管理法和“二八法则”的有效结合。

同步案例 某综合物流园区营销绩效 KPI 指标体系

某综合物流园区在查阅大量资料并整理物流园区营销绩效资料的基础上，将该物流园区营销绩效各个因素的重要性以及现行指标整合更新，构建出综合物流园区营销绩效的 KPI 指标体系作为其营销运营绩效评估的依据，见图 9-3。

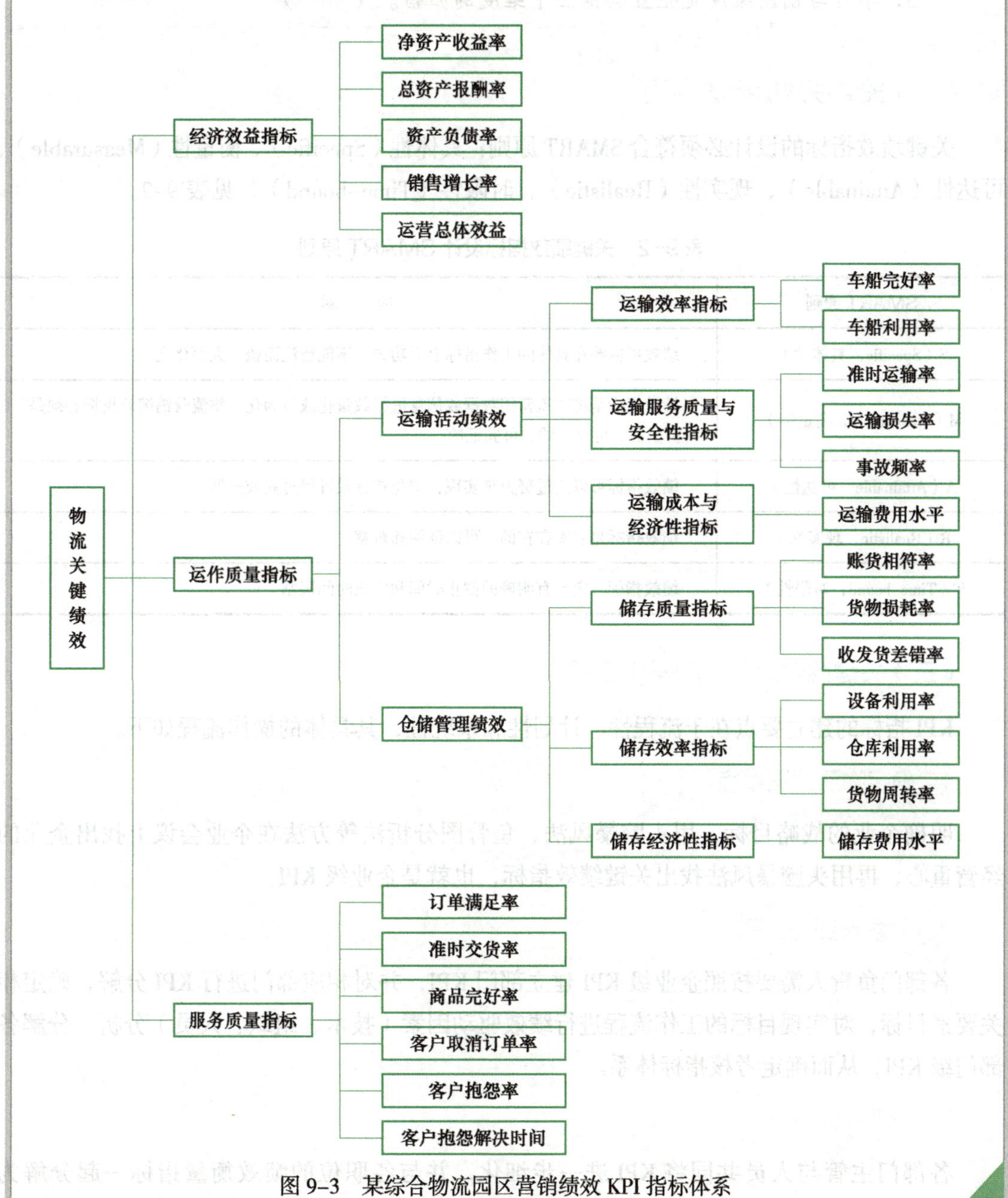

图 9-3 某综合物流园区营销绩效 KPI 指标体系

课堂互动

1. 平衡计分卡绩效考核的维度主要包括（　　）。
   A. 客户　　B. 内部业务流程　　C. 学习与创新　　D. 财务
2. 学习与创新维度的指标包括（　　）。
   A. 员工的满意度　　B. 员工素质指标
   C. 员工忠诚度指标　　D. 组织结构能力指标
3. 学习与创新维度是企业其他三个维度的归宿。（　　）

（二）关键绩效指标法的原则

关键绩效指标的设计必须符合 SMART 原则：具体性（Specific）、衡量性（Measurable）、可达性（Attainable）、现实性（Realistic）、时限性（Time-bound），见表 9-2。

表 9-2　关键绩效指标设计 SMART 原则

SMART 原则	内　涵
S（Specific，具体性）	绩效指标要在具体的工作指标上下功夫，不能泛泛而谈，大而化之
M（Measurable，衡量性）	绩效指标是将物流营销数据或信息进行数量化或行为化，物流营销绩效指标必须是可衡量的、可评价的、可验证的
A（Attainable，可达性）	绩效指标可以通过努力来实现，避免指标设计得过高或过低
R（Realistic，现实性）	绩效指标是实实在在的，可以证明和观察
T（Time-bound，时限性）	绩效指标一定要有明确的截止时间和完成时间限制

（三）关键绩效指标法的操作流程

KPI 指标的建立要点在于流程性、计划性和系统性，其具体的操作流程如下。

1. 确定物流营销重点

明确企业的战略目标，用头脑暴风法、鱼骨图分析法等方法在企业会议上找出企业的经营重心，再用头脑暴风法找出关键绩效指标，也就是企业级 KPI。

2. 分解各部门 KPI

各部门负责人需要按照企业级 KPI 建立部门 KPI，并对相应部门进行 KPI 分解，确定相关要素目标，对实现目标的工作流程进行绩效驱动因素（技术、组织、人员）分析，分解各部门级 KPI，从而确定考核指标体系。

3. 分解个人 KPI

各部门主管与人员共同将 KPI 进一步细化，并与各职位的绩效衡量指标一起分解为更细的 KPI。员工考核的要素和依据就是这些绩效衡量指标。这种建立和评估 KPI 系统的过程，就是把所有的员工统一起来，朝着企业的战略目标去努力的过程，对绩效改进工作起到很大的推动作用。

4. 设定评估标准

一般情况下，KPI指标表明从哪些方面衡量或评价工作，解决的问题主要是“评价什么”；而标准则涉及每个指标应该分别达到什么样的水平，解决“被评价者如何做、做了多少”这一问题。

5. 审核关键绩效指标

审核关键绩效指标主要是为了确保被评估对象的表现能够全面客观地反映在这些关键性的绩效指标上，核定这些指标是否能够实现，是否有可行性。

6. 实施关键绩效考核

依据关键绩效指标对物流企业或项目进行评估，运用定量评价和定性评价确定未来改进的措施与方向。

7. 关键绩效持续改进

物流营销绩效评估重点在于发现问题、解决问题和改善物流企业的营销策略，从而实现绩效的持续改善。

知识拓展 BSC与KPI的区别

BSC 与 KPI 的区别，见表 9-3。

表 9-3 BSC 与 KPI 的区别

	对比要素	平衡计分卡（BSC）	关键绩效指标（KPI）
管理趋向	管理思想	全方位立体测评	若干关键成功因素测评
	应用对象	战略、企业、部门、岗位	战略、企业、部门、岗位
	应用业务	越大越复杂越能体现优势	范围相对独立
	对业务的影响	一体化最优，团队及其成员、客户、供应商	重点突出，方向明确
行为方法	制作思路	战略目标分层单独制定	从战略目标起由上而下制定
	评估指标数	每个组织 15 ~ 20 个	5 ~ 8 个
	制作方法	战略目标→多个角度→关键指标	关键成功因素→关键绩效指标
	操作难易	难	比较难
结果特性	对企业的影响	对管理体系、战略方向有影响	对流程关键环节有影响
	时间特性	指出方向，向前看	指出部分方向，向前看
	可比性	自身不同期次部分可比	纵向、部分横向可比
	副作用	影响到管理系统	容易使工作不全面
	对绩效的影响	保持长远绩效不偏倚	使工作主要方面有进展

三、目标管理法

（一）目标管理法的内涵

“目标管理”（Management by Objectives，MBO）是由管理学学家彼得·德鲁克于1954年在其著作《管理实践》中提出的。目标管理法是一种管理制度和绩效考核方法，让营销团队的管理者与员工共同协商绩效目标的制定，管理者定期对目标的执行情况进行检查，员工在工作中进行自我管理和控制，为完成工作目标而努力，管理者则根据目标的达成情况进行奖惩。

（二）目标管理法的基本思想

目标管理法具有连续性、稳定性、层次性和群众性等特点。目标管理强调通过目标来管理，其基本思路可以概括为：围绕目标，在目标的制定、目标的分解、目标的考核等方面，强调目标明确是有效管理的首要前提。强调系统管理，要求目标与目标之间既相互支持又相互保证，形成目标网络体系，重视人的因素，提倡以工作的目的性来管理，以自我控制实现管理，以个人的创新性来管理各项工作。

（三）目标管理法的操作流程

1. 确定总体目标和执行各层的具体目标

根据企业的经营战略，设定考核周期内的总体目标，并且通过协商式的方法将目标层层划分，分解至各部门、个人。整个考核的目标体系由总体目标、部门目标和个人目标构成，每一个目标的制定都必须遵循SMART原则。

2. 制订计划和指标标准

目标体系设置完成后，制订具体的目标计划，在目标计划内包含各指标的评价标准、权重等内容。通过计划来反映目标的实现是个动态的过程，通过执行与实施计划内容，来实现总体目标，并依据此计划来对各个过程的完成情况做出必要的评价。

3. 绩效考核培训

绩效考核培训工作的好与坏，对绩效管理工作的成败有着直接的影响。绩效考核培训的主要工作是与被评估者进行交流，一方面让被评估者对指标体系有所了解，以便在指标体系设置时，被评估者能够主动参与其中；另一方面，及时解决评估过程中遇到的问题和障碍，做到与评估计划相符，出现偏差时及时调整。

4. 目标考核

在进行绩效评估时，根据以往制定的目标和指标体系，具体评估被评估者的目标完成情况。目标考核存在着一定的期限，根据目标考核计划在考核期限内对被考核者进行评定。

5. 反馈与调整

根据评估结果由管理者确定奖罚，这将对员工起到激励作用。同时，通过评估结果也可以总结和反馈管理需要改善的地方，为下一个周期的目标的制定、目标管理的循环奠定基础。

物流营销绩效评估工作需要评估者在熟练掌握绩效评估流程和标准的基础上，选取适合企业的具体方法开展评估工作，评估人员需要有高度的责任心和精益求精的工作态度。

四、标杆法

（一）标杆法的内涵

标杆法（Benchmarking，BMK）以最佳企业或项目作为基准，将本企业与最佳企业进行对照比较，通过定量分析找出彼此之间的差距，明确改进的方向，向最佳企业学习，采取措施赶超最佳企业。

（二）标杆法的基本思想

标杆法强调标杆，即最佳实践，要求突破企业职能分工的界限，突破企业性质与行业的局限，在全行业乃至更广阔的全球视野中寻找、研究、借鉴绩效最佳实践，并将自己的绩效与这些最佳实践进行比较，找出自身在产品、服务、经营管理等方面的差距，从而发现自身存在的不足。标杆法的精髓在于模仿和创新。标杆法是企业通过学习、重新思考和设计，改进当前基础上的经营实践，并加以突破，创造出自己新的、更好的模式的一种有目的、有目标的学习过程，实际上是模仿和创新的过程。

（三）标杆法的操作流程

1. 确定关键的物流营销绩效指标

围绕当前企业战略，确定物流企业营销绩效管理的主要指标。指标的制定不需要覆盖所有业务，关键是要针对当前物流营销工作中存在的主要问题，抓住问题的关键和实质并加以取舍。

2. 确定企业物流营销绩效的标杆

企业首先需要选择物流营销过程中效益最佳的物流企业作为标杆。假如同行业内其他企业的物流营销效益并不理想，或者企业本身就是行业内物流营销效益最佳的企业，那就是把标杆评选的范围扩大到其他行业中的佼佼者。在标杆评选过程中，注重其信息的可获性，只有标杆企业的翔实资料能充分获取，标杆方法的功效才能得到有效发挥。

3. 确定企业物流营销绩效的真实水平

物流企业通过与标杆企业进行比较，明确差距所在，通过对标杆企业及自身物流营销管理相关信息的收集和分析，找出产生差距的原因。

4. 制订物流营销绩效改进方案

物流企业制定缩小、消除与标杆企业绩效差距甚至超越标杆企业绩效水平的实施方案，针对阻碍物流绩效提升的种种原因，借鉴标杆企业的成功经验，确定今后的努力方向、改进重点和实施步骤。

5. 实施改进方案，监控实施效果

企业按照物流绩效改善计划确定的步骤，完善企业内部物流作业和管理的流程，建立相应的监测系统，对计划执行情况进行监督，对计划实施后的结果进行检测，坚持落实方案实施的保障措施，确保改进方案扎实落实，从而使得物流营销效益不断提高。

五、360 度考核法

（一）360 度考核法的内涵

最早由英特尔公司提出并实施应用的 360 度考核方法，又称全方位考核方法。这种方法是指通过不同的主体，如员工自己、上司、同事、下属、客户等了解其工作表现，通过评论了解各方面的观点，明确自己的优势和劣势，从而达到自我完善的目的。

（二）360 度考核法的基本思想

360 度考核法是对被评估人员全方位、多角度的评估。由于采用了多角度、多维度的评估方式，可以得到的信息更加全面与客观。在评估中，抽取关键要素，揭示出对业绩影响较深的关键要素，以区分不同能力、不同绩效员工的胜任能力特征。同时，不同的评估者所评的分数占有不同的权重，特别是以业务所针对的服务对象所占的权重最大。在评估中，通过全面的信息反馈来帮助被评估者找到差距，从多个方面进行能力的提升。还有就是让评估者对被评估者展开客观的评估，采取非评估的方式。

（三）360 度考核法操作流程

360 度考核法的操作流程，见图 9–4。

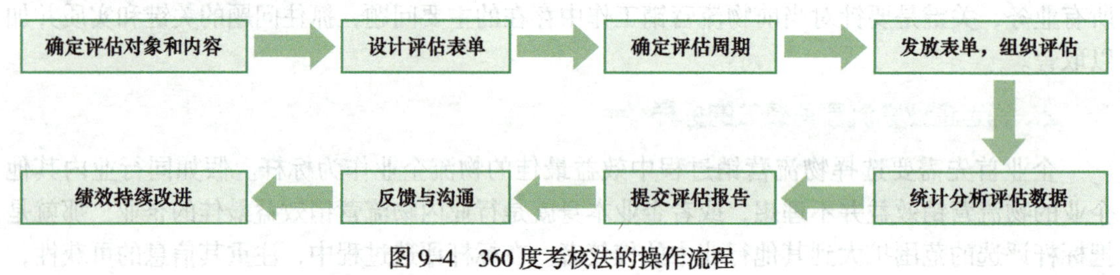

图 9–4 360 度考核法的操作流程

单元小结

本单元涉及知识点包括物流营销绩效评估的内容、流程和方法等，物流营销绩效评估的范围、流程；物流营销绩效评估的方法，包括平衡计分卡法、关键绩效指标法、目标管理法、标杆法、360 度考核法。

单元评价

<table>
<tr><th colspan="2">内　容</th><th colspan="3">评　价</th></tr>
<tr><th>学习目标</th><th>评价项目</th><th>自我评价</th><th>组间评价</th><th>教师评价</th></tr>
<tr><td rowspan="3">专业知识
（20分）</td><td>物流营销绩效评估的内容</td><td rowspan="3">得分及备注：</td><td rowspan="3">得分及备注：</td><td rowspan="3">得分及备注：</td></tr>
<tr><td>物流营销绩效评估的流程</td></tr>
<tr><td>物流营销绩效评估的方法</td></tr>
<tr><td rowspan="3">专业技能
（45分）</td><td>设计合理的评估指标</td><td rowspan="3">得分及备注：</td><td rowspan="3">得分及备注：</td><td rowspan="3">得分及备注：</td></tr>
<tr><td>评析物流企业或项目的营销绩效</td></tr>
<tr><td>撰写物流营销绩效评估报告</td></tr>
<tr><td rowspan="4">职业意识
（20分）</td><td>团队协作</td><td rowspan="4">得分及备注：</td><td rowspan="4">得分及备注：</td><td rowspan="4">得分及备注：</td></tr>
<tr><td>公平公正，实事求是，诚信</td></tr>
<tr><td>服务、质量意识</td></tr>
<tr><td>安全规范操作意识</td></tr>
<tr><td rowspan="3">通用能力
（15分）</td><td>沟通协调能力</td><td rowspan="3">得分及备注：</td><td rowspan="3">得分及备注：</td><td rowspan="3">得分及备注：</td></tr>
<tr><td>语言表达能力</td></tr>
<tr><td>解决问题能力</td></tr>
<tr><td colspan="2">教师建议：</td><td colspan="3">评价总汇：
A. 优秀　　B. 良好
C. 基本掌握　　D. 没有掌握

（参考标准：得分< 60分为没有掌握，60分≤得分< 70分为基本掌握，70分≤得分< 80分为良好，得分≥ 80分为优秀）</td></tr>
</table>

巩固与提高

一、名词解释

1. 物流营销绩效评估
2. 平衡计分卡
3. KPI
4. 标杆法

二、简答题

1. 物流营销绩效评估的内容是什么？
2. 物流营销绩效评估的流程是什么？
3. 从哪几个维度制定平衡计分卡的绩效目标与绩效考核指标？
4. 关键指标绩效法的操作流程是什么？

三、案例分析

为企业提供第三方物流服务的速发物流公司是一家具有较高声誉的物流企业，从 2003 年开始，公司就依靠自己的力量制定了一套物流绩效考核体系，对所有业务和员工进行绩效考核，并建立了一系列的物流绩效管理体系。速发物流公司管理者在实际绩效考评过程中发现，各部门因员工考核指标和评分标准模糊不清、许多指标带有评分人主观意识等原因，造成员工不满、绩效考评执行效率不高、效果不佳，给员工和业务打分造成很大困难。为了不造成更大的麻烦，多个考核期管理者往往会给员工或部门业务打同样的分数，从而使绩效考核流于形式而无法发挥应有的作用。

思考：速发物流公司该如何解决目前的困难呢？物流营销绩效评估的方法有哪些？

四、实训练习

实训目标

通过实例，使学生掌握物流营销绩效考核的主要内容和流程，能够熟练灵活地运用绩效考核的方法，能够在物流营销绩效考核的基础上，以 PPT 的形式撰写物流营销绩效评估报告并进行展示。

实训内容

近年来，我国第三方物流企业得到了长足的发展，不少物流企业利用现代化、科学化的营销手段，突破传统营销方式和营销策略，在激烈的市场竞争中不断创新，以期获得更多的机会和竞争优势，以满足客户需求。由于市场环境的多变和营销策略的局限性，如何优选适合企业实际的物流营销策略需要不断尝试和验证。因此，物流企业必须通过合理的、全面的绩效评估方法对现有物流营销策略进行评估，找到优势与不足加以改进与优化。

实训步骤

（1）4～6 人一组，选定小组长，组长分工，确定调查方案。

（2）采用多种方式搜集资料并实地调查物流企业或校外实训基地。

（3）通过实地考察，汇总企业或物流项目的绩效评估表格和数据。

（4）整理、分析相关物流企业或项目的营销绩效并撰写绩效评估报告。

实训考核

形成物流企业或项目营销绩效评估报告，以 PPT 形式分组汇报。

参 考 文 献

[1] 刘晗兵，陈燕．物流服务营销 [M]．北京：清华大学出版社，2017.

[2] 石小平，任翔．物流市场营销 [M]．重庆：重庆大学出版社，2019.

[3] 赵轶，市场营销 [M]．3 版．北京：清华大学出版社，2018.

[4] 王永贵，马双．客户关系管理 [M]．2 版．北京：清华大学出版社，2021.

[5] 左春雨，丁建石．客户关系管理 [M]．2 版．北京：中国人民大学出版社，2021.

[6] 肖涧松．现代市场营销 [M]．3 版．北京：高等教育出版社，2020.

[7] 王水清．市场营销基础与实务 [M]．3 版．北京：北京邮电大学出版社，2022.

[8] 胡延华．物流营销 [M]．4 版．北京：高等教育出版社，2023.

[9] 张广敬．物流营销实务 [M]．南京：江苏凤凰教育出版社，2015.

[10] 袁炎清，范爱理．物流营销 [M]．4 版．北京：机械工业出版社，2018.

[11] 陈玲．物流营销 [M]．北京：中国人民大学出版社，2021.

[12] 王粉萍，刘辉．物流营销实务 [M]．大连：大连理工大学出版社，2018.

[13] 袁旦．物流客户服务 [M]．3 版．北京：电子工业出版社，2022.

[14] 张洪峰．物流客户服务 [M]．北京：机械工业出版社，2013.

[15] 吕梁．客户服务与管理：微课版 [M]．北京：人民邮电出版社，2022.

[16] 栾港．客户关系管理理论与应用 [M]．3 版．北京：人民邮电出版社，2022.

[17] 杨俐．物流客户服务与营销 [M]．北京：中国财富出版社有限公司，2020.

[18] 旷健玲，张小桃，李炫林．物流市场营销 [M]．2 版．北京：电子工业出版社，2020.

[19] 苏朝晖．客户关系管理：客户关系的建立与维护 [M]．5 版．北京：清华大学出版社，2021.

[20] 达菲．客户忠诚度管理 [M]．王玉婷，译．北京：机械工业出版社，2022.

[21] 庄敏，孙亮．物流客户服务 [M]．2 版．北京：科学出版社，2021.

[22] 李晓男．质量管理与控制技术基础 [M]．2 版．北京：高等教育出版社，2021.

[23] 董千里．物流市场营销学 [M]．5 版．北京：电子工业出版社，2023.